山东大学双一流建设『中国古典学术』专项资助项目

瑶语方言历史比较研究

山东大学中文专刊

社会科学文献出版社
SOCIAL SCIENCES ACADEMIC PRESS (CHINA)

图书在版编目(CIP)数据

瑶语方言历史比较研究 / 刘文著. -- 北京:社会
科学文献出版社,2021.6
ISBN 978 - 7 - 5201 - 8146 - 4

Ⅰ.①瑶… Ⅱ.①刘… Ⅲ.①瑶语 -方言研究 Ⅳ.
Ⅳ.①H251.7

中国版本图书馆 CIP 数据核字(2021)第 050745 号

瑶语方言历史比较研究

著　　者 / 刘　文

出 版 人 / 王利民
责任编辑 / 李建廷

出　　版 / 社会科学文献出版社·人文分社(010)59367215
　　　　　　地址:北京市北三环中路甲 29 号院华龙大厦　邮编:100029
　　　　　　网址:www. ssap. com. cn
发　　行 / 市场营销中心 (010) 59367081　59367083
印　　装 / 三河市东方印刷有限公司

规　　格 / 开　本:787mm × 1092mm　1/16
　　　　　　印　张:21.75　插　页:0.75　字　数:257 千字
版　　次 / 2021 年 6 月第 1 版　2021 年 6 月第 1 次印刷
书　　号 / ISBN 978 - 7 - 5201 - 8146 - 4
定　　价 / 128.00 元

本书如有印装质量问题,请与读者服务中心 (010 - 59367028)联系

刘 文

男，山东济宁人，北京大学中文系博士。现任山东大学文学院副研究员，硕士研究生导师，研究方向为理论语言学和实验语音学，曾在CSSCI、SSCI和EI等索引期刊发表论文20余篇，代表作有：*The Proto-Yao initials and the relationship between Yao and Chinese*、《同型声调感知的多维研究》。

瑶族风物·瑶山俯瞰

瑶族风物·中越河口界

瑶族风物·熏肉

瑶族风物·织布机

"山东大学中文专刊"编辑出版说明

　　"山东大学中文专刊"，是山东大学中文学科学者著述的一套丛书，由山东大学文学院主持编辑，邀请有关专家担任编纂工作，请国内有经验的专业出版社分工出版。山东大学中文学科与山东大学的历史同步，在社会巨变中，屡经分合迁转，是国内历史悠久、名家辈出、有较大影响的中文学科之一。1901年山东大学堂创办之初，其课程设置就包括经史子集等文史课程。1926年省立山东大学在济南创办，设立了文学院，有中国哲学、国文学两系。上世纪30年代至40年代，杨振声、闻一多、老舍、洪深、梁实秋、游国恩、王献唐、张煦、丁山、姜叔明、沈从文、明义士、台静农、闻宥、栾调甫、顾颉刚、胡厚宣、黄孝纾等著名学者、作家在国立山东（青岛）大学、齐鲁大学任教，在学术界享有盛誉。中华人民共和国成立后，山东大学中文学科迎来新的发展时期，华岗、成仿吾先后担任校长，陆侃如、冯沅君先后担任副校长，黄孝纾、王统照、吕荧、高亨、高兰、萧涤非、殷孟伦、殷焕先、刘泮溪、孙昌熙、关德栋、蒋维崧等语言文学名家在山东大学任教，是国内中文学科实力雄厚的学术重镇。改革开放以来，中华人民共和国培养的一代学术名家周来祥、袁世硕、董治安、牟世金、张可礼、龚克昌、刘乃昌、朱德才、郭延礼、葛本仪、钱曾怡、曾繁仁、张忠纲等，以深厚的学术功力和开拓创新精神，谱写了山东大学中文学科新的辉煌。总结历史成就，整理出版几代人用心血和智慧凝结而成的著述，是对学术前辈最大的尊敬，也是开拓未来，创造新知，更上一层楼的最好起点。2018年4月16日，山东大学新一届领导班子奉命成立，20日履任。如何在新的阶段为学科发展做一些有益的工作，是摆在面前的首要课题。编辑出版"山东大学中文专刊"是新举措之一。经过一年的紧张工作，一批成果即将问世。其中既有历史成就的总结，也有新时期的新著。相信这是一项长期的任务，而且长江后浪推前浪，在未来的学术界，山东大学中文学科的学人一定能够创造出无愧于前哲，无愧于当代，无愧于后劲的更加辉煌的业绩。

山东大学文学院

2019年10月11日

序一 同源判定的必要方法：
对应而不是同构
——从本语转用说起

　　苗瑶语的系属问题一直存在争论，争论的焦点在于如何解释苗瑶语和汉语之间的同构和对应。

　　这个焦点问题同样存在于其他语言的系属判定中。由于语言接触可能导致同构，近些年来，确定同源的方法逐渐转向寻找同源词。寻找同源词则面临两个难题，一个是建立语音对应规则有相当大的难度，另一个是如何判定有语音对应的词是否同源词。于是人们开始重新诉诸语言同构标准来确定同源关系，尤其是诉诸深度同构的标准，比如汉藏语研究中或明或暗地采用有声调和单音节语素的同构作为同源标准，南岛语中采用形态同构作为同源标准，阿尔泰语中采用元音和谐作为判定同源标准。

　　从我们对接触机制的追踪调查来看，汉语作为语势很强大的一种语言，在结构和词汇上有很强的同化少数民族语言的力量。这里的同化机制主要是通过本语（基本语言）转用和本语干扰进行的。这里有必要区分母语和本语。母语是从父母或本民族那里继承下来的语言，而本语是个人掌握的最基本的语言，是能够最有效地运思和交流的语言。在大多数情况下，母语就是本语，比如老一辈傣族成员说的傣语。但是，随着语言的深度接触，母语和本语并不一致。比如云南德宏州梁河、芒市很多地方的年轻一代傣族，以及金沙江一带的傣族成员，母语是傣语，本语却是汉语，他们用汉语思维和交流的能力远远胜过用傣语思维和交流的能力。这些年轻傣族发生了本语转用。本语转用是母语转用的中间阶段。

语言情况	母语	本语	双语变化过程	发音人举例	语言干扰方向
单语者	傣语	傣语	母语延续	肖若罕	
双语者	傣语	傣语	母语延续	方兰琴、方鸣琴	傣语干扰汉语
双语者	傣语	汉语	本语转用	何雪梅、何俊	汉语干扰傣语
单语者	汉语	汉语	母语转用	宋可仁、何金丹阳	

在本语转用为汉语的过程中，这些傣族汉语（傣汉语）背后有强大语势汉族汉语的支持，对傣语的结构产生了强烈干扰。不仅基本词汇有传递，比如汉语的"爹""姐"都不同程度地传入傣语，在结构上也形成强烈干扰，比如金沙江流域傣语的韵尾大量丢失，傣语韵母和当地汉语韵母高度同构（陈保亚，1996）。德宏州梁河、芒市有的年轻傣族成员甚至在音系上有 [ho35]（头）和 [xo35]（锄头）不分的情况（发音人：何雪梅），强势汉语作为部分傣族的本语，对傣族母语会有强烈的影响，形成本语干扰机制，造成同构。

在汉语和苗瑶语的接触过程中，汉语本语转用和汉语本语干扰的情况同样存在。汉语和苗瑶语出现深度同构既可能是同源的结果，也可能是接触的结果。语言同源关系的研究难以通过同构得到判定。尽管寻找同源词有难度，语源关系的判定还是应该从建立语音对应寻找同源词入手。

这些年来我们确定语言同源关系的基本做法是，先建立严格的语音对应关系，构拟原始语言，找出不同原始语言之间的早期对应语素，再对早期语素进行有阶分析。如果这些早期对应语素中，越是核心语素分布越多，说明越是同源关系。

我曾经根据有阶分析（陈保亚，1996），发现汉语和苗瑶语之间的核心词表现为高阶比例多于低阶比例，呈现出收敛分布特征，因此我们初步断定苗瑶语和汉语有同源关系。陈其光（2001）也根据对应和有阶分析断定汉语和苗瑶语有同源关系。近年来汪锋带领刘文等开始建立苗瑶语方言之间的严格的语音对应关系，以构拟原始苗瑶语，汪锋（Wang，2015），汪锋、刘文（Wang 和 Liu，2017）基于更严格的语音对应事实，分别从普遍对应和完全对应的角度考察了汉语和苗瑶语之间的关系语素，利用词阶法和不可释原则进一步得出了汉语和苗瑶语同源的结论。

当然，不排除汉语和苗瑶语之间目前找到的这些早期共同词中还存在借词，不过根据我们研究接触的结果，借词更多的是分布在低阶词集中。因此，如果去除这些借词，汉语和苗瑶语之间核心词呈现聚敛分布的趋势更显著，这里存在一个斜坡原则：

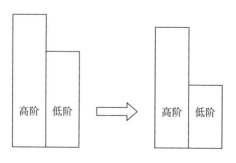

同源关系收敛分布斜坡原则

我们基于上面提到的语源关系研究方法论和汪锋、刘文的工作，再加上目前所做的语源研究工作（陈保亚，1993，1996，2015；汪锋，2013；Chen 和 Yu，2019），可以初步概括出以下结果：

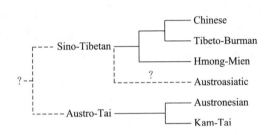

这里的含义是：汉语、藏缅语、苗瑶语基本可以放到汉藏语系中，南亚语（Austroasiatic）是否和汉藏语同源还需要进一步研究。南岛语（Austronesian）和侗台语（Kam-Tai）应该同源，但和汉藏语的关系还有待确定。

以上有阶分析的可靠性有赖于对应规则的建立。语音对应工作越严格，有阶分析的结果就越精准，因此对应规则的建立是语源研究不可绕开的重要步骤。刘文《瑶语方言历史比较研究》就是在建立瑶语方言之间严格的语音对应规律。

在苗瑶语研究中，相对于苗语的研究而言，瑶语的研究更为薄弱。鉴于目前学界有关原始瑶语的比较研究缺乏严格系统的对应基础，《瑶语方言历史比较研究》在对前人研究做了充分的调查、分析和评述后，选取涵盖瑶语四大方言（勉方言、金门方言、标敏方言和藻敏方言）的八个代表点（江底、庙子源、罗香、梁子、滩散、东山、石口、大坪）作为研究对象。作者多次深入田野展开实地调查，然后通过建立数据库，启用算法程序，在坚持严格语音对应的基础上构拟了原始瑶语的声韵调系统，并给出了每一个词的原始形式，工作扎实可信，所给出的对应规则表极有学术参考价值。该书的另一大特色是对重构形式进行分级。重构形式的层级性在历史比较研究中具有极为重要的时空价值，因为重构形式的分级不仅直接决定重构的时间深度，同时也能更加准确地还原语言原本面貌的真实状态。具体来说，该书区分了三种不同的构拟形式：一是符合普遍对应的构拟形式；二是放宽普遍对应条件下的构拟形式；三是根据声母、韵母和声调的音韵限制推导出的构拟形式。第一种条件下的构拟最为可靠，材料的支持力度最大。第二种条件下构拟的可信度要视瑶语方言谱系树图而定。如果现代方言的表现在原始瑶语最早分化出来的两大支上均有反映形式，那么这个形式就可以构拟到原始语中，证据效力等同于第一种条件下的构拟；如果现代方言中的形式处于晚期分化的节点上，那么这个形式的证据支持力度相对弱些。第三种条件下的构拟只是根据声韵调搭配推导出的，证据支持力度最小，因此需要更多材料的支持。此外，该书所构拟的三组响音、六组塞音和长短元音等也都有详细的材料基础和充分的讨论，很有参考价值。基于原始瑶语，作者找出19项语音共享创新特征，利用遗传学算法的模型进行了瑶语的亲缘分群研究，提出原始瑶语最初分化为三大支的观点，这一论断有助于促使学界进一步探讨语言谱系分类的方法论问题。

刘文的《瑶语方言历史比较研究》是目前关于瑶语比较和构拟方面最系统、扎实、充分的研究，其对应规则的建立为进一步研究苗瑶语和汉语的语源关系及其音变规律提供了相当可靠的依据。

刘文学习刻苦，有很强的独立研究能力。在北京大学学习期间，多次选修我的课程，勤学好问。本书的基础是刘文博士在汪锋教授指导下完成的硕士学位论文。后来刘文的博士学位论文是在孔江平教授指导下对声调感知，包括对瑶语声调研究成果的呈现。如果苗瑶语和汉语同源，那么瑶语声调的复杂性和汉语声调起源的关系是什么，值得深入研究，希望刘文能够在瑶语方言比较研究的基础上，进一步展开相关工作。

陈保亚

2020 年 1 月 2 日

序二　把历史比较建立在严格语音
对应的基础上

近年来，几篇与汉藏语演化有关的论文让我很有感触。

首先是 Ostapirat, Weera. 2018. Macrophyletic Trees of Eastern Asian Language Re-examined（*Senri Ethnological Studies, 98,* 107-121），该论文基于陈保亚提出的词阶思想，略做调整，重新考查了东亚几个大语言集团的谱系地位，提出苗瑶语与南亚语有亲缘关系，而与藏缅语和汉语没有同源关系。Ostapirat（2018:116）发现，苗瑶语最基本的数词"一、二、三"都可以在南亚语中找到对应的源头。如下：

	'one'（一）	'two'（二）	'three'（三）
Prot-Miao-Yao	i	ui	
Miao	i		pe
Yao	i	wi	pau
Palaung	u	a	phe:w[Chong]
Khasi	wei	ar	paj[Kui]

文章还进一步根据修订的含 24 个词项的基本词表，指出

其中苗瑶语和南亚语的关系词占三分之一强。因此，二者的亲缘关系可以进一步得到确认。

该论文发表后，引起学界不小的反响，主要在于其简洁的论证以及新材料和方法的运用。

再次是两篇发表于2019年的论文，都是利用算法帮助分析大规模的汉藏语言数据来探讨汉藏语言演化的进程并确定分支的时间。文献的详细信息如下：

Zhang, M., Yan, S., Pan, W., & Jin, L. (2019). Phylogenetic evidence for Sino-Tibetan origin in northern China in the Late Neolithic. *Nature, 569,* 112–115. see also the positive commentary in the same issue: LaPolla, R. J. (2019). The origin and spread of the Sino-Tibetan language family. *Nature, 569,* 45–47.

Sagart, L., Jacques, G., Lai, Y., Ryder, R. J., Thouzeau, V., Greenhill, S. J., & List, J. M. (2019). Dated language phylogenies shed light on the ancestry of Sino-Tibetan. *PNAS, 116,* 10317–10322.

这两篇文章讨论的都是狭义的汉藏语，即只包括汉语和藏缅语。作者都声称在客观算法的基础上，分析出的结构与推算的时间可以与考古证据等互相印证。

以上三篇论文在语言学界乃至其他领域都引起了广泛的关注，似乎科学的方法带来了对历史精确的测量。然而，乐观其成之余，仔细考察其数据基础，尤其是在如何确定语音对应的严格程度并进一步判定同源词等问题上，还是有一些可以商榷的细节。

以苗瑶语的历史比较研究为例，我们一贯主张在讨论苗瑶语和汉语以及其他语族的语源关系之前，必须在苗瑶语内部打下坚实的基础。严格的语音对应是历史比较的基础，也是判定语源关系的必要条件。我们主张从普遍对应和完全对应两个方面入手进行苗瑶语方言的内部比较。普遍对应和完全对应是语言比较工作中要坚持的客观标准，普遍对应体现的是原始形式的时间深度，而完全对应重在排除偶然因素。在语言比较中，如果放宽普遍对应上的要求，晚期语言接触造成的因素就会对语源判断造成更大的干扰；如果放宽完全对应上的要求，偶然对应就会混入。因此，在历史比较的具体实践中，我们应清楚这些放宽的措施可能带来的相应后果。

苗瑶语的位置在汉藏语言比较中是一个争议的焦点，以李方桂为代表的一派认为其与汉语同源，以白保罗（Paul Benedict）为代表的一派则主张其与汉语是接触关系，应该从汉藏语系中分出去。争论虽然一直很热烈，但系统严格的自下而上的比较基础却一直缺乏，很多疑问就难以落到实处。因此，以严格语音对应为基础的苗瑶语比较研究是解决疑问的关键所在。

刘文的著作《瑶语方言历史比较研究》以其硕士学位论文为基础，做了进一步的修订，增加了每个语素的原始形式等内容，更见丰富与扎实。这一研究选择了苗瑶语比较中亟待补上的一环——瑶语方言历史比较研究。相对于苗语比较研究来说，瑶语的材料和比较研究都更为缺乏。该著作收集和整理了大量的瑶语方言材料，选择了其中 8 个有代表性的方言点来进行比较，建立了系统的语音对应关系，并在此基础上做出了原始形式的构拟，试图厘清从早期瑶语到现代方言的音韵发展以及各个方言之间的亲缘远近，这就在苗瑶语的比较研究方面迈出了切实的一步。

该著作在方法论上的一个特点是坚持从严格的语音对应出发，充分理解并运用了前人提出的从普遍对应和完全对应的维度来客观衡量对应的性质，对基于不同对应基础的重构形式进行了区分，这为进一步研究以及相关研究提供了更为可靠的基础。

　　该著作能结合数据库以及遗传算法等各种现代方法来进行历史比较研究，在相对短的时间内完成了大量的比较工作，同时避免了不少以前手工比较时可能造成的主观性比较与判断。瑶语方言亲缘分群时将基于创新特征、核心同源词比率等不同方法一一付诸实践，其结果对于理解瑶语的发展有不少启发性。因此，我认为这一研究可以作为了解瑶语方言形成和发展的重要参考。

　　刘文的硕士学位论文是我指导的，因此，我对其研究经历有更多的了解，在此多说几句，以供读者诸君参考。刘文在报考我们理论语言学教研室之前，已经有一个很好的工作机会，但他还是对语言学更有兴趣，因此，在众人不解的眼光中，他开始了自己的语言学研究之路。这是一条艰苦与愉悦并存的路。历史比较研究常常需要研究者去各种偏远的地方调查，克服各种水土的不适，才能品尝到各种天然而富有特色的美食，感受到多样文化的魅力，以及收获到珍贵的语言材料。在一次次的田野调查中，刘文坚持了下来，可能喝了不少酒，吃了不少辣椒，走了不少山路，一手调查到的语言材料应该给了他很大的学术信心，并为他开启了语言学的广阔大门，不仅仅是历史比较研究，还有语法的、语音的，琳琅满目，尽在其中。

　　是为序。

汪　锋
2020 年 1 月 7 日

目　录

图表目录

1 引 言

1.1 瑶族起源

关于瑶族的起源，一般认为出自"盘瓠传说"，表现的是古代以犬为图腾崇拜的部落，包括瑶族，生活在浙江、福建和广东潮州的畲族，以及生活在海南岛的苗族（Lemoine，1982：12）。

瑶族自古以来就与汉族有着紧密联系，盘瓠的故事在中国民间广为流传，目前已知的最早记载见于东汉应劭的《风俗通义》。宋代罗泌《路史·发挥二》曰："应劭书遂以高辛氏犬瓠妻帝之女，乃生六男六女，自相夫妻，是为南蛮。"魏晋南北朝时期，东晋干宝《晋纪》曰："武陵、长沙、庐江郡夷，盘瓠之后也，杂处五溪之内。盘瓠凭山阻险，每每常为害。杂糅鱼肉，叩槽而号，以祭盘瓠，俗称'赤髀横裙'，即其子孙。"《搜神记》中的记载更为详细："高辛氏有老妇人居于王宫，得耳疾历时。医为挑治，出顶虫，大如茧。妇人去后，置于瓠篱，覆之以盘，俄而顶虫乃化为犬，其文五色，因名盘瓠，遂畜之。时戎吴强盛，数侵边境，遣将征讨，不能擒胜。乃募天下有能得戎吴将军首者，赐以千金，封邑万户，又赐以少女。后盘瓠衔得一头，将造王阙……"（干宝，1979:169）南朝宋

1

范晔的《后汉书·南蛮西南夷列传》，集各家传说于一体，流传甚广。然而，侯绍庄（1981）并不同意上述观点，他认为"盘瓠"作为一种原始的图腾崇拜，并非起源于苗瑶语族的古代先民，而是起源于古代氐羌系统的犬戎，只是在唐宋以后，由于各种内外因素的影响，才为苗瑶语族中的部分族群所接受。吴永章（1993）以朝代为纲，论述了瑶族的历史、文化及风俗。据文献记载，"猺"一词最早出现于唐代的"莫猺"中，意思是免除苛捐杂税。现代称为"瑶"的民族可能来源于之前的蛮、南蛮、山子或盘瓠等。

毛振林（1988）从语言学角度考察了瑶族分化的历史，他从现代方言语音的声韵母表现、构词、数词等角度出发，通过类比汉语塞音韵尾消失的时间，推断古苗瑶部落集团的分化应早于秦汉时期。对于数词，苗语只有一套，瑶语则有两套：一套固有词，一套汉语借词，苗语和瑶语的固有数词同源，"十"以上的形式则非同源，从数词的差异进而推断苗瑶语发展到"十"这个阶段才开始分化，同时苗族和瑶族部落分化。至于如何断定分化的年代，作者又参照有文献记载的汉语数词发展史，甲骨文已有"百、千、万"等概念，由此认为苗瑶民族的分化也应当是在这段时期或稍后一点，即苗、瑶民族分化的时间在殷商时期。

郑宗泽（2004）基于语言学材料考证族称、文献记载的居住地和传说等材料，认为商代的蒲姑部落是瑶族的祖先（曾居住在今山东省泰山至渤海一带），蒲姑国是瑶族祖先的部落方国，因而蒲姑国的族属应该归属于瑶族。

1.2 研究范围

苗瑶语族是东南亚的一个主要语言群体，其内部包含三四十种语言，使用这些语言的人口主要分布于中国的贵州、湖南、云南、广西、广东、四川、湖北、江西和海南。此外，部分分布在越南、泰国以及老挝北部。由于中印边境自卫反击战，东南亚地区的瑶族迁徙到法国、美国、加拿大以及澳大利亚等国家和地区（Strecker，1987；马学良，2003：509）。

在苗瑶语的语源问题研究方面，Li（1937）提出汉藏语系包含汉语、藏缅语族、侗台语族和苗瑶语语族。Benedict（1942，1975）则持不同意见，他将苗瑶语从汉藏语系中划分出去，认为苗瑶语和汉语有对应关系的一批语素是由接触造成的，并非同源分化的产物。从上述争议不难发现，苗瑶语系属问题的争议焦点在于苗瑶语和汉语音近义同的一批关系语素是否有严格的语音对应支持。严格的语音对应是历史比较的基础，也是判定语源关系的必要条件，然而这一问题在苗瑶语的系属判定方面一直以来不被重视。Wang（2015）、Wang 和Liu（2017）先后基于普遍对应和完全对应考察了汉—苗瑶语关系语素，随后应用词阶法和不可释原则分析，结果显示苗瑶语族语言和汉语之间呈现的是发生学关系，而非接触关系。换句话说，汉—苗瑶语关系语素是来自汉语和苗瑶语共同的祖语，而非语言接触的产物。Liu（2019）基于原始瑶语的构拟，从原始瑶语和原始闽语中的六组塞音声母的表现论证了瑶语和闽语的同源关系。瑶语属于苗瑶语，闽语属于汉语，根据同源关系的传递性（陈保亚，1996），苗瑶语和汉语也是同源关系。目前的证据显示，苗瑶语族语言还是在汉藏语系的框架内。

中华人民共和国第六次人口普查（2010）的数据显示中国

境内的瑶族人口共有 2796003 人，分布于我国的广西、湖南、云南、广东和贵州等地。除部分瑶族直接使用汉语和侗语外，瑶族主要使用的语言有三种：勉语、布努语和拉珈语，三者分别属于汉藏语系的勉语支、苗语支和侗水语支（中国科学院少数民族语言研究所，1959：v；毛宗武、周祖瑶，1962；毛宗武、蒙朝吉、郑宗泽，1982：175）。中国境内使用瑶语的人口大约有 706000 人（王辅世、毛宗武，1995：13–16），越南有 474000 人（Dang et al.，2000：183），老挝有 22665 人（State Planning Committee，1997：15），泰国有 40000 人，其他西方国家有 25000 人。①也就是说，全球大约有 127 万人口使用瑶语。

关于瑶语的界定，学界有两种说法：一种是广义的瑶语，即瑶族人所使用的语言，包括布努语（苗语支）、拉珈语（壮语语族）和勉语（瑶语支）；另一种是狭义的瑶语，专门指称勉语。本书所研究的对象是狭义的瑶语，即勉语（自称为 mjen31），属于苗瑶语族瑶语支。需要说明的是，"瑶族语言"和"瑶语"是两个不同的概念，前者是瑶族人所使用语言的总称，后者指的是勉语。下文若无特殊说明，叙述中所谈的瑶语专指勉语。与苗语相比，瑶语的最大特点在于：一是古苗瑶语带鼻冠音的闭塞音声类除个别以外，在现代瑶语中的反映形式都是浊闭塞音；二是古苗瑶语入声韵尾在现代瑶语方言中都有反映（王辅世、毛宗武，1995：13）。

就瑶语的调查与研究而言，国内较早开展瑶语调查研究的成果主要有《广西凌云瑶人调查报告》（颜复礼、商承祖，1929）、《广西猺歌记音》（赵元任，1930）、《广西凌云瑶语》

---

① 泰国和西方国家的数据转引自 Aumann 和 Sidwell（2004）。

（李方桂，1930）、《瑶语的语音和音韵：油岭方言的描写》（黄锡凌，1939）。20 世纪 50 年代，我国展开了民族语言大调查，瑶语的调查成果见于《中国少数民族语言简志苗瑶语族部分》（1959）。之后的几十年中，国内外有大量描写和研究的成果公开发表（例如，国内：毛宗武、蒙朝吉、郑宗泽，1982；余伟文、巢宗祺，1984；《苗瑶语方言词汇集》，1987；巢宗祺，1990；毛宗武，1992；王辅世、毛宗武，1995；陈其光，2001；毛宗武，2004；孙宏开等，2008；胡晓东，2011；郑宗泽，2011；李云兵，2018；等等。国外：Downer，1961；Lombard and Purnell，1968；Purnell，1970；Solnit，1985；Shintani and Yang，1990；Strecker，1990；Thongkum，1993；Ratliff，2010；段善述、梅玉柱著，盘美花译，2013；等等），这些成果为本书的研究提供了一定基础。

　　结合本书研究，下文主要从瑶语方言划分及原始语的构拟两个方面梳理、评述国内外已有研究。

1.2.1　瑶语方言划分

　　关于瑶族的分类，名目繁多，有的根据居住地区命名，有的以生活方式命名，有的以主要生活资料命名，有的以服饰命名……大凡语言、服饰、生活习惯、宗教信仰跟其他瑶族不同，跟其他瑶族也不通婚的，就有一个跟其他瑶族不同的名称（罗季光，1953）。这种民族学的分类并非我们想要的分类，语言与民族之间的关系错综复杂，同一民族可以使用不同的语言，不同民族也可以使用同一种语言。[①]综观前人研究，从语言学角度对瑶语进行方言分类的标准主要有结构类型、同源词

[①] 关于语言和民族关系的讨论，可参阅马学良、戴庆厦（1983），Sun（1992）。

保留率和创新特征三种。

1.2.1.1 基于结构类型的分类

语言结构类型分类指的是两两比较方言间的语音、词汇和语法的共性以及个性，通过异同进而确定方言间的亲缘远近。

第一次对瑶语进行语言学分类的著作是中国科学院少数民族语言研究所主编的《中国少数民族语言简志 苗瑶语族部分》，该书根据词汇和语音标准将瑶语分为勉、藻敏和标敏三个方言，其中勉语又分为勉、标曼和金门三个土语，标敏分为标敏和交公勉土语，藻敏方言不分土语（1959：92-93）。毛宗武、周祖瑶（1962），毛宗武、蒙朝吉、郑宗泽（1982：62-63）以及 Strecker（1987）都沿袭这一分类模式。最近，Ratliff（2010：3）采用语音、词汇和语法等综合特征标准对苗瑶语进行分类，其中有关瑶语的方言划分依然支持前人将瑶语方言三分的方案，即勉—金门方言、标敏方言和藻敏方言。

盘承乾（1986：156）将上述分类方案稍做调整，主要改动是将勉方言进一步分为勉方言和金门方言。由此，瑶语方言就形成了四分的格局，即勉、金门、标敏和藻敏。这种方言分类的标准是这四个方言分别使用不同的自称，并且相互之间不能通话。王辅世、毛宗武（1995：3）和毛宗武（2004：10）采用了这一四分方案。

1.2.1.2 基于词源统计法的分类

词源统计法最早由 Swadesh（1952，1955）提出，其灵感来自考古学中的碳 -14 测定方法。具体来说，词源统计法主要是利用统计的方法来测算语言发展的年代，其主要判断依据在于语言中基本词根语素（尤其是核心语素）在发展中的消亡速度，因此该方法也被称为同源词保留率法。词源统计法的前提假设是假定语言演变的速率恒定，即任何语言中基本词汇的衰变率是恒定不变的，通过比较基本同源词汇的丢失率来测算亲属语言的分化时间深度。

在瑶语研究中，黄行（1999）以《苗瑶语古音构拟》（王辅世、毛宗武，1995）为材料，选取了 13 种苗瑶语方言，运用计量比较方法研究苗瑶语的亲疏关系。遗憾的是，该文只选取了两个瑶语方言点（罗香瑶和东山瑶），因此，我们无法从中窥探瑶语方言的具体分类情形。邓晓华、王士元（2003）基于 Swadesh 的 100 词表，对其进行数理统计分析，进而给出了 12 个苗瑶语的谱系树图，结果显示瑶语支有勉瑶、标敏和藻敏，即支持瑶语方言三分的观点。刘文（2014）基于核心词严格语音对应的前提，利用词源统计法对苗瑶语进行分类，结果显示瑶语的四大方言可以聚类为两大支：一支是罗香（勉方言）和梁子（金门方言）；另一支是三江（标敏方言）和大坪（藻敏方言）。[①]

1.2.1.3 基于创新特征的分类

创新特征法取自生物学中的发生学谱系分类方法，其基本假设认为语言中独特的共享创新特征不是语言或方言之间各自独立平行发展的产物，也不是它们之间相互借贷的结果，而是来自同一个源头。需要说明的是，这一分类标准是基于原始语的构拟，并从音变分合关系的视角考察语言或方言的分类。就瑶语而言，下文主要介绍三个有代表性的分类体系。

一是 Purnell（1970：137）根据自己构拟的原始瑶语将瑶语方言二分：优勉方言和金门方言。其分类标准是优勉方言中还保存着清响音（*rh > *lh；*r > *1），而金门方言中的清响音和浊响音合流（*lh > *1；*Nh > *N；*r，*rh > *g）。然而，

---

① 括号内的方言分类名称依据盘承乾（1986）。

作者在分类时只采用了勉方言和金门方言的语料，并没有考虑标敏和藻敏两大方言的材料。因此，囿于材料，这一方言分类还不完善。

二是 Thongkum（1993：170）根据构拟的原始瑶语将其方言三分：优勉方言、坳标方言和金门方言。其分类标准是原始瑶语中的清响音、鼻音韵尾和声调等语音特征的分合演变，具体体现为以下四个方面。

（1）东部和西部勉方言保留了原始语中的清响音，原始语的清响音在北部勉方言、坳标方言和金门方言中的反映形式为浊响音。例如：

	北部勉语	东部勉语	西部勉语
星星	le13	ḷei13	ḷei13
肥	me33	m̥ei33	m̥ei33
天	nɔ33	ŋ̥ɔi33	ŋ̥ɔi33

（2）北部勉语的特点是鼻音韵尾演变为元音的鼻化成分，其他方言点则没有此类现象。此外，北部勉语还保留了辅音丛且擦音声母对应东部和西部勉方言的塞擦音。例如：

	北部勉语	东部勉语	西部勉语
脖子	klã:33	ka:ŋ33	tɕa:ŋ33
路	klɔ35	kau354	tɕau354
毛发	ple33	pei33	pje33
腿	θɔ43	tsau13	tsau13
盐	zau35	dzau354	dzau354

（3）金门方言的特点是清响音丢失。

（4）坳标方言的特点是元辅音系统与金门方言相似，声调系统与勉方言相似。

综上可见，由于优勉和坳标同属于勉方言，所以 Thongkum（1993）实际上只是考虑了勉和金门两大方言的材料，而没有考虑标敏方言和藻敏方言。另外，这项研究的一个比较大的缺陷是在采用创新特征进行亲缘分群时没有明确区分遗存特征和创新特征。

三是 Aumann 和 Sidwell（2004）基于卷舌音的演变这一创新特征将瑶语方言分为两大群：Mien-Min（*Lh，*Rh > *lh；*L，*R > *l）和 Mun-Dzao（*L，*Lh > *L）。Mien-Min 相当于勉方言和标敏方言，Mun-Dzao 相当于金门方言和藻敏方言。这项分类与 Purnell（1970）不同的是，Aumann 和 Sidwell（2004）认为卷舌音的创新特征是瑶语亲缘分群中最重要的标准，其次看清响音的浊化。

1.2.2 原始瑶语构拟

原始语言的构拟需要建立在对语言音节各部分的深入认识和了解之上，前辈学者在瑶语历时演变方面做了大量的研究，例如邓方贵（1984）、陈其光（1985）探讨了浊声母的演变；Chang, B.S. 和 Chang, K.（1976）、陈其光（1984）探讨了鼻冠音的演变；邓方贵、盘承乾（1990）研究了瑶语的复辅音；盘承乾（1983）、陈其光（1988）研究了韵尾的演变；唐纳（1986）探讨了瑶语的长短元音；陈其光（1979）、张琨（1992）探讨了瑶语的入声字；李云兵（2003）总结了苗瑶语的声调研究。另外，还有一些学者研究了瑶语中的汉语借词和瑶语与其他语言的接触问题，例如 Downer（1973）、赵敏兰（2004）、曾晓渝（2010）、谭晓平（2012）、黄行（2013）、孙叶林（2013）等。前人的这些研究为下一步的构拟工作奠定了良好的基础。

　　至于瑶语的构拟研究，开创性的工作当属张琨（1947）和
Chang（1953，1966，1972），他们的研究重点在于给出了苗
瑶语和瑶语的原始声调系统，认为古苗瑶语有八个声调（包含
两个入声调），其中四个是阴调，四个是阳调。阴阳调的分立
是按照声母来源的清浊，用声调和声母的关联证据来证明古苗
瑶语有清浊声母，并且清浊声母对于声调的影响恰如汉语和侗
台语，即原有的四声根据声母的清浊分化为八个声调，即阴平
（T1）、阳平（T2）、阴上（T3）、阳上（T4）、阴去（T5）、阳
去（T6）、阴入（T7）和阳入（T8）。遗憾的是，张琨先生并
没有构拟出包含声母和韵母的整个音系系统。

　　Purnell（1970）首次给出了原始瑶语的音系，这个系统
包含 103 个声母（单辅音 59 个，复辅音 44 个）、77 个韵母和
8 个声调。尽管作者选取了五个方言点（优勉方言：清迈、兴
安、大板；金门方言：凌云、海宁），然而该项研究的最大缺
点仍在于材料不足，主要问题在于没有将所有大的方言分支考
虑在内，并且记音符号的转写也存在很大问题，以致所构拟
的原始形式的证据支持力度太弱，这一点正如作者在文中所
言："原始瑶语声母的构拟存在很多问题，只是一个暂时的系
统……对应组支持的实例太少。"（Purnell, 1970: 132）

　　Thongkum（1993）基于勉方言、坳标方言和金门方言的
材料构拟了瑶语的音系和 351 个词根。该音系系统包含 4 个声
调、118 个声母（单辅音 53，复辅音 65）、8 个单元音韵母和
14 个复合元音韵母。由于作者在文中并没有给出包含鼻音韵尾
和塞音韵尾的韵母数量，我们无从得知作者构拟的韵母总数。
再者，作者只有 500 个词的调查材料，并且阳朔这个方言点只
有 230 个词项，采用这么少的材料来构拟声韵调系统如此复杂
的瑶语，势必会导致很多语音对应无法建立起来。

王辅世、毛宗武（1995）利用23个语言和方言点的材料构拟了原始苗瑶语的音系，但是这个构拟的系统十分复杂，包含263个声类、210个韵类和4个调类。此外，作者只是给出了原始苗瑶语的系统，并没有构拟原始瑶语或者原始苗语之类的中间演变阶段。综观整个系统，该文给出的原始苗瑶语系统不仅十分复杂，并且在比较时还存在很多声母、韵母和声调不符合对应规则的情况，对其原因，作者在书中给出了三种可能的解释："一种可能是那个字根本不是同源字，第二种可能是在语言演变过程中，个别字在个别方言土语中发生了特殊的变化，第三种可能是记音有误。"（王辅世、毛宗武，1995：19）

陈其光（2001）给出了自己构拟的一套原始苗瑶语系统，音类同样相当复杂，并且很多音类只有一个词项支持。此外，该文也没有单独给出原始瑶语的构拟系统。

吴安其（2002）根据《苗瑶语古音构拟》（王辅世、毛宗武，1995）和勉语广西兴安话的材料重构了原始勉语的声母系统，但没有给出一个完整的原始勉语音系。

Ratliff（2010）构拟了一套原始苗瑶语系统，在构拟时指出"瑶语的韵母系统远远复杂于苗语的韵母系统：瑶语不仅有塞音韵尾（-p、-t、-k）和 -m 韵尾（苗语至多只有 -n 和 -ŋ），还有很多复韵母。我们假定原始语言的韵母系统更像瑶语的系统"（Ratliff，2010：110）。该项研究的一个特点是作者根据同一词汇形式语音对应规则反映的不同，在原始苗瑶语的基础上又分别构拟出部分原始苗语和原始瑶语的形式。但是该文对瑶语的构拟不成系统，因此从中也就无法看出原始瑶语的整个音系。

1.2.3　小结

根据 1.2.1 和 1.2.2 小节的梳理，不难发现，尽管前人在瑶语方言的分类和构拟方面做了大量工作，但是这两个方面的研究依然存在诸多问题。具体来说，在瑶语方言亲缘分群方面，采用共享的创新特征作为方言分群的标准已经得到学界广泛认可，然而前人的做法都是采用个别特征作为分类的标准，特征选取的不同也就导致了分类结果的不同。此外，研究者在选取特征时并没有严格区分遗存和创新，乃至很多符合普遍演变规律的音变现象被当作创新特征，由此导致分类结果的信度就不高。这些研究也提示我们，在采用创新特征进行语言亲缘分群时，一个可信的做法是尽可能多地寻找创新特征，然后采用 PHYLIP 软件包中的"最俭省"程序PENNY 等来进行运算，进而得到一个相对稳定的谱系树图。在古音构拟方面，囿于语言材料，前人构拟的原始形式中存在很多孤例，即构拟形式往往只有一个词项支持。根据历史比较语言学中的语音对应规律，除非有特殊说明，否则孤例是不能构拟到原始语中的。再者，相对于苗语的研究而言，瑶语的构拟研究还远远不够，至今学界还没有给出一套能够令大家满意的原始瑶语的语音系统。

因此，在瑶语研究中，一个亟待解决的问题是基于严格语音对应的原始瑶语的构拟。严格语音对应是历史比较和构拟原始语言的基础，并且只有在此基础上才有可能讨论后代方言分群的可能。本书希望基于严格语音对应构拟出一个原始瑶语参照系统，这个系统不仅可以反映现代瑶语方言间的语音对应关系，而且能够合理有效地解释从原始瑶语到现代方言的语音演变情形。不过，有一点需要说明的是，构拟只是尽可能地还原现代方言的历史，构拟出来的系统并非历史上真实存在的，所以不能把这个构拟的参照系统等同于历史上曾经真实存在过的方言或语言。

1.3 选点及材料来源

本书的材料主要来源于毛宗武（2004：10-13）所给出的22个方言点，毛氏的方言划分方案如下：勉方言（广滇土语、湘南土语、罗香土语、长坪土语）；金门方言（滇桂土语、防海土语）；标敏方言（东山土语、石口土语、牛尾寨土语）；藻敏方言（本方言不分土语）。[1]

基于前人对瑶语及其方言的分群研究，本书暂时采用四分的方案，即勉方言、金门方言、标敏方言和藻敏方言（见1.2.1小节）。考虑到瑶语方言点的音系差异和地区分布，本书主要使用勉方言的广滇土语（江底）、湘南土语（庙子源）、罗香土语（罗香）；金门方言的滇桂土语（梁子）、防海土语（滩散）；标敏方言的东山土语（东山）、石口土语（石口）和藻敏方言的大坪这八个方言点的材料，其他方言点的材料作为参照和补充。

勉方言：

①广西壮族自治区龙胜各族自治县江底乡建新村大坪江屯，属广滇土语，简称江底（JD）。

②湖南省江华瑶族自治县湘江乡庙子源村，属湘南土语，简称庙子源（MZY）。

---

[1] 毛宗武（2004：10）指出，语言和方言的名称以自称命名，土语名称以地区名称为基础。

③广西壮族自治区金秀瑶族自治县罗香乡罗香村，属罗香土语，简称罗香（LX）。

金门方言：

④云南省河口瑶族自治县梁子乡新寨村，属滇桂土语，简称梁子（LZ）；

⑤广西壮族自治区防城港市滩散乡滩散村，属防海土语，简称滩散（TS）。

标敏方言：

⑥广西壮族自治区全州县东山瑶族乡双龙村，属东山土语，简称东山（DS）。

⑦广西壮族自治区恭城瑶族自治县三江乡石口村，属石口土语，简称石口（SK）。

藻敏方言：

⑧广东省连南瑶族自治县大坪乡大坪村，简称大坪（DP）。

除了上述八个基本方言点外，在具体构拟过程中，本书还参照前人的其他材料，例如：赵元任（1930）的《广西猺歌记音》（勉方言）；Lombard 和 Purnell（1968）的 *Yao-English Dictionary*（勉方言）；《瑶族语言简志》（1982）中广西壮族自治区龙胜各族自治县江底公社大坪江的勉话（勉方言）；余伟文、巢宗祺（1984）的《油岭瑶话概述》（藻敏方言）；《苗瑶语方言词汇集》（1987）中广西壮族自治区金秀瑶族自治县长垌乡镇中村话（勉方言）、广西壮族自治区全州县东山乡话（标敏方言）；Shintani 和 Yang（1990）有关海南岛瑶语的描写（金门方言）；王辅世、毛宗武（1995）《苗瑶语古音构拟》中的瑶语方言材料等。

1.4 研究方法

本书采用历史比较法和还原比较法展开瑶语方言的比较研究。

历史比较法是揭示语言的同源关系和同一语言分化的规律并重建语言分化前的源头语到各个后代语的具体分化过程的理论方法。历史比较法是历史语言学的基础，它比较方言或亲属语言，找出语音对应关系，并在此基础上探索语音发展的线索和规律，重建原始语（徐通锵，1991：7；Hock，1991）。历史比较法的工作假设所比较的几种语言或方言是同源的，并且所比较的成分是已经剔除非遗传成分的（Hoenigswald，1950：357）。根据前人研究（毛宗武、蒙朝吉、郑宗泽，1982；盘承乾，1986；王辅世、毛宗武，1995；毛宗武，2004），瑶语四大方言之间是存在同源关系的，本书选取的八个方言点分属于这四大方言，所以它们之间也是存在同源关系的，即它们是从同一祖语分化而来的。至于分化的时间节点，第3章将详细讨论。既然这八个方言点同源，那么也就满足了历史比较法的第一个基本假设。至于第二个假设，我们暂时还不能保证所比较的成分都是同源的。瑶族主要生活在中国的南方，不可避免地会和邻近的汉语及其他少数民族语言发生语言接触或借用，所以瑶语中势必会带有其他语言的成分。但是，在没有完成瑶语的内部比较之前，我们无法确定哪些成分是自源的，哪些成分是外源的。需要注意的是，国内民族语学界通常使用固有词和借词两个概念来区分同源成分和异源成分，不过学界内部就二者的区分标准并不统一。一般来说，两种语言间音近义通的一批词（关系词）的来源有两种可能：同源和借用。借用又需要考虑方向性的问题，即谁借谁的问题。鉴于此，本书坚持严格语音对应这一标准区分这批关系词，符合对应标准的，我们就会将其构拟到原始语中，否则就会被排除。

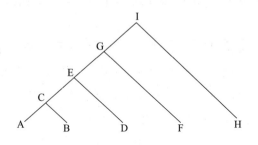

图 1.1　树状图模型

　　如图 1.1 所示，A、B、D、F 和 H 代表的是现在活的语言，C、E、G 和 I 代表的是不同时间阶段上的原始语言。如果一个词在原始语之前（I 节点）就已经借入，那么它就可以被构拟到 I 节点的原始语中，因为从语言接触的视角来看，借用是没有界限的（陈保亚，1996）。Li（1977）在原始台语的构拟中也采用了这种处理方案。根据这一原则，他所重构的原始台语中存在很多古代汉语的借词。韩哲夫（2009：12）对于这种处理方案给出的解释是："这些词在所有的子语言中都有系统的、可重复的语音对应，这能证明这些词是原始台语还没有分化之前而借的，换句话说，这些词属于原始台语的词汇。"

　　为了满足历史比较法所要求的第二条假设，本书还引入了还原比较法（Wang，2006；汪锋，2012、2013），主要是为了解决历史语言学中纵向传递与横向传递的问题，通过剔除语言中由接触带来的横向传递成分，从而获得相对可靠的纵向传递成分以作为语言亲缘关系的证据。还原比较法主要有以下几个方面的内容。一是内部比较：力图建立一个语言下众方言之间的语音对应，并在此基础上重构出该语言的原始形式；二是外

部比较：在互补制约下建立原始语言之间的对应，并离析关系
语素的层次，进一步还原到语言的早期状态；三是语源鉴别：
通过"不可释原则"（Wang，2006；汪锋，2012、2013）和
"词阶法"（陈保亚，1996）分析通过内部比较和外部比较两
次还原得到的成分，鉴别它们源自遗传还是借代。根据研究目
的，本书只使用内部比较。

本书的研究思路可以归结为以下八个方面。

（1）选择比较的语言点（见1.3小节）。

（2）搜集语料，建立瑶语方言数据库，词汇比较样本有
3000条左右。

（3）通过音位归纳中的对立原则、语流中的变调规律等共
时现象从词表中提取单音节语素。

（4）以单音节语素为基点，建立各方言间的语音对应。

语音对应的情形比较复杂，尤其对于分布地区广泛并与
其他民族有深度接触的瑶语，本书着重考察普遍对应和完全对
应两种情形。普遍对应指所比较的语素在各个方言点中都有反
映形式并能形成对应（陈保亚，1999a，1999b，2015）。普遍
对应体现原始形式的时间深度，凡是符合普遍对应的词项都可
以构拟到原始语中，并且他们对原始形式的支持力度最大（汪
锋，2011）。例如，"*p-"在八个瑶语方言中可以形成下列对
应模式：p<>p<>p<>p<>ʔp<>p<>b<>b（见表1.1）。

表1.1　瑶语方言普遍对应示例

索引	词项	江底	庙子源	罗香	梁子	滩散	东山	石口	大坪
485	知道	pei33	pei33	pei33	pei35	ʔpɛi35	pəi33	bi33	bɛi44
494	百	pɛ55	pɛ54	pɛ43	pɛ35	ʔpɛ35	pɛ53	ba35	ba44
499	放（走）	puŋ24	puŋ35	puŋ35	puŋ44	ʔpuŋ335	pə24	bɔŋ44	bɔŋ42

完全对应指所比较的音节中的每一个成分（声母、韵母和声调）都能满足对应（陈保亚，1999a，1999b，2015），坚持完全对应的目的在于最大限度地排除偶然因素（汪锋，2011）。根据我们的研究，完全对应还可以细分为以下两种情况。

一是同音语素对应，这种情况是最严格的完全对应（见表1.2）。

表 1.2　瑶语方言同音语素对应示例

索引	词项	江底	庙子源	罗香	梁子	滩散	东山	石口	大坪
42	响	bu:i33	bui33	bui33	bui31	bu:i13	bəi33	bwei33	bai44
43	蝙蝠	bu:i33	bui33	bui33	bui31	bui13	bəi33	bwei33	bai44

二是关联对应（Chen，2013；Wang 和 Liu，2017；Liu，2019），即所比较语素的声母、韵母和声调的对应并非总能在三个音段成分上同时形成对应，但是每个音节成分的对应背后都有其他词项的支持。例如，瑶语的"鱼"在声母上与"竹笋"形成对应，在韵母上与"房子"形成对应，在声调上与"火"形成对应。

表 1.3　瑶语方言关联对应示例

索引	词项	江底	庙子源	罗香	梁子	滩散	东山	石口	大坪
声母关联对应：bj◇b◇bj◇bj◇bj◇bl◇pl◇b									
259	鱼	bjau231	bau232	bjau213	bjau32	bjau31	bla42	plou31	biu44
261	竹笋	bjai13	bai11	bje11	bjai22	bjai32	blai42	plai13	bɛi22
韵母关联对应：au◇au◇au◇au◇au◇a◇ou◇iu									
259	鱼	bjau231	bau232	bjau213	bjau32	bjau31	bla42	plou31	biu44
721	房子	pjau52	pau53	pjau53	pjau545	ʔpjau55	pla35	plou35	piu24
声调关联对应：231◇232◇213◇32◇31◇42◇31◇44									
259	鱼	bjau231	bau232	bjau213	bjau32	bjau31	bla42	plou31	biu44
72	火	tou231	təu232	tou213	tou32	ʔtou31	təu42	teu31	tu44

　　结合实际材料，在瑶语具体比较研究工作中，我们发现要想使一个音节的所有成分（声、韵、调）在所有方言中同时满足完全对应和普遍对应，那么所得到的可资比较的音节数量就比较少，这就给原始语的构拟带来了一定困难。[①] 在这种情形下，放宽对应的要求就变得十分必要。汪锋（2011）论证了放宽完全对应和普遍对应的可行性，普遍对应体现原始形式的时间深度，完全对应则在于最大限度地排除偶然对应。因此在方言比较时，本项研究严格坚持普遍对应以最大限度地排除由晚期接触导致的借用，而在完全对应实例数量较少的情形下，可以适当放宽标准。本书尝试逐步放宽完全对应的模式，具体操作程序见表1.4。

表 1.4　放宽完全对应的操作程序

	声母	韵母	声调
词项一	A	B	X
词项二	A	B	C
词项三	X	B	C

　　表1.4中"X"指的是不满足对应的情况。通过比较词项一和词项二，二者的声母和韵母满足对应，声调不满足对应；比较词项二和词项三，二者的韵母和声调满足对应，声母不满足对应；比较词项一和词项三，只有韵母满足对应。如果音节中只有一个成分（声、韵、调）满足对应，即在数据库中找不到另一词项与之形成的音节中至少有两个成分符合对应的模式，那么这个词项就会被剔除。之所以保留词项一和词项三，

---

　　① 陈保亚、汪锋（2012：135）提出构拟原始语应该坚持对立的充分性原则：一是尽可能充分比较每一种同源语言或方言；二是充分穷尽每一同源语言或方言的所有对应语素。我们认为这只是一种理想的构拟思路，但在具体实践中很难实现。

是因为词项二在中间起了桥梁作用。

考虑到本书所用的瑶语材料，相对于完全对应的情形而言，放宽普遍对应的情况则更加复杂，因为某一词项可能在某个方言点中缺失，而另一词项则在另外的一个或几个方言中缺失。鉴于这种情形，本书逐一检视了所有词项在不同数量方言中放宽普遍对应的情形，结果见表1.5。需要指出的是，在本项研究中，放宽普遍对应和放宽完全对应是同步进行的。

表 1.5　基于不同对应标准的瑶语方言词项数目

方言数目	普遍对应＋完全对应	放宽普遍对应＋完全对应					
	八方言	七方言	六方言	五方言	四方言	三方言	两方言
符合对应词项数目	65	214	392	637	816	969	980

表 1.5 显示，如果坚持最严格的普遍对应和完全对应，那么所得到的词项仅有 65 个。当然，导致这种现象产生的原因有很多，比如，前人材料记音的缺漏、方言点缺乏相关词项的表现、印刷的错误等。但是无论如何，使用这么少的词项是很难复原有着复杂音类系统的原始瑶语的。因此，在第 2 章的构拟中，本书采取先观察基于最严格普遍对应和完全对应事实下的瑶语方言的分合情况，进而构拟出一批音类；然后放宽对应要求，补充支持该构拟原始形式的词项。①结合前人研究，我们发现，当标准放宽到至少在五个方言中满足对应时，就基本可以重构出一个相对完整的原始瑶语音系。此外，用这一标准

---

① 汪锋指出最严格的做法是先基于严格语音对应构拟出一批音类，寻找创新特征，勾勒出谱系树图，然后根据树图分支进行层级构拟（私人交流）。鉴于本书基于严格语音对应只能得到 65 个词项，这是无法绘制谱系树图的，因此本书采用另一种策略，等日后再进行相关研究。

所得到的词项也可以覆盖前人用于重构原始瑶语的绝大多数词语，这也是本书选择放宽标准的一个主要原因。

（5）分析对应性质，确定同源对应与异源对应。

经典历史比较法提出了语音对应的三种来源："比较两个言语形式，不论它们是一种语言的两个方言，还是两种亲属语言，或者甚至是随意选出的两种语言，我们都会碰到一些声音和意义都相似的词。这种双重的相似性可以归因于：偶合；借用；直接继承。第三种情况下的词，叫作同源词。"（霍凯特，1986：521）上述三种来源即我们平常所说的偶然对应、异源对应和同源对应。偶然相似的问题可以通过建立比较严格的语音对应剔除掉，生物学家 Dawkins（1987：274）也有相关的论断：Convergent evolution is really a special kind of coincidence. the thing about coincidences is that, even if they happen once, they are far less likely to happen twice. And even less likely to happen three times. By taking more and more separate protein molecules, we can all but eliminate coincidence.（译文：趋同进化确实是一种特殊的巧合。关于巧合，即使它们发生一次，也不大可能发生两次，发生三次的可能性更低。通过获取越来越多的分离的蛋白质分子，我们几乎可能消除巧合。）

在原始语的构拟中，偶然相似的情况不满足严格语音对应条件，很容易被排除。我们的工作重点是区分同源对应与异源对应，尤其是对于有着深度接触史的东亚语言和东南亚语言。所谓同源对应是指从同一祖语分化而来的各个后代语言之间的系统规则对应，异源对应指源自不同语言接触或借用的产物。构拟原始语言，我们需要尽最大可能排除异源对应，从而得到一个相对同质的系统。

（6）根据同源语音对应的情形，结合音变的方向性和可能性，构拟原始瑶语的音系（声母、韵母和声调）和部分基本词汇（例如亲属称谓、数词和人称代词等）。

（7）基于原始形式，寻找创新特征，借助俭省法进行瑶语的亲缘分群。

（8）根据亲缘分群，区分构拟的层级。关于原始形式的分级，详见 2.3.5 小节的原始声类表和 2.4.2 小节的原始韵类表中的标注。本书认为，对原始形式进行分级是一项十分有必要的工作，不同的级别可以反映不同构拟形式的时间深度和对构拟的证据支持力度，同时满足普遍对应和完全对应的词语可以直接上溯到原始语中，其他的形式则需要根据对应的不同情形进行定义。

1.5 研究目标及意义

Li（1937）将汉藏语系四分为汉语、藏缅语族、侗台语族和苗瑶语族，汉语研究不必多言，藏缅语族研究"深而广"，侗台语族研究"热而多"，独有苗瑶语族研究"冷且少"。

自从 20 世纪 50 年代国家进行民族语言大普查，半个多世纪以来，苗瑶语族语言研究取得了长足进展，方言描写和比较研究的论著逐渐增多，这为我们进行跨方言的历史比较提供了可能。

本书的主要目标是基于严格语音对应的前提进行原始瑶语的构拟，并据此对瑶语进行亲缘分群研究，具体来说有以下三个方面的内容：一是构拟原始瑶语的音系，即声韵调系统，其目的是不仅要弄清楚原始瑶语的音类数量，同时还要为每个音类进行赋值；二是在原始瑶语音系构拟的基础上，尝试构拟原始瑶语的基本词汇，这一工作主要基于基本词汇在现代各方言中的分布情形，探讨哪些是由原始瑶语经过分化过程纵向传递到现代方言中的，哪些是由横向借用或其他路径产生的；三是在原始瑶语的基础上，寻找创新特征，对现代方言进行亲缘分群，并解释原始语到现代各个方言的演变历程及音变分合关系。

本项研究的意义与价值体现在以下五个方面。

（1）在前人语言比较成果的基础上，坚持严格的语素提取程序和同音核对程序，提出了判断对应语素的概率算法模型，可为学界提供丰富翔实的瑶语语素音节表。本项研究力图追求瑶语方言比较研究的充分性、严密性与可靠性，建立瑶语方言比较数据库，以供学界参考和使用。

（2）在严格语音对应（完全对应、普遍对应）基础之上进行原始瑶语的构拟，保证论证的可信度和构拟的准确度。

（3）运用多项创新特征进行现代方言的亲缘分群，可以给瑶语方言分群研究的争议提供一个参照。同时，将创新特征分群的结果与词源统计法的结果进行比较，以便加深学界对不同分群方法的理解与探讨。

（4）采用历史比较法和还原比较法相结合的研究思路，有助于厘清瑶语的历史来源及演化问题，同时还对语言接触及语言演变理论有重要参考价值，对民族史和汉藏语系语言研究也有重要参考价值。

（5）探索如何处理复杂语言接触背景下的语音对应问题，在技术手段上，充分运用大规模数据库和计算机程序来促进历史比较语言学的自动化，提高了历史比较的精准度和客观性，并通过数据库建设、网络平台搭建和程序研究，给出有效方法检索对应方式、音值、分布范围和时间层次等信息。

2　原始瑶语

2.1　瑶语音节结构

瑶语在我国的分布范围比较广，所以在语言点的选择上既要考虑地域分布，又要照顾语言样本的差异，这样才能够尽量满足历史比较对材料的要求。鉴于此，本书选取了八个瑶语方言点来做内部比较（见 1.3 小节）。

MacNeilage 和 Davis（2000）通过研究婴儿咿呀学语阶段（7~12 个月）和说第一个词的阶段（12~18 个月）的音节形式的表现，认为人类语言原始的音节结构为 CV 和 LC（LC 指的是双唇辅音＋元音＋舌冠辅音），其他音节结构类型都是由此发展演变而来的，作者的这一论断与 Ruhlen（1994）构拟的原始世界语的 27 个同源词的音节结构一致。Maddieson（2013）通过类型学的观察，指出音节声母位置的第二个辅音通常被限制在流音或滑音上，他根据音节结构的复杂度，将世界上 486 种语言的音节结构划分为三种类型，见表 2.1。

表 2.1　世界语言音节结构类型分类

音节结构类型	音节模式	语言样本数目	比例（约数）
简单音节结构	（C）[1]V	61	12.6%

音节结构类型	音节模式	语言样本数目	比例（约数）
中等复杂音节结构	CVC，CCV	274	56.4%
复杂音节结构	（C）（C）（C）V（C）（C）（C）（C）	151	31.0 %

注：括号内的成分表示可选成分，如无特殊说明，下同。

从表 2.1 可以看出，中等复杂音节结构类型的语言是最常见的，占调查样本的 56.4%。

具体到瑶语，其音节结构类型与汉语、侗台语基本一致，同属于中等复杂音节结构，音段成分是（C）（G）V（C），此外，还有一个超音段成分，即声调，示例如下：

T			
（C）	（G）	V	（C）

T 表示声调，C 表示辅音，G 表示滑音，V 表示元音。一个音节中，韵腹和声调是必选成分，其他几项是可选成分。部分方言中的声母组成成分不仅有单辅音，还有辅音丛。塞音声母三分。滑音大多是 [-w-] 和 [-j-]。部分方言元音有长短之分，韵尾保留鼻音尾 [-m] 和塞音尾 [-p]、[-t]、[-k]。声调除了用"五度标调法"表示的部分外，个别方言还有与正常嗓音（modal voice）对立的特殊发声类型（non-modal phonation types）。例如，优勉和金门方言有挤喉音（creaky voice）（Downer，1961；Strecker，1990）；金门方言有紧音（tense voice）和气泡音（vocal fry）（王辅世、毛宗武，1995）；标敏方言有气嗓音（breathy voice）（Solnit，1985）。关于瑶语中的特殊发声类型，2.2 小节将展开详细讨论。

下文我们首先呈现用于比较的瑶语八个方言点的音系面貌，具体来说，就是每个方言点的声母系统、韵母系统和声调系统。本书所用材料来源于毛宗武（2004），本节根据原文进行调整与增补，以便于读者阅读与理解。

2.1.1 江底（JD）

江底方言有 79 个声母、64 个韵母和 8 个声调。声母方面：一是包含唇化声母和腭化声母；二是塞音和塞擦音有全清、次清和浊三分；三是清鼻音成系统存在，并且只出现在单数调中，即 1、3、5、7 调。韵母方面：一是元音有长短之分，主元音为 [a]、[i]、[o] 的韵母保留得相对完整；二是元音开头的音节前面都带有喉塞成分 [ʔ-]；三是 [-k] 韵尾接近消失；四是 [ə]、[ən]、[ɿ] 是现代汉语借词韵母。声调方面：含两个平调 [33] 和 [55]，两个降调 [31] 和 [52]，三个升调 [12]、[13] 和 [24]，一个曲折调 [231]。需要说明的是，高平调 [55] 在不带塞尾时实际调值有些降，接近 [54]；单元音韵母在 [55] 和 [12] 调中是个短元音，单念时后面有喉塞尾 [-ʔ]。

表 2.2　江底方言声母（79）

p	pʰ	b	m̥	m	f	w
pw	pʰw	bw	m̥w	mw	fw	
pj	pʰj	bj	m̥j	mj	fj	wj
t	tʰ	d	n̥	n	ɬ	l
tw	tʰw	dw			ɬw	lw
tj	tʰj	dj	ŋ̊j	nj	ɬj	lj
ts	tsʰ	dz			s	
tsw	tsʰw	dzw			sw	

tsj	tsʰj	dzj			sj	
tɕ	tɕʰ	dʑ	ɲ̥	ɲ	ɕ	j
tɕw	tɕʰw	dʑw	ɲ̥w	ɲw	ɕw	
k	kʰ	g	ŋ̥	ŋ	h	
kw	kʰw	gw		ŋw	hw	
kwj	kʰwj	gwj			hwj	

表2.3 江底方言韵母（64）

i		i:u	i:m	i:n	i:ŋ	i:p		
		iu	im	in		ip	it	
e			e:m	e:n		e:p	e:t	
	ei	eu		en	eŋ	ep	et	ek
ɛ					ɛ:ŋ			
a	a:i	a:u	a:m	a:n	a:ŋ	a:p	a:t	
	ai	au	am	an	aŋ	ap	at	ak
o	o:i		o:m	o:n	o:ŋ	o:p	o:t	o:k
		ou	om	on	oŋ	op	ot	
u	u:i							
		ui		un	uŋ		ut	
ə				ən				
ɹ								

表2.4 江底方言声调（8）

调类	1	2	3	4	5	6	7	8
调值	33	31	52	231	24	13	55	12

2.1.2　庙子源（MZY）

庙子源方言有 86 个声母、20 个韵母和 8 个声调。声母方面：一是包含唇化声母和腭化声母；二是塞音和塞擦音有全清、次清和浊三分；三是浊的塞音和塞擦音声母不仅可以出现在双数调中，也可以出现在单数调中；四是清鼻音成系统存在，并且只出现在单数调中，即 1、3、5、7 调。韵母方面：一是元音不分长短，韵母系统性不强，相对于其他方言，庙子源的韵母系统大大简化；二是元音开头的音节前面都带有喉塞成分 [ʔ-]；三是不带韵尾的单元音促声韵都以喉塞音 [-ʔ] 结尾；四是鼻音韵尾无前后之分，前元音后为前鼻音 [-n]，后元音后为后鼻音 [-ŋ]。声调方面：两个平调 [33] 和 [11]，四个降调 [31]、[53]、[54]、[21]，一个升调 [35]，一个曲折调 [232]。

表 2.5　庙子源方言声母（86）

p	pʰ	b	m̥	m	f	w		ʔw
pw	pʰw	bw	m̥w	mw	fw			
pj	pʰj	bj	m̥j	mj	fj	wj		
t	tʰ	d	n̥	n	ɬ	l		
tw	tʰw	dw	n̥w	nw	ɬw	lw		
tj	tʰj	dj			ɬj	lj		
ts	tsʰ	dz			s			
tsw	tsʰw	dzw			sw			
tsj	tsʰj	dzj			sj			
tɕ	tɕʰ	dʑ	ɲ̥	ɲ	ɕ	z	j	
tɕw	tɕʰw	dʑw	ɲ̥w	ɲw	ɕw	zw		
k	kʰ	g	ŋ̥	ŋ	h			
kw	kʰw	gw		ŋw	hw			
kj	kʰj	gj			hj			
kwj	kʰwj	gwj			hwj			

表2.6 庙子源方言韵母（20）

i		iu	iŋ
e	ei		
ε			εŋ
a	ai	au	aŋ
ɔ			ɔŋ
			oŋ
u	ui		uŋ
ə		əu	əŋ

表2.7 庙子源方言声调（8）

调类	1	2	3	4	5	6	7	8
调值	33	31	53	232	35	11	54	21

2.1.3 罗香（LX）

罗香方言有 70 个声母、68 个韵母和 9 个声调。声母方面：一是包含唇化声母和腭化声母；二是塞音和塞擦音三分；三是清鼻音成系统存在，并且只出现在单数调（1、3、5、7）中；四是 [pl-]、[kl-] 两组复辅音声母在老年人口中常出现，年轻人则丢失边音成分，变成塞音。韵母方面：一是只有元音 [a] 有长短之分；二是元音开头的音节前都带有 [ʔ-]；三是不带韵尾的单元音促声韵以 [-ʔ] 结尾；四是 [y] 是现代汉语借词韵母。声调方面：三个平调 [33]、[55] 和 [11]，四个降调 [31]、[53]、[43] 和 [32]，一个升调 [35]，一个曲折调 [213]；第 4 调调值快读时变成 [13]；存在变调现象，1、3、5、7 调变，2、4、6、8 调不变，并且变调发生在前一音节，一般规则是 1、3、5 调变为 6 调，7 调变为 8 调。

表 2.8 罗香方言声母（70）

p	pʰ	b	m̥	m	f	v	w	
pw	pʰw	bw	m̥w	mw				
pj	pʰj	bj		mj		vj	wj	
pl	pʰl	bl						
	pʰlw	blw						
t	tʰ	d	n̥	n	l̥	l		θ
tw				nw		lw		θw
tj	tʰj	dj		nj		lj		θj
tɕ	tɕʰ	dʑ	ɳ̥	ɲ	ɕ	j		
tɕw		dʑw		ɲw	ɕw			
k	kʰ	g		ŋ	h			
kw	kʰw	gw		ŋw				
kj	kʰj	gj		ŋj			kwj	
kl	kʰl	gl						

表 2.9 罗香方言韵母（68）

i		iu	im	in	iŋ	ip	it	
e	ei	eu	em	en	eŋ	ep	et	ek
ɛ		ɛu		ɛn	ɛŋ	ɛp		ɛk
a	a:i	a:u	a:m	a:n	a:ŋ	a:p	a:t	a:k
	ai	au	am	an	aŋ	ap	at	ak
ɔ								ɔ:k
	ɔi		ɔm	ɔn	ɔŋ	ɔp	ɔt	ɔk
o		ou	om	on	oŋ	op	ot	ok
u	ui		um	un	uŋ	up	ut	
			əm	ən	əŋ		ət	
y								

表 2.10　罗香方言声调（9）

调类	1	2	3	4	5	5'	6	7	8
调值	33	31	53	213	35	55	11	43	32

2.1.4　梁子（LZ）

　　梁子方言有 41 个声母、81 个韵母和 15 个声调。声母方面：一是包含唇化声母和腭化声母；二是塞音二分，没有送气清声母，也没有塞擦音声母；三是无清鼻音声母；四是有 [pl-]、[tl-] 两组复辅音声母，并且 [tl-]、[dl-] 的发音部位偏后，可自由变读为 [kl-]、[gl-]。韵母方面：一是元音长短对立比较整齐，元音的长短与口腔的开合度有关；二是元音开头的音节前面都带有喉塞成分 [ʔ-]。声调方面：梁子方言虽然有 15 个调类，但是只有 12 个调值，三个平调 [33]、[44] 和 [22]，两个升调 [35] 和 [24]，六个降调 [31]、[43]、[32]、[21]、[54] 和 [42]，一个曲折调 [545]。由此可见，梁子方言的声调不仅数量多，而且层次复杂。舒声类单数调以古全清、次清为条件分化为两个调值，其中 1'、3'、5' 调带有浊送气成分；促声类的 7 调字凭借古全清、次清分化为两个调值，然后又与 8 调字一起受长短元音的制约再次分化，其中 7'a、7'b 也带有浊送气成分。1' 调和 7'a 调调值相同，4 调和 7'b 调调值相同，5' 调和 8b 调调值相同。此外，该方言还存在变调现象，变调发生在最后一个音节上，调值一律变为 [53]。

表 2.11　梁子方言声母（41）

p	b	m	f	v	w
pj	bj	mj			
pl	bl				

tθ	dð			
tθj	dðj			
t	d	n	s	l
tj	dj	nj	sj	lj
tl	dl			
ʈ	ɖ	ɳ		j
k	g	ŋ	h	
kw	gw	ŋw		
kj	gj		hj	

表 2.12　梁子方言韵母（81）

i		i:u		i:n		i:p	i:t
		iu	im	in	iŋ	ip	it	ik
e		e:u	e:m	e:n	e:ŋ	e:p	e:t
	ei	eu	em	en	eŋ	ep	et	ek
ε							ε:t
	εi		εm	εn	εŋ		εt
a	a:i	a:u	a:m	a:n	a:ŋ	a:p	a:t	a:k
	ai	au	am	an	aŋ	ap	at	ak
ɔ				ɔ:n	ɔ:ŋ	ɔ:p	ɔ:t	ɔ:k
	ɔi	ou	ɔm	ɔn	ɔŋ	ɔp	ɔt	ɔk
o		ou	om	on		op	ot	ok
u				u:n	u:ŋ		u:t
	ui		um	un	uŋ		ut

表 2.13　梁子方言声调（15）

调类	1	1'	2	3	3'	4	5	5'	6	7a	7b	7'a	7'b	8a	8b
调值	35	31	33	545	43	32	44	21	22	24	54	31	32	42	21

2.1.5 滩散（TS）

滩散方言有 43 个声母、70 个韵母和 12 个声调。声母方面：一是双唇和舌尖清塞音前带喉塞音 [ʔ-]；二是送气音和清化音声母的送气成分都比较清晰，但与通常的送气音和清化音又稍有差别。韵母方面：一是元音长短对立比较整齐，元音的长短与口腔的开合度有关；二是元音开头的音节前面都带有喉塞成分 [ʔ-]；三是 [oi] 是现代汉语借词的韵母。声调方面：滩散方言虽然有 12 个调类，但是只有 10 个调值，两个平调 [33] 和 [55]，三个升调 [35]、[13] 和 [12]，三个降调 [42]、[31] 和 [32]，两个曲折调 [335] 和 [331]。单数调以古全清、次清为条件分化为两个调值，其中 1'、3'、5'、7' 调带有浊送气成分。1 调和 7 调调值相同，6 调和 8 调调值相同。某些词语存在变调，变调发生在最后一个音节上并且调值是 [31]，变为 [53]。

表 2.14　滩散方言声母（43）

ʔp	pʰ	b	m	f	v		
ʔpj	pʰj	bj	mj				
ʔpl	pʰl	bl					
ʔt	tʰ	d	n	θ	l	nj	lj
ʈ	ʈʰ	ɖ	ɳ	ɕ	j		
k	kʰ	g	ŋ	h			
kw	kʰw	gw	ŋw				
kj	kʰj	gj	ŋj				
kl	kʰl	gl					

表 2.15　滩散方言韵母（70）

i		i:u	i:m	i:n	i:ŋ	i:p	i:t	i:k
		iu	im	in	iŋ	ip	it	

续表

ε		ε:u		ε:n	ε:ŋ	ε:p	ε:t	ε:k
	εi	εu	εm	εn	εŋ		εt	εk
a	a:i	a:u	a:m	a:n	a:ŋ	a:p	a:t	a:k
	ai	au	am	an	aŋ	ap	at	ak
ɔ	ɔ:i		ɔ:m	ɔ:n	ɔ:ŋ	ɔ:p	ɔ:t	ɔ:k
		ou	ɔm	ɔn	ɔŋ	ɔp	ɔt	
o						o:p	o:t	o:k
	oi							
u	u:i			u:n	u:ŋ	u:p	u:t	

表 2.16　滩散方言声调（12）

调类	1	1'	2	3	3'	4	5	5'	6	7	7'	8
调值	35	13	33	55	42	31	335	331	32	35	12	32

2.1.6　东山（DS）

东山方言有 82 个声母、23 个韵母和 6 个声调。声母方面：一是包含唇化声母和腭化声母；二是塞音三分；三是有清鼻音声母；四是有 [pl-]、[tl-] 两组复辅音声母。韵母方面：一是辅音韵尾除 [-n]、[-ŋ] 外，其余的已脱落，江底方言的 [-m]、[-p]、[-t] 在东山方言中大多数变为 [-n]，也有一些变为喉塞音 [-ʔ]，[-k] 绝大多数变为 [-ʔ]，个别变为 [-n]；二是元音开头的音节前面都带有喉塞成分 [ʔ-]；三是 [ɿ] 是现代汉语借词的韵母。声调方面：一个平调 [33]，三个降调 [31]、[42] 和 [53]，两个升调 [35] 和 [24]。第 4、6、8 调调值合并为 [42]；变调十分复杂，前字变，后字不变，1、3、5 调变调后与 7 调调值相同，2 调变调后与 4、6、8 调调值相同，4、6、8 调变调后的调值也与 7 调相同；部分 4 调字的塞音声母变调后由全清变为次清声母；部分 8 调字塞音尾脱落后以 [-n] 或 [-ʔ] 补偿，借助方言比较可以看出声母也经历了全清到次清的变化。

表 2.17　东山方言声母（82）

p	pʰ	b				m̥	m		w	
pj	pʰj	bj				m̥j	mj			wj
pl	pʰl	bl								
t	tʰ	d				n̥	n	ɬ	l	
tw	tʰw	dw				n̥w	nw	ɬw	lw	
tj	tʰj	dj					nj	ɬj	lj	
			ts	tsʰ	dz			s		
			tsw	tsʰw	dzw			sw		
ʈ	ʈʰ	ɖ	tɕ	tɕʰ	dʑ	ɳ̥	ɳ	ɕ	j	
ʈw	ʈʰw	ɖw	tɕw	tɕʰw	dʑw	ɳ̥w	ɳw	ɕw		dʑwj
k	kʰ	g				ŋ̥	ŋ	h		
kw	kʰw	gw						hw		hwj
kj	kʰj	gj					ŋj	hj		
kl	kʰl	gl								

表 2.18　东山方言韵母（23）

i		iu	in	iŋ
ɛ			ɛn	ɛŋ
a	ai	au	an	aŋ
ɔ				ɔŋ
u	ui		un	uŋ
ə	əi	əu	ən	əŋ
ɿ				

表2.19　东山方言声调（6）

调类	1	2	3	4	5	6	7	8
调值	33	31	35	42	24	42	53	42

2.1.7 石口（SK）

石口方言有59个声母、31个韵母和7个声调。声母方面：一是包含唇化声母和腭化声母；二是塞音三分；三是有复辅音。韵母方面：一是元音无长短；二是辅音韵尾只保留 [-n] 和 [-ŋ]；三是 [y]、[ɿ] 是现代汉语借词的韵母。声调方面：四个平调 [33]、[55]、[44] 和 [22]，两个升调 [35] 和 [13]，一个降调 [31]。第3调和第7调合流；有变调，一般出现在第2调后的第1调字，变调调值接近第4调。

表2.20　石口方言声母（59）

p	pʰ	b	m	f	v	
pw	pʰw	bw	mw			
pj	pʰj	bj	mj			
pl						plj
t	tʰ	d	n		l	
tw	tʰw		nw		lw	
tj	tʰj	dj	nj			
ts	tsʰ			s		
tsw	tsʰw					
tsj	tsʰj			sj		
tɕ	tɕʰ			ɕ	j	
tɕw	tɕʰw			ɕw		ɕwj
k	kʰ		ŋ	h		

kw	kʰw				hwj
kj	kʰj		ŋj	hj	
kl	kʰl				klj

表2.21　石口方言韵母（31）

i		iu		iŋ
e	ei	eu	en	eŋ
ɛ				ɛŋ
æ				
œ			œn	
a	ai	au	an	aŋ
ɔ		ɔu	ɔn	ɔŋ
				oŋ
u			un	uŋ
ə			ən	
y			yn	
ɭ				

表2.22　石口方言声调（7）

调类	1	2	3	4	5	6	7	8
调值	33	55	35	31	44	13	35	22

2.1.8　大坪（DP）

大坪方言有34个声母、38个韵母和5个声调。声母方面：大坪方言的声母系统相对来说比较简单，一大特点是没有清鼻音、送气音和唇化音声母。韵母方面：鼻音韵尾 [-m]、

[-n]、[-ŋ] 保留完整；塞音韵尾只保留 [-p]、[-t]。声调方面：
两个平调 [44] 和 [22]，两个降调 [53] 和 [42]，一个升调 [24]。
第 1、4、7 调调值合并为 [44]，第 6、8 调合并为 [22]；变调
十分复杂。

表 2.23　大坪方言声母（34）

p	b	m	f	v
pj	bj	mj	fj	vj
t	d	n		l
tj	dj	nj		lj
		ŋ̪		j
ts	dz		s	
tsj	dzj		sj	
k	g	ŋ	h	
kj	gj	ŋj	hj	

表 2.24　大坪方言韵母（38）

i		iu	im	in	iŋ	ip	it
ɛ	ɛi	ɛu	ɛm	ɛn	ɛŋ	ɛp	ɛt
a	ai	au	am	an	aŋ	ap	at
ɔ	ɔi	ɔu	ɔm	ɔn	ɔŋ	ɔp	ɔt
u	ui		um	un	uŋ	up	ut

表 2.25　大坪方言声调（5）

调类	1	2	3	4	5	6	7	8
调值	44	53	24	44	42	22	44	22

2.2 声调

2.2.1 声调和发声类型的互动

东南亚地区的语言存在丰富的发声类型，不同的发声类型具有不同的语言学意义，即能在语言中起到区别词义的功能（孔江平，2001；Thurgood，2002，2007）。Maddieson 和 Ladefoged（1985）研究了中国境内景颇语、哈尼语、彝语和佤语的松紧嗓音，孔江平（2001）研究了彝缅语的松紧元音、苗语的浊送气和汉语普通话上声的嗓音类型等。此外，Andruski 和 Ratliff（2000）发现绿苗（Green Mong）母语者根据发声类型区分三个不同的降调。Garellek 等（2013）发现白苗（White Hmong）中气嗓音是区分两个高降调的主要标志，同时发现挤喉音在辨认低降调中的作用不大。刘文、张锐锋（2016）发现气嗓音对鱼粮苗语低平调和低降调的区分有帮助。刘文、杨正辉、孔江平（2017），Liu 等（2018）发现在含有五平调的黔东新寨苗语中，低平调（11 调）上存在明显的气嗓音。

在苗瑶语族中，不仅苗语具有丰富的嗓音发声类型，同语族的瑶语也存在特殊发声类型。根据前人的调查报告，我们可以寻觅一些现代方言中残存的特殊发声类型。例如，Downer（1961：532）调查老挝北部的高地瑶语，他指出第六调音高十分低，略微下降，伴随一些较弱的声门闭合（挤喉）；Solnit（1985）发现标敏方言的 21 调常常伴随气嗓音；Strecker（1990）指出金门 Houei Sai 方言中具有挤喉的特点；梁子和览金方言的次清送气声母具有浊送气的特点，览金方言还有紧喉现象（王辅世、毛宗武，1995：37）。通过分析现代瑶语方言中特殊发声类型的残存现象，Ratliff（2010：193）研究了苗瑶语的发声系统，通过发声类型和声调系统的制约作用，她指出原始苗瑶语的 B2 调（第 4 调）伴随紧喉音，C2 调（第 6 调）有强烈的气嗓音，并从基频值（例如，B2 和 C2 低于与之相应的 B1 和 C1）和现代方言残存两个证据指出发声类型应该存在于原始苗瑶语中。

从声学角度，学界已对苗语的发声类型做了大量研究，遗憾的是至今还没有看到有关瑶语特殊发声类型的声学研究。Kuang（2013）研究了发声类型在声调对立中的作用以及发声类型和基频在声调空间中的互动关系，该文通过对彝语、苗语和汉语普通话的声学参数进行分析，将发声类型在声调感知中的作用归结为三个类型：一是彝语南部方言中的松紧对立是独立于基频之外的用来区别词义的功能性单位；二是苗语的气嗓音则是发声类型和基频搭配共同起区别语言学意义的作用；三是汉语普通话上声的挤喉音是一个声调伴随现象。

据我们已有的瑶语调查资料来看，瑶语中的发声类型在表达语言功能时的作用与苗语相似，即通过发声类型和基频二者的配合共同实现控制声调的目的。具体到发声类型对基频的影响，一般而言，气嗓音和挤喉音在大多数语言中通常与较低的基频相关联（Hombert et al，1979；Gordon and Ladefoged，2001；孔江平，2001），这一点也可以得到瑶语方言材料的证实。

既然发声类型和声调之间存在千丝万缕的关系，那么接下来在定义声调时我们就需要考虑发声类型的作用。也就是说，发声类型是否属于声调对立的一部分？或者说，发声类型在声调对立中的作用是区别性特征还是伴随性特征？如果发声类型属于声调感知的一部分，那么它与基频的关系又如何？要想回答上述问题，我们一方面需要通过感知实验弄清楚发声类型和音高二者在声调感知中的作用，另一方面还需要通过参数合成实验观察发声类型在声调感知中所扮演的角色，即其是伴随性特征还是区别性特征。

从言语感知视角出发研究语言中特定参数的作用，中国传统音韵学在这方面有很好的开端。例如，赵元任（1931）在《反切语八种》中已经意识到通过母语者的言语知觉感知来进行音节的组配。在声调感知研究中，前人关注音高线索，例如，Gandour 和 Harshman（1978）指出了影响声调感知的五个常用参数，即平均 F0、曲线形状（平、升、降）、时长、端点、斜率（平调和曲折调）。然而，在实际语言中，音高并非区分声调对立的唯一因素，尤其随着语言中嗓音发声类型的大量报道，一些学者开始关注特殊发声类型在声调感知中的作用。通常来说，当声调可以通过音高和调型很好地区分开时，特殊发声类型的作用就不明显，例如汉语普通话上声（杨若晓，2009；Yang，2015）和粤方言第 4 调（Yu and Lam，2014）中的挤喉音。以汉语普通话为例，由于汉语普通话声调种类较少（只有四个），并且这四个调在音高曲线（高平、升、降、降升）上的区分比较明显，普通话母语者仅通过音高线索就可以很好地区分这四个声调，因此挤喉音在汉语普通话声调确认中的作用并不明显。然而，当语言中的声调具有相同或相似的调型时，发声类型的作用就很明显。例如，黑苗的中平调（33）主要依赖气嗓音来区分中低平调（22）和中高平调（44）（Kuang，2013）；白苗（Garellek et al.，2013）和汉语方言禹州话（张锐锋、孔江平，2014）中的两个音高相近的高降调也主要依赖发声来区分。还有一种情况是，声调间调型相同但是音高不同，例如，新寨苗语的五平调，研究表明特定声调中的特殊发声类型亦会影响到声调的感知（Liu and

Kong，2017）。

以上种种研究表明，声调是个多维度的感知体，仅仅根据基频这一声学参数定义声调是远远不够的。除基频外，根据已有研究，至少还需要发声类型和时长的参数。孔江平（2001：288-290）给出了一个描写声调的框架，"声调是由调时发声和调声发声共同作用产生的能区别意义的语音现象"，所以对声调的描写应该涵盖"调时"（指肌肉对声带振动快慢的调制）和"调声"（肌肉对声带振动方式的调制）两部分。显然，发声类型应该是声调描写中的一个重要维度。刘文（2019）从言语感知的角度给出了一个基于感知的声调空间模型，这个模型至少要包含音高、发声类型和时长三个要素，并且这三者既可以独立区分声调，亦可以互相制约，以实现共同区分声调的目的。在这一认识的基础之上，他从感知的视角进一步完善了声调的定义，即声调是由调频发声（声带振动的快慢，在感知上体现为音高）、调声发声（声带振动的方式，在感知上体现为发声类型）和调时发声（声带振动的时间，在感知上体现为时长）共同作用产生的能区别意义的语音现象。在这个定义下，声调之间的对立在理论上有八种可能的类型。

综上，虽然 Ratliff（2010）提出了构拟发声类型的一些证据，但是我们认为，在考虑是否将发声类型构拟到原始语之前还需要解决两个问题。一是发声类型的来源及演变，如果发声类型源于音节中音段成分的补偿，那么就需要平衡发声类型和音段在音节中的权重，也就是说，发声类型和音段是互补关系，在原始语的构拟中只需要二者中的一方即可。二是即使可以把发声类型构拟到原始语中，我们还需考虑构拟的时间层次和深度。在构拟原始瑶语的过程中，只有处理好这两方面的问题，构拟的声调系统才能更加合理。

2.2.2 声调和声韵母的互动

张琨（1947）提出古苗瑶语中的塞音三分，即有 [*t-]、[*th-]、[*d-] 三个声母，而现代方言中只有 [t-] 和 [th-]，根据声调和声母的搭配关系，我们可以推导出 [*d-] 演变为现代方言中的 [t-]，理由在于 [th-] 在现代方言中只与阴调搭配，而 [t-] 兼有阴阳两类调，即：[*th-] > [th-]（阴调），[*t-] > [t-]（阴调），[*d-] > [t-]（阳调）。其他塞音、塞擦音的情况也是如此，送气声母只有阴类调，不送气声母兼有阴阳两类调。此外，现代瑶语方言中还保留着浊塞音声母，它们既可以与阴类调结合，也可以与阳类调结合。从原始苗瑶语的角度来看，这套声母来源于前置鼻冠音的塞音声母，2.3.1 小节将讨论这类声母的构拟。

声调和声母的关联还体现在全清声母的送气与否，在梁子和滩散两个方言中，*1、*3、*5、*7 调根据送气与否分化为两套不同的调值。此外，梁子方言的塞音韵尾调 *7、*8 的表现还与韵母中元音的长短有关，例如，调 *8 在梁子中分化为两个降调，长元音的调值为 [42]，短元音的调值为 [21]。这种长短元音的分调也得到了语音学证据的支持。例如，声学语音学的研究表明，在 CVC 音节结构中，后一辅音往往影响元音的音长，前一辅音往往影响元音的音高。Lehiste 和 Peterson（1961）认为："一个元音如果后面没有辅音，比较而言最长；后面有浊辅音和没有辅音长度差不多；后面有清辅音，元音的长度就比后面没有辅音和后面有浊辅音的短得多；同是后面有清辅音，在清塞音前又要比在清擦音前短。"

关于声母对声调的影响，学界通常认为清声母与高基频相关联，浊声母与低基频相关联。王士元（1983：11）对这种

"清高浊低"现象给出的解释是:"发清辅音时,元音和辅音的破裂同时开始,气压一开始就比较大。如果别的条件相同,气压越大,声带颤动的速度就越快,所以一开始F0就很高。发浊辅音时,情况就不同,嘴唇还没有张开时声带就颤动了。而声带每颤动一次,就要漏出一些气来,气腔里的气压也就增高一些,颤动的次数多了,气压就有可能达到平衡。而为了避免气压平衡,就把声带、喉头往下降,使气腔扩大。喉头一下降,声带就比较松,颤动也就比较慢,F0自然也就下降一些。"

尽管学界一般把声调和声母的关联称为"清高浊低",并有大量生理研究讨论二者之间的关系(Hombert,1978;Hombert et al.,1979;Maddieson,1984)。但是,到目前为止,二者直接关联的证据并不充分。

2.2.3 原始调类系统

在原始苗瑶语声调的构拟方面,张琨(1947)和 Chang(1953,1966,1972)做了一系列开创性的工作,他们从声母和声调的关联这种间接方式提出了阴阳调分立是依照声母来源清浊而立的假说。

本书首先构拟原始瑶语的声调系统,理由在于以下几个方面。一是相对于声母和韵母数量,瑶语各方言声调的数量比较少,这样我们就可以基于完全对应和普遍对应的严格语音对应实例(65个词项,见1.4小节)进行原始调类的构拟。需要说明的是,在如此严格的语音对应要求下,有些调类的支持词项较少,这样我们考虑适当放宽对应要求,但至少需要在7个或6个方言中符合对应,比如,调 *5 的"剖(肚子)""散",调 *7 的"吞""红""笔""芝麻"。二是调类的稳定性,尽管同一调类的调值在不同的方言点中有各种各样的表现形式,例如,*2

调有 31、33、55、53 等多种调值实现方式，但是从整个调类上来说它们属于同一范畴。再者，构拟出调类系统后，我们可以更加清楚地观察声调和声母、韵母系统的关联。

根据瑶语 8 个现代方言的声调对应情形，我们可以得出 8 套不同的对应模式，并且调 *7 和调 *8 在现代瑶语方言中还保留着入声韵尾 [-p]、[-t]、[-k]。这种对应模式和汉语、侗台语的情形相同，所以我们认为原始瑶语在历史上最初有 4 个调类，且同一调类根据声母的清浊分化为 8 个小类（见表 2.26）。

表 2.26　原始瑶语的调类系统

原始瑶语		江底	庙子源	罗香	梁子		滩散		东山	石口	大坪
A	*1	33	33	33	全清	35	全清	35	33	33	44
					次清	31	次清	13			
	*2	31	31	31	33		33		31	55	53
B	*3	52	53	53	全清	545	全清	55	35	35	24
					次清	43	次清	42			
	*4	231	232	213	32		31		42	31	44
C	*5	24	35	全清 35 / 次清 55	全清 44 / 次清 21		全清 335 / 次清 331		24	44	42
	*6	13	11	11	22		32		42	13	22
D	*7	55	54	43	全清（长元音 24 / 短元音 54）/ 次清（长元音 31 / 短元音 32）		全清 35 / 次清 12		53	35	44
	*8	12	21	32	长元音 42 / 短元音 21		32		42	22	22

在表 2.26 中，我们可以看到三种不同的对应模式：第一

种是"一对一"的简单对应,例如,江底的 8 个不同的调值与庙子源的 8 个调值一一对应。第二种是"多对一"的情形,尽管瑶语部分方言只有 6 个声调,但是它的一个声调对应其他方言的两个或多个声调,例如,大坪的 [44] 调对应江底的 [33]、[231] 和 [55] 三个声调。根据历史比较法的对立原则,如果其他条件相同的话,这种"多对一"的情形反映历史的分合关系,那么就可以在原始语中构拟出三个不同的调类,只不过它们在大坪这个方言中发生了合流。第三种是"一对多"的现象,瑶语有些方言的声调超过 8 个,例如,梁子有 15 个调类 12 个调值,但是其中一些调值可以根据声母或韵母条件进行合并。王洪君(2014:24)总结了后两种对应的情形,空间差异反映历史演变,空间的音类对应规则与历史演变阶段先后的关系是"在一对多的对应中,如果对应是有条件的,那么一个音类的是较早的条件,多个音类的是较晚的阶段,后者是发生了有条件分化音变的结果;如果对应是没有条件的,那么多个音类的是较早的阶段,一个音类的是较晚的阶段,后者是发生了合流音变的结果"。

表 2.26 中的全清、次清条件是根据声母的表现形式得出的,具体见 2.3 声母章节。从表 2.26 中可以看出,罗香、梁子和滩散的单数调(*1、*3、*5、*7)根据声母的送气与否分化为不同的声调。在此基础上,梁子的调 *7 又根据元音的长短进行了二次分化,梁子的调 *8 也根据长短元音进行分调,这使整个声调系统变得异常复杂。总体来说,梁子的入声调用长短元音分调的情形和中国境内的粤方言、壮语十分相似。

2.2.4.1 调 *1

在现代瑶语方言中,调 *1 除了梁子、滩散两个方言点依据声母的送气与否分化外,其他各方言的表现形式都比较一致。根据历史比较法的原则，这种有条件的分化可以合并为一个音类。因此，调 *1 在所有方言中形成了两套对应模式。见表 2.27。

表 2.27　原始瑶语的调 *1

索引	词项	声母	江底	庙子源	罗香	梁子	滩散	东山	石口	大坪
一、33<>33<>33<>**35**<>**35**<>33<>33<>44										
109	菜	*ʔrj-	lai33	lai33	gai33	gjai35	gjai35	lai33	lai33	ɛi44
372	三初三	*s-	fa:m33	faŋ33	θa:m33	tθam35	θam35	san33	sɔn33	hɔm44
419	菌子	*kj-	tɕou33	tɕəu33	tɕeu33	sou35	ɕou35	tau33	tɕɔu33	ku44
485	知道	*p-	pei33	pei33	pei33	pei35	ʔpɛi35	pəi33	bi33	bɛi44
524	黄瓜	*kw-	kwa33	kwa33	kwa33	kwa35	kwa35	kwa33	kwa33	ka44
572	毛	*pl-	pjei33	pei33	pje33	pjei35	ʔpjɛi35	pli33	pli33	pɛi44
651	绿	*ʔm-	mɛ:ŋ33	mɛŋ33	mɛŋ33	mɛŋ35	mɛ:ŋ35	mɛ33	miŋ33	mɛŋ44
二、33<>33<>33<>**31**<>**13**<>33<>33<>44										
237	动物油	*hm-	mei33	mei33	mei33	mei31	mɛi13	məi33	mi33	mi44
975	收	*sʰj-	sjou33	sjəu33	ɕeu33	sou31	ɕou13	sau33	ɕɔu33	siu44

说明：

第一种对应模式下词项的声母在原始语中是清不送气声母，第二种对应模式下词项的声母在原始语中是清送气声母，具体见 2.3.5 小节原始声类的构拟。

2.2.4.2 调 *2

调 *2 在八个方言点中的对应形式比较一致，只有 31<>31<>31<>33<>33<>31<>55<>53 一套对应模式。见表 2.28。

表 2.28　原始瑶语的调 *2

索引	词项	声母	江底	庙子源	罗香	梁子	滩散	东山	石口	大坪
81	蹄（马蹄）	*d-	tei31	tei31	tei31	tei33	ʔtɛi33	təi31	di55	tɛi53

索引	词项	声母	江底	庙子源	罗香	梁子	滩散	东山	石口	大坪
82	铜	*d-	toŋ31	toŋ31	toŋ31	toŋ33	ʔtɔːŋ33	tɔŋ31	dɔŋ55	tuŋ53
153	桥	*gj-	tɕou31	tɕəu31	tɕou31	tou33	tɔu33	tɔu31	tɕiu55	ku53
162	茶	*ɟ-	tsa31	tsa31	tɕa31	ta33	ta33	ta31	tsa55	ta53
442	耙子	*b-	pa31	pa31	pa31	pa33	ʔpa33	pa31	ba55	pa53
773	钥匙	*ɟ-	tsei31	tsei31	tɕei31	tɕi33	tɕi33	tɕi31	tɕi55	si53
789	风箱	*l-	lou31	ləu31	lou31	lou33	lɔu33	ləu31	leu55	lu53
827	鸟笼	*l-	loŋ31	loŋ31	loŋ31	loŋ33	lɔːŋ33	loŋ31	loŋ55	luŋ53
811	犁	*rj-	lai31	lai31	gai31	gjai33	gjai33	lai31	lai55	hɛi53
949	犁（地）	*rj-	lai31	lai31	gai31	gjai33	gjai33	lai31	lai55	hɛi53

说明：

（1）这组词的声母在原始语中都是浊声母，具体见2.3.5小节原始声类的构拟。

（2）表示工具义的"犁"和表示耕作义的"犁（地）"在瑶语各方言中使用同一语音形式。

2.2.4.3 调 *3

调 *3 的对应情形与调 *1 类似，其在其他各方言中的形式比较一致，只有梁子和滩散根据声母的送气与否分化为两个调，形成两种对应模式。见表2.29。

表 2.29 原始瑶语的调 *3

索引	词项	声母	江底	庙子源	罗香	梁子	滩散	东山	石口	大坪
			一、52◇53◇53◇**545◇55**◇35◇35◇24							
16	酒	*t-	tiu52	tiu53	tiu53	tiu545	ʔtiu55	tiu35	diu35	diu24
158	初九	*kwj-	tɕwo52	tɕwə53	tɕu53	tu545	tu55	tu35	tɕu35	ku24
209	下边	*ʔdj-	dje52	dje53	di53	di545	di55	ti35	di35	di24

索引	词项	声母	江底	庙子源	罗香	梁子	滩散	东山	石口	大坪
471	煮	*c-	tsou52	tsəu53	tɕou53	tou545	tɔu55	tɑu35	tɕiu35	tsu24
472	纸	*c-	tsei52	tsei53	tɕei53	tɕei545	tɕɛi55	tɑi35	tɕi35	tsi24
495	烧（山）	*pw-	pwo52	pwə53	pu53	pu545	ʔpu55	pau35	bɔu35	bu24
610	底脚底	*ʔdj-	dje52	dje53	di53	di545	di55	ti35	di35	di24
689	寡妇	*kw-	kwa52	kwa53	kwa53	kwa545	kwa55	kwa35	kwa35	ka24
721	房子、家	*pl-	pjau52	pau53	pjau53	pjau545	ʔpjau55	pla35	plɔu35	piu24
二、52◇53◇53◇**43**◇**42**◇35◇35◇24										
239	米象	*hm-	m̥ei52	m̥ei53	m̥ei53	mei43	m̥ɛi42	m̥i35	mi35	mɛi24
368	蚂蚁	*ɟʰ-	dzjou52	dzjəu53	ɕeu53	sou43	ɕɔu42	sau35	tɕʰou35	dziu24
378	血	*ɟʰ-	dzja:m52	dzjaŋ53	ɕam53	sa:m43	ɕa:m42	san35	tɕʰan35	dzjɛm24
449	草	*hmj-	mje52	mje53	m̥wa53	ma43	ma42	m̥ja35	mu35	mjɛ24
450	鬼	*hmj-	mjen52	mjəŋ53	m̥wan53	man43	ma:n42	m̥jɛn35	mwən35	mjɛn24
768	炒（菜）	*cʰ-	tsʰa:u52	tsʰa:53	ɕa:u53	tau43	*tʰa:u331*	tʰa35	tʰau35	hau24
865	补（衣服）	*bʰj-	bje52	bje53	bwa53	va43	*ba55*	bja35	pu35	bjɛ24

说明：

（1）第一种对应模式下词项的声母在原始语中是清不送气声母，第二种对应模式下词项的声母在原始语中是清送气声母，具体见2.3.5小节原始声类的构拟。

（2）"下边""底脚底"的声母[*ʔdj-]来自古苗瑶语的[*ntʰj-]，条件是阴调类，见2.3.1小节。

（3）"米象"指寄藏在米谷中的小黑甲虫。

（4）滩散方言中"炒（菜）""补（衣服）"的声调不符合对应规则，[331]调在该方言中是用来标注第5调的次清声母，[55]调在滩散方言中指示第3调的全清声母，这两个声调不符合对应的原因暂时不明。需要说明的是，本书中凡是不符合对应的成分（含音节和音类）一律用"斜体"标注。

（5）"补（衣服）"的声母 [*bʰj-] 来自古苗瑶语的 [*mpʰj-]，声调属于阴调类，见 2.3.1 小节。

2.2.4.4 调 *4

调 *4 在所有方言中只有一种对应模式，即 231<>232<>213<>32<>31<>42<>31<>44。见表 2.30。

表 2.30　原始瑶语的调 *4

索引	词项	声母	江底	庙子源	罗香	梁子	滩散	东山	石口	大坪
72	火	*d-	tou231	təu232	tou213	tou32	ʔtəu31	təu42	teu31	tu44
259	鱼	*mbl-	bjau231	bau232	bjau213	bjau32	bjau31	bla42	plou31	biu44
310	马	*m-	ma231	ma232	ma213	ma32	ma31	ma42	ma31	ma44
513	是	*ɹ-	tsei231	tsei232	tɕei213	tɕei32	tɕɛi31	təi42	tɕei31	sɛi44
594	手	*bw-	pwo231	pwə232	pu213	pu32	ʔpu31	pau42	pou31	pu44
718	五第五	*ŋ-	ŋŋ231	ń232	ŋou213	ŋou32	ŋou31	uŋ42	ŋ̇31	ŋ̇44

说明：

这组词的声母在原始语中都是浊声母，具体见 2.3.5 小节原始声类的构拟。

2.2.4.5 调 *5

调 *5 在罗香、梁子和滩散三个方言中根据声母的送气与否分化为两套对应模式。见表 2.31。

表 2.31　原始瑶语的调 *5

索引	词项	声母	江底	庙子源	罗香	梁子	滩散	东山	石口	大坪
				一、24<>35<>**35**<>**44**<>**335**<>24<>44<>42						
18	凳子	*t-	taŋ24	taŋ35	taŋ35	taŋ44	ʔtaŋ335	taŋ24	daŋ44	daŋ42
499	放（走）	*p-	puŋ24	puŋ35	puŋ35	puŋ44	ʔpuŋ335	pə24	boŋ44	boŋ42

索引	词项	声母	江底	庙子源	罗香	梁子	滩散	东山	石口	大坪
793	甑子	*ts-	tsaŋ24	tsaŋ35	θaŋ35	tθaŋ44	θa:ŋ335	tsaŋ24	tsaŋ44	taŋ42
886	第四	*s-	fei24	fei35	θei35	tθei44	θɛi335	səi24	si44	hɛi42
909	吊(颈)	*ʔd-	diu24	diu35	diu35	diu44	diu335	diu24	tiu44	diu42

二、24◇35◇**55◇21**◇331◇24◇44◇42

245	线	*sʰ-	su:i24	sui35	ɕui55	tθui21	θu:i331	sui24	ɕi44	si42
851	数目	*sʰ-	sou24	səu35	ɕou55	tθou21	θɔu331	sau24	sou44	hu42
930	听	*hmw-	mwaŋ24	mwəŋ35	moŋ55	muŋ21	muŋ331	ɱɔŋ24	maŋ44	maŋ42
872	剖(肚子)	*pʰ-	pʰa:i24	pʰa35	pʰa:i55	pa:i21	pʰa:i331	pʰa24	pʰai44	—
953	散	*dzʰ-	dza:n24	dzaŋ35	da:n55	dan21	da:n331	dzan24	tʰən44	—

注："—"表示某个词项在某个或某些方言点中没有调查到或没有对应形式，全书同此。

说明：

（1）第一种对应模式下词项的声母在原始语中都是清不送气声母，第二种对应模式下词项的声母在原始语中都是清送气声母，具体见 2.3.5 小节原始声类的构拟。

（2）"吊(颈)"的声母 [*ʔd-] 来自古苗瑶语的 [*nt-]，声调属于阴调类，具体论述见 2.3.1 小节。

（3）"散"的声母 [*dzʰ-] 来自古苗瑶语的 [*ntsʰ-]，声调属于阴调类，具体论述见 2.3.1 小节。

2.2.4.6 调 *6

调 *6 在现代方言中的对应模式只有一种，即 13◇11◇11◇22◇32◇42◇13◇22。见表 2.32。

表 2.32　原始瑶语的调 *6

索引	词项	声母	江底	庙子源	罗香	梁子	滩散	东山	石口	大坪
60	二(第二)	*ŋ-	ŋei13	ŋei11	ŋei11	ŋei22	ŋɛi32	ŋi42	ŋe13	ŋi22
76	死	*d-	tai13	tai11	tai11	tai22	ʔta:i32	tai42	tai13	tai22
271	锋利(刀)	*rj-	lai13	lai11	gai11	gjai22	gjai32	lai42	lai13	hɛi22
354	卖(柴)	*m-	ma:i13	ma11	ma:i11	ma:i22	ma:i32	ma42	mai13	mai22
438	孵	*bw-	pwo13	pwə11	pu11	pu22	ʔpu32	pu42	pu13	pu22
998	下(去)	*ɣ-	dze13	je11	ja11	ɖa22	ɖa32	ɖa42	ka13	ga22

说明：

这组词的声母在原始语中都是浊声母，具体见 2.3.5 小节原始声类的构拟。

2.2.4.7　调 *7

调 *7 的对应在梁子方言中最为复杂，不仅声母根据全清、次清分调，全清和次清声母又依据韵母元音的长短进行二次分调，这导致该方言的声调系统十分复杂。书中的长短不仅有历时的证据，还有共时语音形式的支持，例如，梁子的 [24] 调和 [31] 调中的韵母都出现在开音节中，如"木梳"[ta24] 和"女儿"[sa31]；而 [54] 调和 [32] 调都与带塞音尾的韵母共现，并且这种韵母的元音都不是长元音，如"织(布)"[dat54] 和"痒"[sɛt32]。滩散方言的声母也依据全清和次清分化为两套。因此，调 *7 在现代方言中共有四套对应模式。见表 2.33。

表 2.33　原始瑶语的调 *7

索引	词项	声母	江底	庙子源	罗香	梁子	滩散	东山	石口	大坪
			一、55◇54◇43◇**24**◇**35**◇53◇35◇44							
169	只(鞋、筷子)	*kj-	tɕe55	tɕe54	tɕa43	sa24	ɕa35	ta53	tɕa35	tsa44
743	木梳	*c-	tsa55	tsa54	tɕa43	ta24	ta35	ta53	tsa35	ta44

索引	词项	声母	江底	庙子源	罗香	**梁子**	**滩散**	东山	石口	大坪
287	吞	*ʔn-	na55	na54	na43	na24	na35	na53	na35	—

二、55◇54◇43◇**54**◇**35**◇53◇35◇44

索引	词项	声母	江底	庙子源	罗香	梁子	滩散	东山	石口	大坪
54	一（初一）	*ʔj-	jet55	je54	jet43	jɛt54	jɛ:t35	in53	jɛ35	dzɔt44
603	织（布）	*ʔd-	dat55	da54	dat43	dat54	dat35	dan53	tæ35	dat44
835	笔	*p-	pat55	pa54	pat43	pat54	ʔpat35	—	bæ35	bit44

三、55◇54◇43◇**31**◇**12**◇53◇35◇44

索引	词项	声母	江底	庙子源	罗香	梁子	滩散	东山	石口	大坪
256	红	*sʰ-	si55	sei54	ɕi43	tθi31	θi12	ɕi53	—	sjɛ44
484	芝麻	*sʰ-	sa55	sa54	ɕa43	tθa31	θa12	—	—	tsa44
676	女儿、姑娘	*sʰj-	sje55	sje54	ɕa43	sa31	ɕa12	sa53	ɕa35	sa44

四、55◇54◇43◇**32**◇**12**◇53◇35◇44

索引	词项	声母	江底	庙子源	罗香	梁子	滩散	东山	石口	大坪
404	漆（漆树）	*tsʰj-	tsʰjet55	tsʰje54	θjet43	tjet32	kʰjɛ:t12	tsʰan53	tsʰæ35	tat44
533	痒	*sʰj-	sjet55	sje54	ɕet43	sɛt32	ɕɛ:t12	hin53	tɕɛ35	kɛt44
507	七（七月）	*tsʰj-	tsʰjet55	tsʰje54	θjet43	tjet32	kʰjɛt12	tsʰan53	tsʰan55	huŋ44

说明：

（1）第一种对应模式下词项的声母在原始语中是清不送气声母，韵母是长元音韵母；第二种对应模式下词项的声母在原始语中是清不送气声母，韵母是短元音韵母；第三种对应模式下词项的声母在原始语中是清送气声母，韵母是长元音韵母；第四种对应模式下词项的声母在原始语中是清送气声母，韵母是短元音韵母。具体见 2.3.5 小节原始声类的构拟和 2.4.2 小节原始韵类的构拟。

（2）"吞"在大坪方言中没有表现形式。

（3）"织（布）"的声母 [*ʔd-] 来自古苗瑶语的 [*nt-]，声调属于阴调类，具体论述见 2.3.1 小节。

（4）"笔"在东山方言中没有表现形式。

（5）"红"在石口方言中没有表现形式，"芝麻"在东山方言和石口方言中均没有表现形式。

2.2.4.8 调 *8

调 *8 在梁子方言中根据韵母元音的长短分化为两套对应，不过这种长短元音的区别与调 *7 的情况不同，梁子方言在调 *8 中的表现是所有韵母都表现为 VC，长元音表现为 V:C，短元音则是无标记的 VC 形式。见表 2.34。

表 2.34　原始瑶语的调 *8

索引	词项	声母	江底	庙子源	罗香	梁子	滩散	东山	石口	大坪
一、12◇21◇32◇**42**◇32◇42◇22◇22										
263	辣	*mbl-	bja:t12	ba21	bla:t32	bja:t42	bja:t32	blan42	plæ22	bjɛt22
750	袜子	*m-	ma:t12	ma21	ma:t32	ma:t42	ma:t32	ɱun42	mæ22	mat22
919	毒(死)	*d-	tu12	tu21	tok32	dɔ:k42	dɔ:k32	du42	tu22	tu22
二、12◇21◇32◇**21**◇32◇42◇22◇22										
132	十	*dzj-	tsjop12	tsje21	ɕep32	sap21	ɕap32	tʰan42	tɕæ22	sjɛp22
281	斗笠	*rj-	lap12	la21	gap32	gjap21	gjap32	łan42	læ22	dzup22
836	墨	*m-	ma:t12	ma21	ma32	mak21	mak32	ɱɔ42	ma32	ma22

说明：

第一种对应模式下词项的韵母在原始语中都是长元音韵母，第二种对应模式下词项的韵母在原始语中都是短元音韵母，具体见 2.4.2 小节原始韵类的构拟。

2.2.4　声调小结

根据 2.2.3 小节的比较结果，我们可以得到从原始瑶语到现代方言的声调变化概况。见表 2.35。

表 2.35　原始瑶语到现代方言的声调演变

声调演变（合流）	涉及方言	声调演变（分化）	涉及方言
调 *1、*7 合流	梁子、滩散	调 *1 声母送气与否分化	梁子、滩散
调 *4、*7 合流	梁子	调 *3 声母送气与否分化	梁子、滩散
调 *3、*7 合流	石口	调 *5 声母送气与否分化	罗香、梁子、滩散
调 *1、*4、*7 合流	大坪	调 *7 声母送气与否分化	梁子、滩散
调 *5、*8 合流	梁子	调 *7 韵母长短元音分化	梁子
调 *6、*8 合流	滩散、东山、大坪	调 *8 韵母长短元音分化	梁子
调 *4、*6、*8 合流	东山		

2.3　声母

　　与同语族的苗语相比，瑶语在历史的发展中声母系统大大简化。例如，苗语川黔滇罗泊河方言至今还保存着三分的带鼻冠音的塞音、塞擦音（例如，[Np-]、[Npʰ-]、[Nb-]），鼻音系统三分（[ʔm-]、[mh-]、[m-]），舌面后塞音和小舌塞音对立（[k] 组 vs. [q] 组）等语音现象（田口善久，2008）。现代瑶语方言的声母系统则大大简化，根据 2.1 小节的音系介绍，瑶语大部分方言还保存着较为完整的唇化和腭化声母，塞音、塞擦音三分（清不送气、清送气和浊），鼻音二分（清鼻音和浊鼻音），罗香、梁子、滩散和东山方言中还保留着复辅音声母（[pl-]、[kl-]），但有的方言已经渐趋消失。

　　本节重点介绍原始苗瑶语鼻冠音声母在瑶语中的演变、瑶语的六组塞音声母、辅音丛，并在此基础上给出基于严格语音对应的原始瑶语的声类系统及其对应规则表，最后讨论从原始瑶语到现代方言中声母的演变情形。

2.3.1 原始苗瑶语鼻冠音声母的演变

Chang，B. S. 和 Chang，K.（1976）讨论了苗瑶语、藏缅语和汉语中鼻冠塞音的演变情形，大致有以下几种类型：鼻冠音与塞音合并，变为单纯的鼻音；清塞音被前面的鼻音同化为浊塞音；鼻音性扩展到整个音节。陈其光（1984）根据古苗瑶语全清鼻冠塞音声母（*NT-）、次清鼻冠塞音声母（*NTH-）和全浊鼻冠塞音声母（*ND-）在现代方言中的表现形式将其区分为 16 种类型，并给出了广西兴安勉话的演变情况，在这个方言中，上述三种类型的鼻音全部消失，只保留了口音，并且所有的口音都与浊塞音合流。这一观察整体与鼻冠塞音在瑶语中的演变是一致的。王辅世、毛宗武（1995：13）指出，"古苗瑶语带鼻冠音的闭塞音声类除个别的以外，在瑶语的反映形式都是浊闭塞音"。

在瑶语现代方言中，古代有不同来源的声母在现代发生了合流性的音变，例如，考察现代方言中的浊塞音（[b-]、[d-]、[g-]），尽管它们在共时中的声母相同，但是在和声调的结合上有不同的表现形式，以 [b-] 为例。见表 2.36。

表 2.36　原始瑶语的鼻冠音声母

索引	词项	江底	庙子源	罗香	梁子	滩散	东山	石口	大坪
第一组：*ʔb-（<*mp-）（b◇b◇ b ◇b◇b◇b◇p◇b）									
38	梦	bei24	bei35	—	bei44	bɛi335	bəi24	pi44	bɛi42
44	猴子	bi:ŋ33	biŋ31	biŋ33	biŋ35	biŋ35	—	—	bjaŋ44
第二组：*bʰ-（<*mpʰ-）（b◇b◇ b ◇b◇b◇b◇bw◇b）									
42	响	bu:i33	bui33	bui33	bui31	bu:i13	bəi33	bwei33	bai44
43	蝙蝠	bu:i33	bui33	bui33	bui31	bui13	bəi33	bwei33	bai44
第三组：*mb-（<*mb-）（b◇b◇b◇b◇b◇b◇p◇b）									
573	辫子	bin231	biŋ232	bin213	bin32	bin31	—	—	bjɛn22

索引	词项	江底	庙子源	罗香	梁子	滩散	东山	石口	大坪
864	办（事）	be:n13	bəŋ11	pen11	ban22	ban32	ban24	peŋ13	pan24

　　表 2.36 显示，前两组声母结合的声调只能是阴调类（*1、*3、*5、*7），具体来说，第一组只与表示全清不送气声母的阴调结合，第二组只与表示次清送气声母的阴调结合，第三组只与阳调（*2、*4、*6、*8）结合。从音位归纳的多能性角度看（Chao，1934），处于互补关系的音类可以合并为一个大类。就这一实例而言，根据声母和声调的配合制约进行选择，我们有两种可供选择的方案：一是区分三类不同的声母，将声调合并成一类；二是区分三种不同的声调，将声母并为一类。整体考量后，本书采取第一种处理方案。至于这三类声母的赋值，本书采用 Thongkum（1993）的做法，其认为从原始苗瑶语到原始瑶语经历了以下演变：

原始苗瑶语（[*NT-]）> 原始瑶语（[*ʔD-]）

原始苗瑶语（[*NTH-]）> 原始瑶语（[*DH-]）

原始苗瑶语（[*ND-]）> 原始瑶语（[*ND-]）

理由在于，这种拟测一方面可以很好地解释瑶语中的浊塞音声母与苗瑶语的前置鼻冠音声母的规则对应；另一方面还可以解释声调的对应，即 [*ʔD-] 和 [*DH-] 只与阴类调（*1、*3、*5、*7）配合，[*ND-] 与阳类调（*2、*4、*6、*8）配合。2.3.5 小节原始声类系统的构拟将采用这种处理方案。

　　一个值得注意的现象是，苗瑶语古鼻冠塞音在石口方言中的表现形式不同于其他方言。其他方言中，古代的三套鼻冠塞音

（[*ʔD-]、[*DH-]、[*ND-]）一般演变为浊塞音，而在石口方言中其表现根据塞音的清浊与否、送气与否有不同的反映形式。具体而言，苗瑶语古鼻冠浊塞音在石口方言中无一例外地演变为同部位的清塞音；苗瑶语古鼻冠清不送气塞音在石口方言中绝大多数演变为同部位的清塞音；苗瑶语古鼻冠清送气塞音在石口方言中一般演变为同部位的浊塞音，部分演变为清送气成分。表2.37穷举本书所构拟的古鼻冠塞音声类及其在石口方言中的表现形式，支持对应组的实例及对例外的解释见2.3.5小节。

表 2.37　原始瑶语的鼻冠音声母在石口方言中的表现

发音部位	原始苗瑶语 > 原始瑶语 > 石口方言	发音部位	原始苗瑶语 > 原始瑶语 > 石口方言
双唇音组	*mp- > *ʔb- > p-	齿塞擦音组	*nts- > *ʔdz- > ts-
	*mpʰ- > *bʰ- > bw-		*ntsʰ- > *dzʰ- > tʰ-
	*mb- > *mb- > p-		*ndz- > *ndz- > ts-
	*mpw- > *ʔbw- > pw-		*ntsw- > *ʔdzw- > tɕ-
	*mpʰw- > *bʰw- > b-		*ntsj- > *ʔdzj- > j-
	*mbw- > *mbw- > p-		*ntsʰj- > *dzʰj- > tɕʰ-
	*mpj- > *ʔbj- > pj-/pw-		*ndzj- > *ndzj- > tɕ-
	*mpʰj- > *bʰj- > b-	硬腭音组	*ɲc- > *ʔɟ- > tɕ-
	*mbl- > *mbl- > pl-		*ɲcʰ- > *ɟʰ- > tɕʰ-
舌尖音组	*nt- > *ʔd- > t-	软腭音组	*ɲɟ- > *ɲɟ- > tɕ-
	*ntʰ- > *dʰ- > d-		*ŋk- > *ʔg- > k-
	*nd- > *nd- > t-		*ŋkw- > *ʔgw- > k-/kw-
	*ntw- > *ʔdw- > tw-		*ŋkʰw- > *gʰw- > g-
	*ntj- > *ʔdj- > d-		*ŋgw- > *ŋgw- > kw-
			*ŋkj- > *ʔgj- > k-/kj-
			*ŋgl- > *ŋgl- > kl-

对于石口方言这种特殊的表现形式，毛宗武（2004：168）认为这是"浊声母演变为清声母尚未进入全面结束阶段的并存，这种不在一个层次上的清浊声母对应，反映出浊音清化的轨迹"。显然，这种说法只是呈现了演变的结果，并没有给出引起演变的原因。根据现代方言的表现，石口方言中这类带鼻冠音声母的演变势必会和由古代浊塞音声母演变而来的清声母配阳调的词项合流。不过，需要追问的是这种演变背后的机制是什么，目前我们还不能给出一个合理的解释。

2.3.2 六组塞音 [1]

从现代瑶语方言的共时层面出发，如果不考虑声调的情况，我们可以发现塞音三分：清不送气、清送气和浊。考虑到声调和声母的配合关系，现代方言的清不送气塞音声母既可以和阴调类配合，也可以和阳调类配合；现代方言中的清送气塞音声母只能和阴调类配合；现代方言中的浊塞音声母既可以和阴调类配合，也可以和阳调类配合（见2.2.3小节）。

面对这种声母和声调互补搭配的情形，从音位归纳的角度，我们可以有两种处理方案：一是将声调分为八类，声母为三类；二是将声调分为四类，声母分为六类。结合2.2.3小节对声调的处理，本书采用第二种方案。因此，本书需要构拟六组塞音声母：①全清不送气塞音声母配阴调：[*T-]；②次清送气声母配阴调：[*TH-]；③全清不送气塞音声母配阳调：[*D-]；④全浊塞音声母配阴调：前置鼻冠不送气塞音声母 [*NT-]；⑤全浊塞音声母配阴调：前置鼻冠送气塞音声母 [*NTH-]；⑥全浊塞音声母配阳调：前置鼻冠浊塞音声母

---

① 孙顺给本小节的内容提出了许多宝贵意见，在此表示感谢。

[*ND-]。"T"表示清塞音,"H"表示送气,"D"表示浊塞音,"N"表示前置鼻冠成分。支持这些声母构拟的具体实例见 2.3.5 小节。

表 2.38　原始瑶语的六组塞音声母

	声母类别	双唇	舌尖	齿龈	硬腭	软腭
塞音	清不送气	*p	*t	*ts	*c	*k
	清送气	*pʰ	*tʰ	*tsʰ	*cʰ	*kʰ
	浊	*b	*d	*dz	*ɟ	—
鼻冠塞音	不送气	*ʔb	*ʔd	*ʔdz	*ʔɟ	*ʔg
	送气	*bʰ	*dʰ	*dzʰ	*ɟʰ	—
	浊	*mb	*nd	*ndz	*ɲɟ	—

表 2.38 给出的是原始瑶语的声类。关于原始苗瑶语带鼻冠音的塞音声类到原始瑶语的演变,详见 2.3.1 小节。需要说明的是,根据目前所掌握的材料,表 2.38 中的软腭音组只能构拟出三个声母,即 [*k-]、[*kʰ-]、[*ʔg-]。也许今后随着材料的积累,其他声母的构拟也可以得到证实。

凡是熟悉汉语方言的学者,当看到瑶语的六组塞音系统时,首先会想到的就是闽北方言的弱化声母和第九调。[①] 根据原始闽语的构拟（Norman,1973、1974、1981）,其声母系统见表 2.39。[②]

_____

① 根据孙顺（2013）,弱化声母指罗杰瑞构拟的第Ⅲ套和第Ⅵ套塞（塞擦）音声母以及它们在现代方言中的表现,第九调是专门为某一类并不严整地与传统的哪个调类相对应的一个调。

② Norman（1973,1974）分别构拟了原始闽语的声调和声母系统,前者讨论了塞音、响音声母问题,后者讨论了塞擦音和擦音的问题。Norman（1974）按照发音方式的不同,给出了原始闽语的六组声母。表 2.39 根据秋谷裕幸、韩哲夫（2012:301）改编而来。Handel（2003）认为弱化声母的构拟至少可以追溯到原始闽北语中,下文如无特别说明,书中的原始闽语指原始闽北语。

表 2.39　原始闽语的声母

*p	*pʰ	*-p	*b	*bʰ	*-b			*m	*mʰ		
*t	*tʰ	*-t	*d	*dʰ	*-d			*n	*nʰ	*l	*lʰ
*ts	*tsʰ	*-ts	*dz	*dzʰ	*-dz	*s	*z				
*tš	*tšʰ	*-tš	*dž	*džʰ	*-dž	*š	*ž	*ń	(*ńʰ)		
*k	*kʰ	*-k	*g	*gʰ	*-g	*x	*ɣ	*ŋ	*ŋʰ		
*ʔ			*ø				*ɦ				

　　罗杰瑞构拟原始闽语六组塞音的证据来自现代闽北方言。原始闽语和《切韵》系统之间的这种"多对一"的现象引起了学界的极大兴趣，大致可以分为两大派。[①]一派是原始语派，认为弱化声母是原始闽语的遗存音类（至少是原始闽北语的特征），它们不仅是现代闽北方言特殊声母对应的来源，也是特殊声调（第九调）对应的来源。另一派是接触派，认为闽北方言的弱化声母和第九调并非来自原始语，而是闽北方言和邻近的南部吴语或壮侗语底层接触而产生的无条件分化。两者的不同认识基于不同的方法论，前者基于普林斯顿学派的历史比较法，凡是现代方言中的系统对立都应该体现为原始语中的对立[②]；后者基于层次分析法，认为在历史比较之前必须先将语言中的接触成分完全剔除。韩哲夫（2009：11-12）给出了原始闽北特殊声母的几种可能历史来源：一是汉语上古音本来就跟罗杰瑞的原始闽语一样有六组塞音声母，到了中古已经合流为三组；二是原始闽北第三组浊声母是方言混合所产生的层次，但这个层次是早于原始闽语的，所以并不影响罗杰瑞的构拟[③]；三是原始闽北第三组浊声母是某种构词过程的痕迹。此外，秋

---

① 关于原始语派和接触派的详细论述，请参阅孙顺（2013）。
② 秋谷裕幸、韩哲夫（2012）也注意"假音类"，这是后期处理的问题。
③ 关于构拟的层次性问题，参阅 1.4 小节。

谷裕幸、韩哲夫（2012：305）还给出了一种可能，即原始闽语中音位对立的一部分源于层次的叠加，一部分源于原始汉语（上古音）。同时，他们指出，为了检验上述可能，需要进行原始闽语和《切韵》语言、上古音、藏缅语以及苗瑶语、侗台语、南亚语等之间的比较。

受这一推测启发，我们从瑶语的材料考察原始闽语的六组塞音。为了便于比较原始瑶语和原始闽语，表 2.40 将二者放在一起，以双唇塞音为例。

表 2.40　原始瑶语和原始闽语的六组塞音声母

原始苗瑶语	原始瑶语	声母和声调配合	原始闽语	声母和声调配合
*p	*p	清不送气塞音 p+ 阴调	*p	清不送气塞音 p+ 阴调
*pʰ	*pʰ	清送气塞音 pʰ+ 阴调	*pʰ	清送气塞音 pʰ+ 阴调
*b	*b	清不送气塞音 p+ 阳调	*b	清不送气塞音 p+ 阳调
*mp	*ʔb	浊塞音 b+ 阴调（非送气）	*-p	清不送气塞音 p+ 第九调
*mpʰ	*bʰ	浊塞音 b+ 阴调（送气）	*bʰ	清送气塞音 pʰ+ 阳调
*mb	*mb	浊塞音 b+ 阳调	*-b	清不送气塞音 p+ 第九调

从表 2.40 不难发现，两种语言的声母系统存在很大的相似性。一般说来，两种语言中某些音类成分相似，有三种可能：①二者属于同源语言，这些音类特征是原始语的遗存；②二者曾经发生过接触，导致一方趋同于另一方；③类型学的相似。

针对第一种可能，如果我们承认六组塞音的特征是原始汉语和原始瑶语共有的遗存，那么首先需要解决的是瑶语和汉语的同源问题。Wang（2015）、Wang 和 Liu（2017）基于严格语音对应事实，分别从普遍对应和完全对应的角度考察了汉语和苗瑶语之间的关系语素，利用词阶法和不可释原则初步得出汉语和苗瑶语同源的结论。既然汉语和苗瑶语同源，而瑶语属于苗瑶语族的一支，根据同源关系的可传递性（陈保亚，1996），那么汉语和瑶语也应当同源。基于这一认识，我们就不难理解原始瑶语和原始闽语中共有的六组塞音声母。从表2.40 两种语言的声母和声调配合情况可以看出，[*p-]、[*pʰ-]、[*b-] 三个声母在两种语言中声母和声调的搭配一致。带有浊送气或弱化的三个声母则不同，闽语现代方言中都演变为清塞音，而瑶语现代方言还保留浊塞音。原始瑶语 [*ʔb-] 和原始闽语 [*-p] 的对应或许是王福堂（1994，2004，2005）所认为的来自古清声母的弱化声母来和来自壮侗语 [ʔb-] 影响的结果。因为壮侗语的 [ʔb-] 和本书所构拟的原始瑶语声母 [*ʔb-] 音值特征相似。结合原始苗瑶语到原始瑶语的演变情况 [*ʔb-] < [*mp-]，再加上汉语和瑶语的同源论断，我们或许可以说 Norman 推断的原始闽语的大部分弱化声母来自鼻冠闭塞音声母有一定的合理之处。[1] Ostapirat 比较了原始苗瑶语和原始闽语的部分词汇[2]，发现原始闽语弱化声母的词汇在原始苗瑶语中都有一个前置鼻冠音，他指出这种对应暗示闽语和瑶语祖先有很密切的关系，但他的前提假设是汉语和苗瑶语是接触关系而非同源关系，因此他认为这些语音特征是从苗瑶语借入汉语的。

原始苗瑶语和原始闽语关系语素的声母对应实例见表2.41。

---

[1] Norman（1986：381-383）认为闽语中弱化声母的音值多数是前置鼻冠塞音，理由是瑶语中有大量从原始闽语借入的词语，而这些词语在瑶语或苗瑶语中还保留前置鼻冠成分。此外，他还给出了另外两种可能来源：一是双音节中前音节丢失导致后音节的声母弱化，例如"蟑螂"；二是辅音丛来源，例如"狗"。

[2] Ostapirat（2014）用来比较的词语和 Norman（1986）基本相同，增补了"紒"、"鲤"、"懒"和"菇"。

表2.41　原始苗瑶语和原始闽语关系语素的声母对应实例

英语	汉字	苗语（复员）	瑶语（罗香）	原始苗瑶语	原始闽语
collapse	崩	—	ba:ŋ(Cr)	*mp-	-p
mend	补	mʔpa	bwa	*mp-	-p
to boil	沸	mʔpu	bwei	*mp-	-p
daughter in law	妇	—	bwəŋ	*mb-	-b
float	浮	—	bjeu	*mb-	-b
step	步	—	bwa	*mb-	-b
challenge	赌	—	dou(Cr)	*nt-	-t
Carry on shoulder	担	—	da:m	*nt-	-t
ramie	紵	nta	do	*nd-	-d
fish, carp	鲤	mpji	bjau	*m.r-	-d
lazy	懒	ŋkaŋ	—	*ŋ.r-	-d
early	早	nʔtsu	djeu	*nts-	-ts
name, character	字	—	dzaŋ(Ds)	*ndz-	-dz
tongue	舌	mple	bjet	*m.l-	-dž
mushroom	菇①	ŋʔka	ju	*ŋk-	-k
hold in mouth	含	—	gɔm	*ŋk-	-g

注：①原文为"始"，此处乃作者笔误。

　　为了更好地观察原始闽语和原始瑶语声母之间的关联，我们将Norman（1973）所构拟的含弱化声母的原始闽语词项和本书构拟的与之有对应的原始瑶语词项列举如下文。表2.42、表2.43和表2.44分别为双唇塞音声母、舌尖塞音声母和舌根塞音声母的情形，相对而言，舌尖塞音声母的例词数量较少。根据这些表格不难发现，原始闽语的弱化声母与原始瑶语的带鼻冠成分的塞音声母组之间的对应并非"一一对应"那么简单。

表 2.42　原始瑶语和原始闽语双唇塞音声母的对应实例

原始瑶语	*p	*p	*ʔb	*b	*b	*b	*b	*mbl	*bj
原始闽语	*p	*p	*pʰ	*b	*b	*b	*bʰ	*bʰ	*-b
词项	板	八(八月)	拍(手)	白	耙	平	霤子	鼻子	薄
江底	pe:n31	pet55	bɛ55	pɛ12	pa31	pɛ:ŋ31	po12	bjut12	pje12
庙子源	pəŋ53	pei54	bɛ54	pje21	pa31	pɛŋ31	pɔ21	bu21	pje21
罗香	pen35	pet43	bɛ43	pɛ32	pa31	pɛŋ31	plɔ32	pa31	pwa32
梁子	pen545	pe:t24	bai21	pɛ22	pa33	pɛŋ33	pjau22	bu33	fa22
滩散	ʔpi:n55	ʔpi:t35	bɛ331	ʔpa32	ʔpa33	ʔpɛ:ŋ33	ʔpjɔ335	bu33	fa32
东山	pən35	pən53	bɛ53	pʰɛ42	pa31	pɛ42	pʰɔ42	bli42	—
石口	beŋ35	beŋ55	—	ba55	ba55	biŋ55	plou55	pli22	—
大坪	bɛn24	bɛŋ44	—	pa22	pa53	pɛŋ53	pou22	bi53	pjɛ22
福州	pein3	bai7	pʰap7	pa8	pa6	paŋ2	pʰøiʔ8	pʰei5	po8
厦门	pan3	pue7	pʰa7	pe8	pe6	pĩ2	pʰau8	pʰĩ6	poʔ8
潮州	paŋ3	poi7	pʰa7	pe8	—	pẽ2	pʰak8	pʰĩ6	poʔ8
建阳	pain3	pai7	pʰɔ7	pa8	pa6	piaŋ2	pʰo8	pʰoi6	vɔ8
建瓯	pain3	pai7	—	pa6	—	piaŋ	pʰau8	pʰi6	pɔ6
邵武	paŋ3	pie7	pʰa7	pʰa6	pʰa6	pʰiaŋ2	pʰau7	pʰi5	pʰo6

表 2.43　原始瑶语和原始闽语舌尖塞音声母的对应实例

原始瑶语	*tʰ	*ʔd	*d
原始闽语	*tʰ	*-d	*-d
词项	炭(火炭)	长	铜
江底	tʰa:n24	da:u52	toŋ31
庙子源	tʰaŋ35	da53	toŋ31
罗香	tʰa:n35	da:u53	toŋ31

续表

原始瑶语	*tʰ	*ʔd	*d
原始闽语	*tʰ	*-d	*-d
词项	炭（火炭）	长	铜
梁子	tan21	da:u545	tɔŋ33
滩散	tʰa:n331	da:u55	ʔtɔ:ŋ33
东山	tʰan24	da35	tɔŋ31
石口	tʰən44	dɔu35	dɔŋ55
大坪	hɔn42	du24	tuŋ53
福州	tʰaŋ5	touŋ4	tøiŋ2
厦门	tʰuã5	tuŋ2	taŋ2
潮州	tʰuã5	tuŋ2	taŋ2
建阳	hueŋ5	lɔŋ9	lɔŋ2
建瓯	tʰueŋ5	toŋ3	—
邵武	tʰan5	tʰoŋ2	tʰuŋ2

表 2.44　原始瑶语和原始闽语舌根塞音声母的对应实例

原始瑶语	*kw	*kj	*kl	*kl	*kw	*gw	*gj	*gj	*ŋgw
原始闽语	*k	*k	*k	*-k	*-k	*g	*g	*gh	*-g
词项	黄瓜	记（住）	屋角	狗	割（肉）	跪	桥	骑	滑
江底	kwa33	tɕaŋ24	ko55	tɕu52	ka:t55	kwei13	tɕou31	tɕei31	—
庙子源	kwa33	tɕaŋ35	kɔ54	ku53	ka53	kwei11	tɕəu31	tɕei31	—
罗香	kwa33	tɕaŋ35	kɔŋ33	klo53	ka:t43	kwei11	tɕou31	tɕei31	gut32
梁子	kwa35	saŋ44	kjɔŋ35	tlo545	ka:t24	kwei22	tou33	tei33	gɔ:t42
滩散	kwa35	ɕaŋ335	kjɔ:ŋ35	klu55	kwan42	kwɛi32	tɔu33	tɛi33	gɔt32
东山	kwa33	taŋ24	klɔ33	klu35	kwan53	kwəi42	təu31	tei31	gwan42
石口	kwa33	tɕaŋ44	klɔŋ33	klu35	kwə33	ky13	tɕiu55	ki13	kwɛ31

原始瑶语	*kw	*kj	*kl	*kl	*kw	*gw	*gj	*gj	*ŋgw
原始闽语	*k	*k	*k	*-k	*-k	*g	*g	*gh	*-g
词项	黄瓜	记(住)	屋角	狗	割(肉)	跪	桥	骑	滑
大坪	ka44	kɛŋ42	kɔu44	ku24	kɔt44	fui24	ku53	ki53	gut22
福州	kua1	kei5	koiʔ7	—	kaʔ7	kui6	kio2	kʰie2	kouʔ8
厦门	kue1	ki5	kak7	kau3	kuaʔ7	kui6	kio2	kʰia2	kut8
潮州	kue1	ki5	kak7	kau3	kuaʔ7	kʰũi4	kie2	kʰia2	kuk8
建阳	kua1	ki5	ko7	eu3	ua3	ky6	kio2	i9	kui8
建瓯	kua1	kiŋ5	ku7	kœ3	—	ky6	kiau5	—	ko4
邵武	kua1	kɯ5	ko7	kəu3	—	kʰueio3	kʰiau2	kʰi2	fəi6

针对第二种可能，移民史和考古史的材料初步显示，汉藏起源于 6500 年前黄河中下游的仰韶文化，苗瑶语先民也聚集在此处，而百越民族则居住在今天的吴闽地区（LaPolla，2001）。人口的迁徙势必会带来语言的横向传递。沈钟伟（2013，2014）论述了汉语方言形成的横向传递假说，即南部方言含有壮语特征，中部方言含有苗语特征，北部方言含有阿尔泰语特征。接触的产物也是原始语派和接触派对原始闽语中复杂音类来源的一个共识（王洪君，2012）。

针对第三种可能，用类型学偶然相似来解释两种语言音类之间存在众多对应事实是比较困难的，所以这种情形很容易通过严格的语音对应来排除。

综上，基于汉语和瑶语同源的事实（Wang，2015；Wang and Liu，2017；Liu，2019），我们认为原始闽语中的六组塞音和瑶语具有共同的声母和声调表现形式，通过二者现代方言的比较，仅从六组塞音声母来看，不难发现原始瑶语的时间层次应该处于原始闽语之前，因为现代瑶语方言中还保留着浊塞音声母，而闽方言中都已经清化。所以，我们认为原始闽语的六组塞音声母是可以追溯到原始汉语中的。但是，瑶语和闽语的初步比较事实也告诉我们，二者的情况远比想象的要复杂，除了具有原始汉 – 瑶语的遗存成分外，原始闽语中的弱化声母还有后期接触成分的杂糅。

2.3.3　响音

本节所讨论的响音包括鼻音和边音，根据瑶语现代方言的共时表现形式，鼻音和边音在原始瑶语中三分：浊响音、前置喉塞响音和清响音（[*N-]、[*ʔN-]、[*hN-]；[*l-]、[*ʔl-]、[*hl-]）。简便起见，此处的"N"代表所有发音部位的鼻音。原始瑶语中响音三分的构拟证据来自两个方面：一是现代方言声母的表现形式；二是声调的表现（见 2.2.3 小节原始调类系统）。具体来说，前置喉塞响音和清响音在现代方言中只与阴类调（*1、*3、*5、*7）结合，浊响音只与阳类调（*2、*4、*6、*8）结合。前置喉塞响音和清响音都与阴类调结合，二者的区别在于声调的次类上，即前置喉塞响音只与表示全清不送气声母的声调相拼合，清响音只与表示次清送气声母的声调相拼合，例如，罗香、梁子和滩散方言的阴类调分为全清和次清两类，全清和古代的清塞音、前置喉门塞音和前置喉门响音相配，次清和送气塞音、清擦音和清响音相配。基于这种声母和声调的互补分布，本书构拟了三类不同的响音声母（见表 2.45），下文分别以鼻音 [m-]、[n-]、[ŋ-] 和边音 [l-] 为例说明构拟的证据支持（见表 2.46）。注意，汉藏语系藏缅语族的彝语也有三组响音，但是 [hm-]、[hn-]、[hl-] 和 [ʔm-]、[ʔn-]、[ʔl-] 在分调中的作用与瑶语完全不同，[hm-]、[hn-]、[hl-] 与清声母功能相同，[ʔm-]、[ʔn-]、[ʔl-] 与浊声母相同（陈保亚、汪锋，2012：149）。瑶语中这两组声母的分调功能相同，都与清声母结合。Li（1977）重构的原始台语中有一组先喉塞声母 [ʔb-]、[ʔd-]，它们与现代方言中的阴调相配，其先喉塞性质与 2.3.2 小节讨论的六组塞音中的一套的分调情形相同。

表 2.45 原始瑶语的响音

原始瑶语的响音声母	调类	现代方言的表现形式
*ʔN-、*ʔl-	*1、*3、*5、*7	清不送气
*hN-、*hl-	*1、*3、*5、*7	清送气
*N-、*l-	*2、*4、*6、*8	浊

表 2.46 原始瑶语响音声母构拟的实例

索引	原始声母	词项	江底	庙子源	罗香	梁子	滩散	东山	石口	大坪
650	*ʔm-	病、痛	mun33	muŋ33	mun33	mun35	mun35	mun33	mun33	man44
651		绿	mɛ:ŋ33	mɛŋ33	mɛŋ33	mɛŋ35	mɛ:ŋ35	mɛ33	miŋ33	mɛŋ44
237	*hm-	动物油	m̥ei33	m̥ei33	m̥ei33	mei31	mɛi13	m̥əi33	mi33	mi44
239		米象	m̥ei52	m̥ei53	m̥ei53	mei43	mɛi42	m̥i35	mi35	mɛi24
310	*m-	马	ma231	ma232	ma213	ma32	ma31	ma42	ma31	ma44
353		买	ma:i231	ma232	ma:i35	ma:i32	ma:i31	—	mai31	mai44
354		卖	ma:i13	ma11	ma:i11	ma:i22	ma:i32	ma42	mai13	mai22
282	*ʔn-	蛇	na:ŋ33	naŋ33	na:ŋ33	naŋ35	na:ŋ35	naŋ33	nu33	nɔŋ44
285		个（瓶子）	no:m33	nɔŋ33	nɔm33	nɔm35	nɔ35	nɔ33	nɔ33	na44
286		短	naŋ52	naŋ53	naŋ53	niŋ545	niŋ55	naŋ35	naŋ35	naŋ53
435	*hn-	饭	ŋa:ŋ24	ŋaŋ35	na:ŋ55	naŋ21	naŋ331	ŋaŋ24	—	nɔŋ42
135		泥	nje33	ŋe33	ni11	ni31	ni13	ŋi33	ŋe33	nɛi44
1044		重	ŋje52	ŋe 53	ŋi53	ni43	ni42	ŋi35	ŋe35	nɛi24
292	*n-	舅父	nau231	nau232	nau213	nau32	na:u31	nau42	nɔu31	nuŋ44
293		树叶	no:m31	nɔŋ31	nɔm31	nɔm33	nɔ:m33	nan31	nɛŋ55	num53
295		问	na:i13	na11	na:i11	na:i22	na:i32	na42	nwei13	nɔi22

索引	原始声母	词项	江底	庙子源	罗香	梁子	滩散	东山	石口	大坪
393	*ʔn-	嫂	ŋa:m33	ŋaŋ33	—	ŋa:m35	ŋa:m35	ŋan33	ŋan33	ŋɛm44
394		哭	ŋom52	ŋəŋ53	njem53	ŋim545	ŋin55	ŋan35	ŋan35	ŋɛm24
627		乳房	n̥ɔ24	ŋɔ35	nu35	nu545	nu55	nɛ24	ni44	nin24
214	*hŋ-	年	ŋ̥aŋ24	ŋ̥aŋ35	ŋ̥aŋ55	ŋ̥aŋ21	ŋ̥aŋ331	ŋ̥aŋ24	ŋ̥aŋ44	ŋ̥aŋ42
215		肠子	ŋ̥ou52	ŋ̥ou53	ŋ̥eu53	ŋ̥ou545	ŋ̥ou43	—	ŋ̥ou35	
186	*n-	吃	ŋen13	ŋəŋ11	ŋen11	ŋin22	ŋin32	ŋin42	ŋen13	ŋan22
970		承认	ŋom13	ŋəŋ11	ŋem11	ŋim22	ŋim32	ŋan42	ŋan13	ŋɛn22
583		牙齿	ŋa31	ŋa31	ŋa31	ŋa33	ŋa33	ŋa31	—	ŋjɛ53
	*ʔl-①	曾孙	—	—	la:n53	lan545	la:n53	dan35	—	
824	*hl-	大	ɬu33	lu232	lo33	lu31	lu13	ɬu33	lu13	lou44
21		月亮、月份	ɬa24	ɬa35	la55	la21	la331	ɬa24	lu44	lou22
19		竹子	ɬau52	ɬau53	ɬau53	lau43	lou42	ɬau35	lau35	lau24
789	*l-	风箱	lou31	ləu31	lou31	lou33	lou33	ləu31	leu55	lu53
827		鸟笼	loŋ31	loŋ31	loŋ31	loŋ33	lo:ŋ33	loŋ31	loŋ55	luŋ53

注：① [*ʔl-] 暂时只有这一个词项，例子来自王辅世、毛宗武（1995：194），罗香方言的形式被长坪方言替代，滩散方言被览金方言替代，东山方言的声母不符合对应规则。

2.3.4 辅音丛

2.1 小节瑶语的音节结构中显示瑶语现代方言中存在辅音丛，处于声母的第二个辅音成分既有流音，又有滑音，具体来说，主要有 [-l-]、[-w-]、[-j-]、[-r-] 四种，其中 [-r-] 在苗语湘西腊乙坪话中还有保留，例如"四"[pzei1]、"五"[pzɑ1]、"辣"[mʐei8]（王辅世，1985、1994）。不过瑶语方言中已经不存在，因此本书暂不讨论 [-r-] 的问题。

关于复辅音的定义，学界存在不少争议。研究瑶语的学者

一般认为带 [-l-] 的辅音丛属于复辅音。周祖瑶（1986）给出了现代瑶语方言中复辅音声母的遗存情形，保留最多的是标敏方言，其次是金门方言，勉方言的长坪和罗香土语也有一些，其他勉方言的复辅音声母都已经消失。一个有意思的现象是，复辅音的遗存还跟年龄等社会因素相关联，例如，在金秀长垌乡桂田村 50 岁以上的老年人中保留得比较完整，而年轻人的复辅音只保留在部分象声词中。卢诒常（1987）指出海南岛瑶语金门方言的复辅音 [pl-]、[pʰl-]、[bl-]、[tl-]、[tʰl-]、[dl-] 等出现的频率不高，正趋于消失。邓方贵、盘承乾（1990）从瑶语的两组复辅音 [pl-] 和 [kl-] 出发，借助汉语借词在瑶语中的反映形式，进而论证上古汉语也存在复辅音。赵春金（1992）给出了瑶语复辅音在现代方言中的演变链条：[pl-]、[pʰl-]、[bl-] > [pj-]、[pʰj-]、[bj-] > [p-]、[pʰ-]、[b-]；[kl-]、[kʰl-]、[gl-] > [kj-]、[kʰj-]、[gj-] > [k-]、[kʰ-]、[g-/tɕ-]、[tɕʰ-]、[dz-]。方炳翰（1992）通过与存在复辅音声母的同地区蓝靛瑶话比较，讨论了红头瑶话复辅音的演变，指出现代方言中部分声母的复辅音来源，即 [pj-]、[bj-] < [*pl-]、[*bl-]；[tɕ-] < [c-/kj-] < [*cl-]、[*kl-]。盘美花（1992）认为瑶语复辅音的演变因地域的不同而分化出两条平行发展的道路：一条是先腭化、后单辅音化或舌面化；一条是脱落边音直接单辅音化，即复辅音变为单辅音并不一定要经历腭化阶段。

　　除了辅音丛的历史演变及其在现代方言中的共时表现外，[-l-]、[-w-]、[-j-] 等成分在音节中的归属问题一直是学界讨论的热点，我们将其归结为三种观点：有些学者认为这些成分属于声母部分；有些学者认为它们属于韵母部分；另外一些学者则把它们独立为一类，称为介音。

　　近年来，音系学研究取得了很大进展，尤其是随着类型学的发展，有些学者尝试提出一种能够涵盖世界所有语言音系普遍性的理论模型，例如响度学说，它是说一个给定的音节中各音段成分之间的相对强度，一般认为音节中的元音成分最响，塞音最弱，由此产生了响度顺序原则（sonority sequencing generalisation）：元音 > 流音 > 鼻音 > 擦音 > 塞擦音 > 塞音（Selkirk，1984）。很多学者接受了基于响度阶的音位配列学（phonotactics），然而这一原则不能解释部分语言中的音位配列，例如，擦音 + 塞音序列（例如，/sp/、/st/、/sk/ 等），因为它们显然违反了响度理论。

为了解决这一问题，Dziubalska-Kołaczyk（2002）提出了基于强拍与约束音系学（beats and binding phonology）的音位配列模型，在这一理论框架下，传统的音核对应强拍，其他成分统一为非强拍，二者之间的关系称为约束。音位配列由 NAD（Net Auditory Distance）控制，NAD 由三个参数构成：发音方式（manner of articulation，MOA）、发音部位（place of articulation，POA）和浊音（voicing，Lx）。在最初的模型中，作者把 NAD 定义为 ｜ MOA ｜ + ｜ POA ｜ + ｜ Lx ｜，其中三个参数用绝对值来表示相邻音段成分之间的距离（Dziubalska-Kołaczyk and Krynick，2007；Dziubalska-Kołaczyk，2009；Marecka and Dziubalska-Kołaczyk，2014；Dziubalska-Kołaczyk，2014）。Dziubalska-Kołaczyk（2014）的模型抛弃了 Lx 这一参数，理由在于"浊"特征对于响音来说是个冗余特征。NAD 模型比传统的响度阶理论更具预测力，例如，它说明了为什么 /brV/ 和 /grV/ 相对于 /trV/ 来说更易结合（well-formed），因为前两者的 NAD 大于后者，即当且仅当 NAD C1C2V ≥ NAD C2V 时，C1C2V 是结构良好的组合。

Baroni（2012，2014）介绍了强拍与约束音系学及 NAD

理论的来源及发展，并指出了该理论的局限性，例如阻塞音丛（obstruments）、OL、OO。为了解释阻塞音丛中 /s/O 偏好，以及阻塞音＋流音丛中 /tl, dl/ 的罕见，作者引入了相对凸显度（relative salience）的概念来代替响度（sonority）、强度（strength）等术语。相对凸显度指当两个辅音具有相同的发音方式时，第一个比第二个更凸显（obstruments: /s/ > /f/ > / θ / > /k/ > /p/ > /t/；nasals: /m/ > /n/ > /ŋ/；liquids: /r/ > /l/；OO clusters: /sk/ > /fk/ > / θ / 和 /sk/ > /ks/ > /kt/，/kt/ > /pt/ > /tp/ > /tk/）；当流音跟着阻塞音时，阻塞音应该和流音处于不同的发音部位，并且流音倾向于选择卷舌音 /r/，其生理依据在于声道的收紧程度。作者还探讨了多音节的划分问题，判定公式如下：给定音节 C1V1C2C3V2，当且仅当 [NAD(C2C3V2)-NAD(C1V1)] 比 [NAD(C3V2)-NAD(C1V1C2)] 更接近零值时，C2 和 C3 结合更紧密，否则 C2 和 V1 结合得紧密。

我们认为，NAD 模型不仅能够解释语言音系中的一些现象，此外，由于该理论考虑音位配列中的发音部位和发音方法，相对于响度阶理论而言，其预测力更强。最后，NAD 还可以用来预测特定语言的音位配列、语言习得的顺序和语言演变的情形。

下文借鉴 NAD 模型来探讨瑶语中词首辅音丛的配列问题，从而为解决 [-l-]、[-w-]、[-j-] 等成分的归属提供一个参照。运用 NAD 模型，面临的首要问题是如何给 MOA、POA、Lx 这三个参数赋值，不同的语言、不同的赋值方案会对计算结果产生一定的影响。为了避免赋值的主观性，本书采用 Dziubalska-Kołaczyk（2014）中给英语的赋值方案。选用这一赋值方案的另一理由是瑶语中的音位都能被英语所涵盖，因为在音节结构类型上，英语属于复杂音节结构语言，而瑶语则属于中等复杂音节结构语言（Maddiesion，2013）。

表 2.47　英语元音和辅音的 NAD 赋值

阻塞音			响音				元音		
塞音	擦音		鼻音	流音		滑音			
	塞擦音			2.0					
				边音	卷舌音				
5.0	4.5	4.0	3.0	2.5	2.0	1.0	0		
p b			m			w	1.0	双唇音	唇音
		f v					1.5	唇齿音	
		θ ð					2.0	齿间音	舌尖音
t d		s z	n	l			2.3	齿龈音	
	tʃ dʒ	ʃ ʒ			ɹ		2.6	齿龈后音	
						j	3.0	腭音	舌中音
k g			ŋ			w	3.5	软腭音	
							4.0		舌根音
ʔ		h					5.0	喉音	喉音

据已有调查与报道，瑶语现代方言中的词首辅音丛大多是
C1C2V 型的，例如，/pl-、pj-、pw-；kl-、kj-、kw-；tl-、tj-、tw-/。
根据 NAD 理论，如果 C1C2 的结合度高，那么 NAD C1C2 ⩾
NAD C2V；如果 C2V 的结合度高，那么 NAD C1C2 ⩽ NAD
C2V。C1、C2、V 的赋值如下所示：

　　C1（MOA1，POA1）；C2（MOA2，POA2）；V（MOA3，
Lx3）

　　NAD C1C2 = ｜ MOA1-MOA2 ｜ + ｜ POA1-POA2 ｜

　　NAD C2V = ｜ MOA1-MOA2 ｜

表2.48　瑶语方言词首辅音丛的 NAD 值

	C1C2	C2V	NAD C1C2 - NAD C2V
plV	3.8	2.5	1.3
pjV	6	1	5
pwV	4	1	3
tlV	2.5	2.5	0
tjV	4.7	1	3.7
twV	5.3	1	4.3
klV	3.7	2.5	1.2
kjV	4.5	1	3.5
kwV	6.5	1	5.5

　　根据表2.47，我们首先对元辅音进行赋值，结果如下：p
（5，1），t（5，2.3），k（5，3.5），l（2.5，2.3），j（1，3），w
（1，1），V（0，0）。将这些数值代入公式进行计算，就可以得
到瑶语方言中词首辅音丛的 NAD 值（见表2.48）。从表2.48可
以看出，塞音 +[-l-] 的结合相对于同部位塞音 +[-w-/-j-] 的数值
来说要小，NAD C1C2 - NAD C2V 这一参数可以较好地呈现这
一差异。如果按照这一参数对表2.48中的所有组合结构进行排
序，那么 [kwV] > [pjV] > [twV] > [tjV] > [kjV] > [pwV] > [plV]
> [klV] > [tlV]（">"表示其前面的组合在类型学参照下优于后
面的组合）。这一结果的另外一种解释是塞音 +[-w-/-j-] 的组合
相对于塞音 +[-l-] 的结合更容易被音系接受，即，塞音 +[-w-/-j-]
的组合更具类型普遍性。进而我们可以推导出在语言的音系中，
[-w-/-j-] 与前面的辅音成分结合得比较紧密，而 [-l-] 则相对较
松。由此，我们认为通过 NAD 可以很好地把 [-w-/-j-] 和 [-l-] 分
为两类，这也符合它们在音节结构中具有的不同的表现形式，至

于把它们称为复辅音还是腭化塞音，则是命名的问题。

另外，在上述诸多辅音丛的组合中，/tlV/ 的得分最低，为 0，这说明 [tl-] 这种组合很少在音系中呈现。Baroni（2012，2014）引入了相对凸显度（relative salience）的概念来解释这一现象，/pr，pl，kr，kl，tr 等 / 存在于很多语言中，但是 /tl，dl/ 很少出现在语言的词首位置，例如，英语、德语、西班牙语、意大利语、马拉地语、匈牙利语、泰语等。上述辅音丛在世界语言中的普遍特性是：/pr，kr/>/br，gr/> /pl，kl/>/bl，gl/> /tr，dr/>/tl/>/dl/。然而，有些语言允许 /tl，dl/，Flemming（2007）报道 Haroi 和 Katu 方言不允许 /kl，gl/ 而允许 /tl，dl/，苗语青苗方言（Mong-Njua）中流音前的舌根和齿塞音是自由变体，跨语言的证据表明流音前的舌冠和软腭辅音的对立并不常见，原因在于它们的声学相似性。对应于声学参数，就是边音的除阻对舌尖塞音的声学表现有很大影响，从声学角度来看，边音前的舌尖塞音更接近软腭塞音，这就是语言中一般不采用 /tl，dl/ 组合的原因。Hallé 等（2003）的感知实验也表明法国母语者很容易将 /tl，dl/ 感知为 /kl，gl/，母语者对 /tl/、/kl/ 的感知困难大于 /dl/、/gl/，这一结论与梁子方言中 /tl，dl/ 和 /kl，gl/ 互为自由变体的观察事实一致。

2.3.5 原始声类系统

根据语音对应规则和相关支持实例，本节给出了原始瑶语的声母系统（见表 2.49），共有 114 个声母。为了便于检索，在原始瑶语声母表（见表 2.49）中，我们将"列"的序号排列在左侧，指示发音部位，具体来说包含双唇、舌尖、齿龈、硬腭、软腭和喉六个部位；"行"的序号排列在右侧，指示发音方法，主要有塞音、鼻冠塞音、鼻音、滑音和擦音几种，其中每种下面又根据声母的清浊、送气与否进行分类。另外，表2.49还将单辅音声母和带介音的辅音丛分开构拟。

表2.49每一个音类的标号都对应下文具体对应规则支持表中的序号，例如，1.1指的是第一列第一行的双唇清不送气塞音声母 [*p-]，2.9指的是第二列第九行的舌尖浊鼻音声母 [*n-]，下同。这一标注方案有助于前后对照构拟形式及其对应支持词项，便于查询和检索。如果某个发音部位和发音方法结合的声母在本书中没有构拟形式，那么表中暂时空缺，等补充材料后再进行修订。

根据语音对应的证据支持力度，表2.49还区分了几种不同的构拟形式，即对构拟形式进行分级：①凡是声母符合普遍对应的构拟形式，表中不做任何标记；②放宽普遍对应条件下的声母构拟形式，表中用声母下添加下划线"_"表示；③根据声母、韵母和声调的音韵限制推导出的构拟形式，表2.49中用方括号"[]"表示。不同级别的构拟形式反映了材料对构拟的证据支持力度，毫无疑问，第一种条件下的构拟形式最为可信，材料的支持力度最大。第二种条件下构拟声母的可信度要视瑶语方言谱系树图而定（见第3章）。具体而言，如果现代方言的声母表现在原始瑶语最早分化出来的两大支上有反映形式，那么这个声母就可以构拟到原始语中，证据效力等同于第一种条件下的构拟；如果现代方言中的声母形式处于晚期分化的节点上，那么这个声母的证据支持力度相对弱些。第三种条件下的声母构拟只是根据声韵调搭配推导出的，证据支持力度最弱。需要说明的是，下文在同一个声母构拟形式下先排列出支持普遍对应的实例，然后再列举放宽普遍对应形式的实例。如无特殊说明，不区分普遍对应和放宽普遍对应的构拟形式则表示该构拟形式只有放宽普遍对应的实例支持。

表 2.49　原始瑶语的声母系统

总：114		1.双唇（28）	2.舌尖（29）	3.齿龈（15）	4.硬腭（15）	5.软腭（24）	6.喉（3）
塞音	1.清不送气	p	t	ts	c	k	ʔ
	2.清送气	pʰ	tʰ	tsʰ	cʰ	kʰ	
	3.浊	b	d	dz	ɟ		
鼻冠塞音	4.不送气	ʔb	ʔd	ʔdz	ʔɟ	ʔg	
	5.送气	bʰ	[dʰ]	dzʰ	ɟʰ		
	6.浊	mb	nd	ndz	ɲɟ		
鼻音	7.前喉塞	ʔm	ʔn		ʔɲ	[ʔŋ]	
	8.送气	hm	hn		hɲ		
	9.浊	m	n		ɲ	ŋ	
滑音	10.前喉塞	ʔw			ʔj		
	11.送气						
	12.浊	w			j		
擦音	13.清		s			x	h
	14.送气		sʰ				
	15.浊					ɣ	ɦ
-w-							
塞音	16.不送气	pw	tw	[tsw]	cw	kw	
	17.送气				cʰw	kʰw	
	18.浊	bw	[dw]	dzw	ɟw	[gw]	
鼻冠塞音	19.不送气	ʔbw	ʔdw	[ʔdzw]		[ʔgw]	
	20.送气	[bʰw]				gʰw	
	21.浊	[mbw]				[ŋgw]	
鼻音	22.前喉塞						
	23.送气	hmw					
	24.浊	mw			[ɲw]		
滑音	25.前喉塞						

		1. 双唇	2. 舌尖	3. 齿龈	4. 硬腭	5. 软腭	6. 喉
滑音	26. 送气						
	27. 浊						
擦音	28. 清			<u>sw</u>			
	29. 送气			sʰw			
	30. 浊						
-j-							
塞音	31. 不送气	<u>pj</u>		<u>tsj</u>		kj/kwj	
	32. 送气			tsʰj			
	33. 浊	<u>bj</u>		<u>dzj</u>		<u>gj</u>/[gwj]	
鼻冠塞音	34. 不送气	ʔbj	ʔdj	[ʔdzj]		[ʔgj]	
	35. 送气	bʰj		<u>dzʰj</u>			
	36. 浊			[ndzj]			
鼻音	37. 前喉塞						
	38. 送气	<u>hmj</u>					
	39. 浊	<u>mj</u>					
滑音	40. 前喉塞	[ʔwj]					
	41. 送气						
	42. 浊	<u>wj</u>					
擦音	43. 清						
	44. 送气			sʰj			
	45. 浊						
l-，-l-							
塞音	46. 不送气	pl				kl/[kwl]/<u>klj</u>	
	47. 送气						
塞音	48. 浊					<u>gl</u>/<u>glj</u>	
鼻冠塞音	49. 不送气						
	50. 送气						

		1. 双唇	2. 舌尖	3. 齿龈	4. 硬腭	5. 软腭	6. 喉
鼻冠塞音	51. 浊	mbl				ŋgl	
鼻音	52. 前喉塞						
	53. 送气						
	54. 浊						
流音	55. 前喉塞		[ʔl]/[ʔlj]				
	56. 送气		hl/hlj				
	57. 浊		l				
r-, -r-							
流音	58. 前喉塞		ʔr/ʔrj				
	59. 送气		[hr]/hrj				
	60. 浊		r/rj				

注：为了节省篇幅，声母表中原始声类形式前的"*"一律省略。

1. 双唇音

1.1 *p-（p<>p<>p<>p<>ʔp<>p<>b<>b）

表 2.50　原始瑶语的声母 *p-

索引	词项	江底	庙子源	罗香	梁子	滩散	东山	石口	大坪
普遍对应实例									
485	知道	pei33	pei33	pei33	pei35	ʔpɛi35	pəi33	bi33	bɛi44
494	百	pɛ55	pɛ54	pɛ43	pɛ35	ʔpɛ35	pɛ53	ba35	ba44
499	放(走)	puŋ24	puŋ35	puŋ35	puŋ44	ʔpuŋ335	pə24	bɔŋ44	bɔŋ42
315	八(八月)	pet55	pei54	pet43	pe:t24	ʔpi:t35	pən53	beŋ55	bɛŋ44
316	八(初八)	pet55	pei54	pet43	pe:t24	ʔpi:t35	pən53	be33	bɛt44
861	变(心)	pe:n24	pəŋ35	pen35	pe:n44	ʔpi:n335	pən24	beŋ33	bɛn42
862	比(较)	pei52	pei53	pei53	pei545	ʔpɛi55	pəi35	bi35	bi22
732	木板	pe:n31	pəŋ53	pen35	pen545	ʔpi:n55	pən35	beŋ35	bɛn24

续表

索引	词项	江底	庙子源	罗香	梁子	滩散	东山	石口	大坪
				放宽普遍对应实例					
918	懂	pei33	—	pei33	—	ʔpei35	—	bi33	bɛi44
664	疤	pa33	pa33	—	pa35	ʔpa35	pa33	*pa33*	—
498	藏(物)	pi:ŋ24	piŋ35	piŋ35	piŋ44	ʔpi:ŋ335	*pjɛ35*	—	bɔŋ42
711	兵	pɛ:ŋ33	pɛŋ33	pɛŋ33	pɛŋ35	ʔpɛ:ŋ35	pjɛ33	beŋ33	*bjaŋ44*
555	饼子	*pi:ŋ31*	piŋ53	piŋ53	pɛŋ545	ʔpɛ:ŋ55	pjɛ35	*bjaŋ35*	
835	笔	pat55	pa54	pat43	pat54	ʔpat35	—	bæ35	bit44
497	斧头	pou52	pɔu53	pou53	pou545	ʔpou55	*bɔu35*	*peu35*	*pu24*
863	拜	pa:i24	pa35	pa:i35	pa:i44	ʔpa:i335	—	bai44	bai*24*
685	伯父	pɛ55	pa31	pɛ43	pɛ35	ʔpɛ35	pɛ53	ba22	pa44

说明：

（1）[*p-] 的构拟依据现代方言中的清声母和阴调的搭配关系。清不送气声母 [*p-] 在滩散方言中的标音形式为 [ʔp-]，其特性与其他方言的 [p-] 相同，同理，该方言中的舌尖清塞音被标记为 [ʔt-]。

（2）梁子方言的"百"，东山方言的"藏(物)"，江底方言的"饼子"，石口方言的"八月""初八""变(心)"，大坪方言的"比(较)""拜"，江底和罗香方言的"木板"声调都不符合对应规则。需要说明的是，表中斜体标注的部分一律为不符合对应规则的成分，全书体例一致，若无单独解释，下文将不再逐一说明。

（3）石口方言和大坪方言的声母为浊塞音，但声调都是阴调。借助现代方言的比较，我们认为这两个方言的浊声母形式来自古代的 [*p-]，而非来自鼻冠塞音，这两个方言发生了 [*p-] > [b-] 的创新性音变。

（4）"知道"和"懂"是同音语素，前者的分布范围较广，后者在庙子源方言、梁子方言和东山方言中缺失。

（5）表示序数的"八"依据不同的分布环境分别列出，但它们同属一个词根。

1.2 *pʰ-（pʰ<>pʰ<>pʰ<>p<>pʰ<>pʰ<>pʰ<> p）

表 2.51　原始瑶语的声母 *pʰ-

索引	词项	江底	庙子源	罗香	梁子	滩散	东山	石口	大坪
872	剖(肚子)	pʰaːi24	pʰa35	pʰaːi55	paːi21	pʰaːi331	pʰa24	pʰai44	—
877	派	pʰaːi24	pʰa35	pʰaːi55	paːi21	pʰaːi331	pʰɛ24	pʰai44	pai53
830	鞭炮	pʰau24	pʰau35	pʰou55	pau21	ʔpʰou331	bɔ35	pʰeu44	pau24

说明：

（1）大坪方言中"派"和"鞭炮"的声调不符合对应规则，东山方言中"鞭炮"的声母和声调不符合对应规则。

（2）罗香方言、梁子方言和滩散方言的声调表明这个声母是个次清声母。

（3）梁子方言和大坪方言可能发生了清送气和清不送气的合流，即 [*pʰ-] > [p-]。

1.3 *b-（p<>p<>p<>p<>ʔp<>p<>b<>p）

表 2.52　原始瑶语的声母 *b-

索引	词项	江底	庙子源	罗香	梁子	滩散	东山	石口	大坪
				普遍对应实例					
440	平平地	pɛːŋ31	pɛŋ31	pɛŋ31	pɛŋ33	ʔpɛːŋ33	pɛ42	biŋ55	pɛŋ53
442	耙子	pa31	pa31	pa31	pa33	ʔpa33	pa31	ba55	pa53
441	耙耙田	pa31	pa31	pa31	pa33	ʔpa33	pa31	ba55	pa53
				放宽普遍对应实例					
744	篦子	pai13	pai11	pai11	pai22	ʔpaːi32	pai42	—	—

索引	词项	江底	庙子源	罗香	梁子	滩散	东山	石口	大坪
1074	窝(蚂蚁)	puŋ31	puŋ31	—	puŋ33	ʔpuŋ33	pə31	—	—
880	赔偿	pu:i31	pui31	pui31	—	—	pəi31	—	pui53
816	推铇	fwo55	pʰau31	pa:u11	pau22	ʔpa:u32	pau42	pɔu13	—
444	白	pɛ12	pje21	pɛ32	pɛ22	ʔpa32	pʰɛ42	ba55	pa22
501	卜萝卜	pa12	pa21	po32	bak21	bak32	pʰɔ42	pa31	pɔu22

说明：

（1）[*b-] 声母的构拟主要依据各方言点中表现一致的清声母和阳调。石口方言的声母存古，保留着浊塞音。

（2）各方言表示动作义的"耙（田）"和与之对应的工具义名词"耙子"的语音形式相同。

1.4 *ʔb-（<*mp-）（b<>b<> b <>b<>b<>p<>b）

表 2.53 原始瑶语的声母 *ʔb-

索引	词项	江底	庙子源	罗香	梁子	滩散	东山	石口	大坪
105	崖	bɛ:ŋ24	—	bɛŋ35	—	bɛ:ŋ335	bɛ35	heŋ35	bɛŋ42
38	梦	bei24	bei35	—	bei44	bɛi335	bəi24	pi44	bɛi42
884	梦(见)	bei24	bei35	—	bei44	bɛi335	bəi24	pi44	bɛi42
44	猴子	bi:ŋ33	biŋ31	biŋ33	biŋ35	biŋ35	—	—	bjaŋ44
478	拍(手)	bɛ55	bɛ54	bɛ43	bai21	bɛ331	bɛ53	—	—

说明：

（1）这几个词项在现代方言中都是浊声母，并且与阴调相配。关于这一声类的赋值，参阅 2.3.1 小节。Thongkum（1993：179）将这组对应构拟为 [*bʰ-]，我们并不同意这一做法。根据现代苗瑶语方言的表现形式，浊送气声母一般和阳调搭配，如果搭配阴调的话，主要是调 *7。浊送气和阳调的配合很容易从生理上得到解释，因为发浊送气时声带漏气导致基频很低，这种低基频的声调往往是阳调（孔江平，1993）。而表 2.53 中这组声母很明显是和阴调相配，鉴于此，我们将它构拟为 [*ʔb-]，本书的这个构拟形式不仅能够很好地解释从原始瑶语到现代方言的演变，而且有利于与苗语方言进行比较。Ratliff（2010：38）给出了这组对应的原始苗瑶语的构拟形式 [*mp-]，不难看出，原始苗瑶语到原始瑶语经历了 [*mp-] > [*ʔb-] 的音变，这点也符合张琨（1947）对于鼻音冠首声母在苗语方言中的演变情形，即 *NTH- > NTH-：TH-（阴调）；*NT- > NT-：T-（阴调）；*ND- > NT-: N（阳调）。

（2）所有方言中表示思维活动状态的"梦"及其所产生的结果"梦(见)"是同一语音形式。

（3）根据各方言点的对应情况，大坪方言中的"猴子"的声母腭化形式 [-j-] 实际上可能是 [-i-]。

（4）石口方言的声母进一步演变为 [p-]，即 [*mp-] > [ʔb-] > [b-] > [p-]。

1.5 *bʰ-（<*mpʰ-）（b<>bʰ<> b <>b<>b<>b<>b<>b）

表 2.54　原始瑶语的声母 *bʰ-

索引	词项	江底	庙子源	罗香	梁子	滩散	东山	石口	大坪
42	响	bu:i33	bui33	bui33	bui31	bu:i13	bəi33	bwei33	bai44
43	蝙蝠	bu:i33	bui33	bui33	bui31	bui13	bəi33	bwei33	bai44

说明：

（1）该语音对应属于普遍对应，更为准确的说法是同音对应。

（2）[*bʰ-] 的构拟来自梁子方言和滩散方言的证据，它

们的声调表明声母是送气的，具体见 2.2.3 小节。Thongkum
（1993）指出原始瑶语的 [*bʰ-] 来自原始苗瑶语的 [*mpʰ-]，声
调是阴调类。Ratliff（2010：39）给出了原始苗瑶语的构拟形
式 [*mpʰ-]，不难看出，原始苗瑶语到原始瑶语经历了 [*mpʰ-] >
[*bʰ-] 的音变，这点符合张琨（1947）对于鼻音冠首声母在
苗语方言中的演变情形，即 *NTH- > NTH-：TH-（阴调）；
*NT- > NT-：T-（阴调）；*ND- > NT-：N（阳调）。

（3）瑶语各方言中的"响"和"蝙蝠"是同音语素组，根
据现代瑶语各方言间的比较，石口方言中的 [-w-] 应该属于韵
母成分。

1.6 *mb-（<*mb-）（b<>b<>b<>b<>b<>b<>p<>b）

表 2.55　原始瑶语的声母 *mb-

索引	词项	江底	庙子源	罗香	梁子	滩散	东山	石口	大坪
573	辫子	bin231	biŋ232	bin213	bin32	bin31	—	—	*bjɛn22*
864	办 (事)	be:n13	bəŋ11	ɽen11	ban22	ban32	ban*24*	peŋ13	*pan24*

说明：

（1）之所以将这组对应的形式构拟为 [*mb-]，是因为这
组对应的声母在现代方言中是浊声母，并且与阳调配合，尽管
瑶语在现代方言中已经不存在前置鼻冠音声母。本书的构拟
依据是 Thongkum（1993）"原始苗瑶语（*ND-）> 原始瑶语
（*ND-）"（[*mb-] > [mb-]）的演变链条。当然，这一声母的
构拟还需要更多的支持实例。另外，原始瑶语的古鼻冠浊塞音
在石口方言中演变为清塞音：[*mb-] > [p-]。

（2）根据其他方言的表现形式，"辫子"在大坪方言中的
[-j-] 应该是属于韵母的 [-i-]。

1.7 *ʔm-（m<>m<>m<>m<>m<>m<>m<>m）

表 2.56　原始瑶语的声母 *ʔm-

索引	词项	江底	庙子源	罗香	梁子	滩散	东山	石口	大坪
普遍对应实例									
521	青青菜	mɛŋ33	mɛŋ33	mɛŋ33	mɛŋ35	mɛːŋ35	mɛ33	miŋ33	mɛŋ44
650	病、痛	mun33	muŋ33	mun33	mun35	mun35	mun33	man44	
651	绿	mɛːŋ33	mɛŋ33	mɛŋ33	mɛŋ35	mɛːŋ35	mɛ33	miŋ33	mɛŋ44
放宽普遍对应实例									
652	蓝（布）	mɛːŋ33	mɛŋ33	—	mɛŋ35	mɛːŋ35	mɛ33	—	mɛŋ44
755	青（布）	mɛːŋ33	mɛŋ33	—	mɛŋ35	mɛːŋ35	mɛ33	miŋ33	mɛŋ44

说明：

（1）鼻音声母在瑶语方言中还保留着清浊的对立，不过清鼻音只与阴调组合，浊鼻音的情况与塞音类似，兼有阴调和阳调。张琨（1947）给出了两种构拟赋值方案：一是 [m̥ʰ-]、[ʔm-] 和 [m-]；二是 [hm-]、[ʔm-] 和 [m-]。为了便于历史比较，本书采用后一种方案，原始瑶语的 [*ʔm-] 和 [*m-] 在现代方言中合流为 [m-]，二者的区别在于声调，前者的调类是阴调，后者的调类是阳调。表 2.56 中的这组词在现代方言中是浊鼻音声母，同时声调为阴调，因此构拟为 [*ʔm-]，见2.3.3 小节。

（2）通过表 2.56 中词项的语音形式，可以观察到一个比较有意思的现象，即瑶族社团"青、蓝、绿"不分，"病、痛"不分。第 4 章将进一步讨论这一问题。

1.8 *hm-（m̥<>m̥<>m̥<>m<>m<>m̥<>m<>m）

表2.57　原始瑶语的声母 *hm-

索引	词项	江底	庙子源	罗香	梁子	滩散	东山	石口	大坪
				普遍对应实例					
237	动物油	m̥ei33	m̥ei33	m̥ei33	mei31	mɛi13	m̥əi33	mi33	mi44
239	米象	m̥ei52	m̥ei53	m̥ei53	mei43	mɛi42	m̥i35	mi35	mɛi24
				放宽普遍对应实例					
236	藤子	m̥ei33	mei*232*	ŋei*213*	mei31	mɛi13	m̥əi33	mi33	mɛi44

说明：

（1）原始瑶语的鼻音声母有三组：[*ʔm-]、[*hm-]、[*m-]，在现代方言中 [*ʔm-] 和 [*m-] 合流为 [m-]，二者的区别在于声调，前者的调类是阴调，后者的调类是阳调。[*hm-] 只与阴类调相配合，梁子方言中和滩散方言中的声调指示这个声母是次清送气声母，江底、庙子源、罗香和东山方言中还保留着清鼻音，梁子方言、滩散方言、石口方言和大坪方言中的清鼻音声母已经和浊鼻音声母合流，即 [*hm-] > [m-]，不过这种合流在声调上留下了痕迹，见 2.3.3 小节。

（2）Ratliff（2010：41）认为苗瑶语的"米象"和汉语的"米"（上古汉语 *[m]ˤijʔ > 中古汉语 mejX > 汉语普通话 *mi*）以及藏缅语的 [*mey/*may] 一样，但是出于清声母的原因，其直接来源并不清楚。另外，"米象"和"米"的意义也不同，"米象"指寄藏在米谷中的小黑甲虫。

1.9 *m-（m<>m<>m<>m<>m<> m <>m<>m）

表2.58　原始瑶语的声母 *m-

索引	词项	江底	庙子源	罗香	梁子	滩散	东山	石口	大坪
				普遍对应实例					
310	马	ma231	ma232	ma213	ma32	ma31	ma42	ma31	ma44

索引	词项	江底	庙子源	罗香	梁子	滩散	东山	石口	大坪
354	卖(柴)	ma:i13	ma11	ma:i11	ma:i22	ma:i32	ma42	mai13	mai22
放宽普遍对应实例									
353	买(肉)	ma:i231	ma232	ma:i*35*	ma:i32	ma:i31	—	mai31	mai44
355	蝇子	muŋ231	muŋ232	*mwəŋ*213	—	—	mə42	mɔŋ31	mɔŋ44
356	望	maŋ13	maŋ11	—	maŋ22	ma:ŋ32	mə42	—	mɔŋ22
357	看(书)	maŋ13	maŋ11	—	maŋ22	ma:ŋ32	mə42	—	mɔŋ22
750	袜子	ma:t12	ma21	ma:t32	ma:t42	ma:t32	ɲun42	mæ22	mat22
761	棉衣	min31	miŋ31	min31	min33	—	—	miŋ55	*mjɛn*53
821	墨斗	ma:t12	ma21	ma32	mak*21*	mak32	mɔ42	ma22	ma22
836	墨	ma:t12	ma21	ma32	mak*21*	mak32	mɔ42	ma22	ma22
361	回(家)	—	—	mu213	mu32	mu31	mu42	—	mu44
1033	慢	—	maŋ11	man11	ma:n22	man32	man42	man13	man22
563	蛋黄	maŋ31	maŋ31	*waŋ*31	muŋ33	vaŋ33	məi31	vuŋ55	mɔŋ53

说明：

（1）原始瑶语的鼻音声母有三组：[*ʔm-]、[*hm-]、[*m-]，在现代方言中 [*ʔm-] 和 [*m-] 合流为 [m-]，二者的区别在于声调，前者的调类是阴调，后者的调类是阳调。表 2.58 中的这组词在现代方言中都是浊鼻音声母，并且声调为阳调（见 2.3.3 小节），因此构拟为 [*m-]。

（2）"买"和"卖"的讨论见第 4 章。

（3）表示材料的"墨"和盛装它的容器"墨斗"在所有瑶语方言中同形，二者在梁子方言中的声调和东山方言中的声母暗示其为送气声母，但其他各方言点的对应比较整齐，产生这种现象的原因不明。同样，"望"和"看"也来自同一词根。

（4）一个有意思的现象是，"有"和"去"这两个词项除

了在梁子方言中和滩散方言中的声母形式均是 [n-]①，声调也都
符合对应规则（阳调），如何解释这种声母的"出类"现象？
瑶语中没有鼻音声母的前缀（陈其光，1993），所以也不能用
"prefix pre-emption"（Matisoff，1997）来解释这种声母不合
对应的现象。受南岛语材料的启发，Ratliff（2010：41）给这
两个词项构拟了一个表示状态义的浊音前缀 [*n-]。

表 2.59　瑶语的"有"和"去"

索引	词项	江底	庙子源	罗香	梁子	滩散	东山	石口	大坪
351	有	ma:i31	ma31	ma:i31	na:i33	na:i33	ma31	mai55	—
352	去	mi:ŋ31	miŋ31	miŋ31	niŋ33	niŋ33	—	—	mi53

1.10 *ʔw-（w<>w<>w<>w<>v<>w<>v<>v）

表 2.60　原始瑶语的声母 *ʔw-

索引	词项	江底	庙子源	罗香	梁子	滩散	东山	石口	大坪
390	那	wo52	wo53	wa53	wa545	va55	wə35	a35	vɛi42
392	挖	—	wei54	vet43	ve:t24	vɛ:t35	wun53	ve35	vɛt44

说明：

（1）现代方言中的 [w-] 声母在这个对应组中的声调为阴
调类，因此构拟为 [*ʔw-]。

（2）根据 2.1 小节中的石口音系介绍，"那"的声母在石
口方言中还保留着喉塞成分，严式标音为 [ʔa35]。

（3）滩散方言和大坪方言发生了 [*ʔw-] > [v-] 的音变；
罗香方言和梁子方言则处于词汇扩散的中间阶段（Wang，

---

① 海南岛的金门方言也有同样的声母形式，如"有" [na:i33]、"去" [niŋ33]
（Shintani and Yang，1990：241）。

1969），同时存在 [w-] 和 [v-] 两种读音形式。

1.12 *w-（w<>w<>v<>w<>v<>w<>v<>v）

表 2.61　原始瑶语的声母 *w-

索引	词项	江底	庙子源	罗香	梁子	滩散	东山	石口	大坪
901	围 (住)	wei31	wei31	vei31	wei33	vɛi33	wəi31	vi55	vin53
848	话	wa13	wa11	va11	wa22	va32	—	ʃa31	—
1063	万	wa:n13	waŋ11	ma:n11	ma:n22	ma:n22	wən42	veŋ13	van22

说明：

（1）与 [*ʔw-] 的构拟不同的是，现代方言的 [w-] 声母在这个对应组中的声调为阳调类，因此构拟为 [*w-]。

（2）词项"万"在罗香方言、梁子方言和滩散方言中的声母表现为双唇鼻音 [m-]，声母不符合对应规则，但韵母和声调符合对应规则，目前还不清楚产生这种现象的原因。词项"话"在石口方言中的表现为轻唇音声母 [f-]。

1.16 *pw-（pw<>pw<>p<>p<>ʔp<>p<>b<>b）

表 2.62　原始瑶语的声母 *pw-

索引	词项	江底	庙子源	罗香	梁子	滩散	东山	石口	大坪
				普遍对应实例					
369	三	pwo33	pwə33	pu33	po35	ʔpu35	pau33	bou33	bu42
487	满	pwaŋ52	pwəŋ53	pwəŋ53	poŋ545	ʔpoŋ55	poŋ35	baŋ35	ban24
495	烧 (山)	pwo52	pwə53	pu53	pu545	ʔpu55	pau35	bou35	bu24
				放宽普遍对应实例					
489	打 (枪)	pwan52	pwəŋ53	pwən53	fan545	fɔn55	—	—	bun24
490	睡	pwei24	pwei35	pwei35	fei44	fɛi335	—	bi44	bui42
466	粪肥	pwan24	pwəŋ35	pwən35	fan44	fɔ:n335	hwəi33	bwei55	bun42

说明：

（1）[*pw-] 的构拟来自瑶语现代方言中清声母和阴调搭配的证据。

（2）江底、庙子源和罗香方言中还比较完整地保留着 [pw-] 声母，其他各方言已失落。

（3）"打（枪）""睡""粪肥"在梁子方言和滩散方言中声母进一步演变为 [f-]，完整的演变路径为：[*pw-] > [p-] > [f-]。

（4）石口方言和大坪方言的声母发生了 [*pw-] > [b-] 的创新演变，这一点与前文 [*p-] > [b-] 的演变平行。

1.18 *bw-（pw<>pw<>p<>p<>ʔp<>p<>p<>p）

表 2.63　原始瑶语的声母 *bw-

索引	词项	江底	庙子源	罗香	梁子	滩散	东山	石口	大坪
438	孵	pwo13	pwə11	pu11	pu22	ʔpu32	pu42	pu13	pu22
594	手	pwo231	pwə232	pu213	pu32	ʔpu31	pau42	pɔu31	pu44

说明：

"孵"和"手"这两个词项属于普遍对应。"孵"的古调类为第 6 调，"手"为第 4 调，二者同属阳调。根据张琨（1947）的声调和声母搭配关系研究，这两个词项的原始声母应该是个浊声母，再考虑江底方言和庙子源方言的唇化成分，所以本书将这个声母构拟为 [*bw-]。

1.19 *ʔbw-（< *mpw-）（bw<>bw<>bw<>b<>b<>b<>pw<>b）

表 2.64　原始瑶语的声母 *ʔbw-

索引	词项	江底	庙子源	罗香	梁子	滩散	东山	石口	大坪
491	我们	bwo33	bwə33	—	bu35	bu35	—	—	bu44
39	名字	bwo24	bwə35	bu35	—	bu335	bau24	pou44	bu42

续表

索引	词项	江底	庙子源	罗香	梁子	滩散	东山	石口	大坪
47	告诉	bwo24	bwə35	bu35	bu44	bu:i335	bu24	bou44	bou42
34	冰	bwan24	bwəŋ35	bwən55	—	bɔn335	bin24	—	ban42
37	雷	bwo231	bu31	bu33	bu33	bu33	—	bu44	bjau44
41	开(水)	bwei24	bwei35	bwei35	vei44	bɛi335	—	pwei44	bui42
33	雪	bwan24	bwaŋ35	bwən55	van44	bɔn335	bin24	pən44	ban42
40	沸	bwei24	bwei35	bwei55	vei44	vei44	—	pwei44	bui42
1082	面粉	bwan52	bwəŋ53	bwən53	van545	van53	hwan35	—	—

说明：

（1）现代方言中浊声母和阴调类的配合是构拟 [*ʔbw-] 的依据，这个声母来自古苗瑶语的 [*mpw-]。唇化成分 [-w-] 在江底、庙子源和罗香方言中保存得比较好，其他各点基本丢失。古鼻冠塞音声母在石口方言中演变为清塞音，即 [*ʔbw-] > [pw-]。

（2）梁子和滩散方言的词项存在 [b-] 和 [v-] 两种声母形式。

（3）这个声母可能经历了 [*ʔbw-] > [b-] > [v-] 的演变，重唇到轻唇的演变是一个常见的音变现象。

（4）"我们"在瑶语中作为复数后缀，最初表示"群体"义。在海南岛的金门方言中，它是第一人称排除式的代词。

（5）"雷"的声调对应比较杂乱。

（6）Haudricourt 和 Strecker（1991）认为"面粉"是汉语借用的苗瑶语的形式，王辅世（1994：72）将这个词项的原始苗语形式构拟为 [*plouᶜ]（见第 4 章）。

1.20 *bʰw- （＜ *mpʰw- ）（ bw<>bw<>b<>b<>b<>b<>b<>b ）

表 2.65　原始瑶语的声母 *bʰw-

索引	词项	江底	庙子源	罗香	梁子	滩散	东山	石口	大坪
45	灰_{灰色}	bwo52	bwə53	bu*31*	bu43	bu42	bau35	—	—
756	灰_{灰布}	bwo52	bwə53	bu53	bu43	bu42	bu35	—	—

说明：

（1）"灰色"和"灰布"二者的词根同为"灰"，根据梁子和滩散方言的声调反映形式（次清），本书将其构拟为[*bʰw-]。不过这个声母属于推导出的形式，还需要更多的实例支持。

（2）按照原始瑶语古鼻冠清送气塞音声母在现代方言中的表现形式，再结合 [*bʰ-] 声母的表现，可以预测出石口和大坪方言的声母形式应该为 [b-]。

1.21 *mbw- （＜ *mbw- ）（ bw<>bw<>bw<>b<>b<>b<>p<>b ）

表 2.66　原始瑶语的声母 *mbw-

索引	词项	江底	庙子源	罗香	梁子	滩散	东山	石口	大坪
677	媳妇_{（儿媳、新娘）}	bwaŋ231	bwəŋ232	bwəŋ213	boŋ32	boŋ31	boŋ42	paŋ31	—

说明：

（1）根据现代方言中的浊声母和阳调类搭配的情形，本书将这个声母构拟为[*mbw-]。注意，该构拟目前只有一个支持实例。

（2）古鼻冠浊塞音声母在石口方言中全部演变为清塞音，即 [*mbw-] > [bw-] > [b-] > [p-]。大坪方言的 [b-] 声母形式是根据 [*mb-] 的表现推导而来的。

1.23 *hmw-（mw<>mw<>m<>m<>m<>m̥<>m<>m）

表 2.67　原始瑶语的声母 *hmw-

索引	词项	江底	庙子源	罗香	梁子	滩散	东山	石口	大坪
930	听	mwaŋ24	mwəŋ35	moŋ55	muŋ21	muŋ331	m̥oŋ24	maŋ44	maŋ42
234	夜晚	mwan231	mwəŋ232	m̥aŋ53	—	—	m̥oŋ24	maŋ44	moŋ42
537	晚（晚饭）	m̥waŋ24	mwəŋ35	m̥aŋ53	—	—	m̥oŋ24	maŋ44	moŋ42

说明：

（1）江底、罗香和东山方言还保留着清鼻音声母，其他各方言中的清鼻音声母 [m̥-] 与浊鼻音声母 [m-] 合流，但是声调的表现形式显示这是个清送气声母。

（2）"夜晚"和"晚（晚饭）"的词根形式相同。

1.24 *mw-（mw<>mw<>mw<>m<>m<>m<>m<>m）

表 2.68　原始瑶语的声母 *mw-

索引	词项	江底	庙子源	罗香	梁子	滩散	东山	石口	大坪
		普遍对应实例							
350	眼睛	mwei13	mwei11	mwei11	mei22	mɛi32	mi53	mai13	mai53
358	蜜蜂	mwei231	mwei232	mwei232	mei32	mɛi31	mi42	mi31	mui44
554	蜜糖	mwei231	mwei232	mwei213	mei32	mɛi31	mi42	mɔu35	mui44
		放宽普遍对应实例							
747	帽子	mwo13	mau35	mou11	mou22	mɔu32	mau35	mu13	mu22
360	扁担	mwaŋ231	mwəŋ232	moŋ213	muŋ32	muŋ31	moŋ42	maŋ31	
640	脚踝	mwei13	mwei11	mwei11	bo545	mɛi32	mi53	mai13	mai53
348	你	mwei31	mwei31	mwei31	mei33	mɛi33	məi31	—	mui53
359	兄弟	mwo231	mwə11	mai213	——		mau42	mɔu31	mu44

说明：

（1）"脚踝"在梁子方言中的表现形式可能反映这个语音

形式与其他方言的表现不同源。

（2）Ratliff（2010：41）认为"眼睛"可能来自汉语的"目"（OC *[m][u]k > MC mjuwk > Man. *mu*）。Benedict（1972）将原始藏缅语的"眼睛"构拟为 *mik~mjak 两种形式，并认为前者是一个晚期形式。

（3）江底、庙子源和罗香三种方言还保留着唇化成分 [-w-]，其他方言已丢失。

1.31 *pj-（pj<>pj<>pj<>pj<>ʔpj<>pj<>bj<>b）

表 2.69　原始瑶语的声母 *pj-

索引	词项	江底	庙子源	罗香	梁子	滩散	东山	石口	大坪
373	臭虫	pje33	pje33	pi33	pi35	ʔpi35	pi33	beŋ33	bɛi44
375	果子	pjou52	pjəu53	pjeu53	pjou545	ʔpjɔu55	pjau35	bjɔu35	bɛu24
502	籽 (茶籽)	pjou52	*tsai*53	pjeu53	pjou545	ʔpjɔu55	pjau35	bjɔu35	*tei*24

说明：

（1）"臭虫"在罗香、梁子、滩散和东山四种方言中的主元音是 [-i-]，它与 [-j-] 在发音部位上不兼容，并且记音中也没有 [-ji-] 形式，因此，从音位归纳的多能性角度出发（Chao，1934），东山方言中的 [pi33] 也可以改写为 [pji33]。

（2）石口方言和大坪方言发生了创新性音变，即 [*pj-] > [bj-] > [b-]。

1.33 *bj-（pj<>pj<>pw<>f<>f<>pj<>b<>pj）

表 2.70　原始瑶语的声母 *bj-

索引	词项	江底	庙子源	罗香	梁子	滩散	东山	石口	大坪
443	薄	pje12	pje21	pwa32	*fa22*	fa32	—	—	pjɛ22
430	谷花	pjaŋ31	pjaŋ31	pwaŋ31	faŋ33	faŋ33	pjaŋ31	buŋ55	*fa44*
436	花	pjaŋ31	pjaŋ31	pwaŋ31	faŋ33	faŋ33	pjaŋ31	buŋ55	pjaŋ53

说明：

（1）通过方言间的比较，我们认为罗香方言中的 [-w-] 来自 [-j-]，变化环境是它处于双唇辅音和元音 [a] 之间，用生成音系学的规则表示为：[-w-] > [-j-] / 双唇辅音 +__+ [a]。梁子方言和滩散方言则发生了进一步的演变，由重唇音变为轻唇音 [f-]。石口方言还保留浊塞音声母 [b-]。

（2）"谷花"和"花"的词根形式相同。

1.34 *ʔbj-（< *mpj-）(bj<>bj<>b<>b<>b<>b<>b<>b)

表 2.71　原始瑶语的声母 *ʔbj-

索引	词项	江底	庙子源	罗香	梁子	滩散	东山	石口	大坪
656	麻木	bje24	bje35	bi35	bi44	bi335	bi24	—	bi42
892	翻(身)	bjen52	bjəŋ53	bwan53	*plan33*	ʔplan32	bjɛn35	bwən35	bjɛn24
1076	步	bje13	bəu11	bwa11	va22	ba32	bja42	—	—

说明：

（1）通过方言间的比较，本书认为罗香方言中的 [-w-] 来自 [-j-]，变化环境是它处于双唇辅音和主要元音 [a] 之间，用生成音系学的规则表示为：[-w-] > [-j-] / 双唇辅音 +__+ [a]。

（2）根据古鼻冠清不送气塞音声母演变到现代方言的形式，我们推测石口方言的声母形式应该为 [pj-]/[pw-]。

1.35 *bʰj-（< *mpʰj-）(bj<>bj<>bw<>v<>b<>bj<>b<>bj)

表 2.72　原始瑶语的声母 *bʰj-

索引	词项	江底	庙子源	罗香	梁子	滩散	东山	石口	大坪
476	糠	bje55	bje54	bwa*32*	va31	ba12	bja53	bəu33	bjɛ44
865	补(衣服)	bje52	bje53	bwa53	va43	ba55	bja35	pu35	bjɛ24

说明：

（1）通过方言间的比较，本书认为罗香方言中的 [-w-] 来自 [-j-]，变化环境是它处于双唇辅音和主要元音 [a] 之间，用生成音系学的规则表示为：[-w-] > [-j-] / 双唇辅音 +__+ [a]。

（2）梁子和滩散方言的声调表现形式表明这个声母在原始语中应该是个送气声母，"补（衣服）"的声调在这两个方言中的表现不一致，梁子方言是次清声母，滩散方言是全清声母，本书暂时将"补（衣服）"这个词项放在此处。

（3）按照古鼻冠清送气塞音声母在现代方言中的表现，"补（衣服）"在石口方言中应为浊塞音 [b-]。

1.38 *hmj-（mj<>mj<>mw<>m<>m<>m̥j<>m<>mj）

表 2.73　原始瑶语的声母 *hmj-

索引	词项	江底	庙子源	罗香	梁子	滩散	东山	石口	大坪
446	脚印	mjen52	mjəŋ53	m̥wan53	man43	man42	m̥jɛn35	——	——
450	鬼	mjen52	mjəŋ53	m̥wan53	man43	ma:n42	m̥jɛn35	mwən35	mjɛn24
449	草	mje52	mje53	m̥wa53	ma43	ma42	m̥ja35	mu35	mjɛ24
535	草药	mje52	*tsu*53	m̥wa53	mɛŋ35	ma42	m̥ja35	mu35	mjɛ24

说明：

（1）梁子和滩散方言的声调表现形式表明这个声母在原始语中是个送气声母。

（2）通过方言间的比较，本书认为罗香方言中的 [-w-] 来自 [-j-]，变化环境是它处于双唇辅音和主要元音 [a] 之间，用生成音系学的规则表示为：[-w-] > [-j-] / 双唇辅音 +__+ [a]。

（3）"草"和"草药"的词根形式相同。

1.39 *mj-（mj<>mj<>mw<>m<>m<>m<>m<>m）

表 2.74　原始瑶语的声母 *mj-

索引	词项	江底	庙子源	罗香	梁子	滩散	东山	石口	大坪
669	人	mjen31	mjəŋ31	mwan31	mun33	mun33	min31	meŋ55	min53
670	舅母	mjaŋ31	—	mwaŋ31	maŋ33	maŋ33	mjaŋ31	mu55	mjaŋ53

说明：

（1）"人"是瑶族的自称形式。Ratliff（2010：45）认为其来自汉语的"民"（OC *min[n] > MC mjin > Man. *min*）。瑶族的自称为"勉"，一般用来指"人"。李增贵（1981）认为汉语的"蛮"是瑶语"勉"的音转，舒肖（1982）则不认同这一看法，李永燧（1983）指出苗瑶语的民族自称、"人"及称人量词是同义词分化的产物。

（2）通过方言间的比较，本书认为罗香方言中的 [-w-] 来自 [-j-]，变化环境是它处于双唇辅音和元音 [a] 之间，用生成音系学的规则表示为：[-w-] > [-j-] / 双唇辅音 +__+ [a]。

1.40 *ʔwj-（wj<>wj<>v<>w<>v<>w<>ʔ<>vj）

表 2.75　原始瑶语的声母 *ʔwj-

索引	词项	江底	庙子源	罗香	梁子	滩散	东山	石口	大坪
391	碗	wjen52	wjəŋ53	van53	wan545	van55	wan35	ən35	vjen24

说明：

（1）[*ʔwj-] 的构拟是根据现代方言的声母和阴调类的配合推导出来的。

（2）根据 2.1 小节的石口音系介绍，"碗"在石口方言中的严式标音为 [ʔən35]，即声母保留着喉塞成分。

1.42 *wj-（wj<>wj<>w<>w<>v<>w<>v<>vj）

表 2.76　原始瑶语的声母 *wj-

索引	词项	江底	庙子源	罗香	梁子	滩散	东山	石口	大坪
553	红糖	wjaŋ31	wjaŋ31	waŋ31	—	vaŋ33	—	vuŋ55	—
483	黄	wjaŋ31	wjaŋ31	waŋ31	waŋ33	vaŋ33	waŋ31	vuŋ55	vjaŋ53

说明：

（1）现代方言的声母在这个对应组中的声调为阳调类，所以构拟为 [*wj-]，不同于前文的 [*ʔwj-]。

（2）腭化成分 [-j-] 还保留在江底、庙子源和大坪方言中。

1.46 *pl-（pj<>p<>pj<>pj<>ʔpj<>pl<>pl<>pj）

表 2.77　原始瑶语的声母 *pl-

索引	词项	江底	庙子源	罗香	梁子	滩散	东山	石口	大坪
				普遍对应实例					
571	头发	pjei33	pei33	pje33	pjei545	ʔpjɛi35	pli35	pli33	pɛi44
572	毛	pjei33	pei33	pje33	pjei35	ʔpjɛi35	pli33	pli33	pɛi44
721	房子、家	pjau52	pau53	pjau53	pjau545	ʔpjau55	pla35	pləu35	piu24
885	四	pjei33	pei33	pje33	pjei35	ʔpjɛi35	pləi33	pli33	pɛi42
717	五	pja33	pa33	pla33	pja35	ʔpja35	pla33	pla33	pjɛ42
				放宽普遍对应实例					
722	棍子	pja52	pa53	pla53	pja545	ʔpja55	—	—	—
577	眉毛	pjei33	pei33	—	pjei35	ʔpjɛi35	pli33	pli33	pɛi44
566	头			pje53	pjei545	ʔpjɛi55	pli35	pli35	pɛi24

说明：

（1）赵春金（1992）给出了瑶语复辅音声母在现代方言中的演变链条，即先腭化，后单辅音化：[pl-]、[pʰl-]、[bl-] > [pj-]、[pʰj-]、[bj-] > [p-]、[pʰ-]、[b-]；[kl-]、[kʰl-]、[gl-] >

99

[kj-]、[kʰj-]、[gj-] > [k-]、[kʰ-]、[g-/tɕ-]、[tɕʰ-]、[dʑ-]。东山
和石口方言中还保留着原始语的 [pl-] 声母；江底、罗香、梁
子和滩散方言发生了 [*pl-] > [pj-] 的音变，罗香方言正处于演
变的中间阶段，[pl-]/[pj-] 两种形式共存；庙子源和大坪方言
则进一步简化，即 [*pl-] > [pj-] > [p-]。

（2）类型学上，塞音 +/l/ > 塞音 +/j/ 的现象在世界语言中
十分常见，例如，拉丁语包含 O/l/ 单词的序列在意大利语中变
为 O/j/；"O"（obstruent）指阻塞音，包括塞音、擦音和塞擦
音（Baroni，2012）。

（3）周祖瑶（1986）指出勉语的复辅音一般保留在老年人
口中，在年轻人口中已经消失，例如，金秀长峒乡桂田村老人
的盘瑶话："五"[pla33]，"抚摸"[pʰlun33]，"鱼"[blau231]，
"六"[klu33]，"瘦"[kʰlai33]，"浑"[glo11]。不难发现，老
年人的桂田勉语中存在 [pl-]、[pʰl-]、[bl-] 和 [kl-]、[kʰl-]、
[gl-] 两套复辅音声母。

（4）Benedict（1972）将原始藏缅语的"四"构拟为
[*b-liy]。

1.51 *mbl-（< *mbl-）(bj<>b<>bj<>bj<>bj<>bl<>pl<>b)

表 2.78　原始瑶语的声母 *mbl-

索引	词项	江底	庙子源	罗香	梁子	滩散	东山	石口	大坪
普遍对应实例									
259	鱼	bjau231	bau232	bjau213	bjau32	bjau31	bla42	plɔu31	biu44
放宽普遍对应实例									
261	竹笋	bjai13	bai11	bje11	bjai22	bjai32	blai42	plai13	bɛi22
590	雨	bjuŋ13	buŋ11	bluŋ11	buŋ22	buŋ32	bləʔ42	pljɔŋ13	biŋ22
263	辣	bja:t12	ba21	bla:t32	bja:t42	bja:t32	blan42	plæ22	bjɛt22
422	禾苗	bjau31	bau31	blau31	blau33	blau33	blau31	plou55	bu44

索引	词项	江底	庙子源	罗香	梁子	滩散	东山	石口	大坪
585	稻子	bjau31	bau31	blau31	blau33	blau22	blau31	plou55	bjau55
678	漂浮	bjou31	bjəu31	bjeu31	bjou33	bjou33	bjau31	pjou55	bɛu53
584	舌	bjet12	bje21	bjet31	bjɛt21	bjɛ:t32	blin42	pjɛ22	bɛt22
588	糯米	bjut12	bu21	blut32	blɔt21	blɔt32	blan42	plɛ22	but22
213	右	bja:u13	bja11	bjau11	bjau22	bjau33	sun31	kwɔ31	bɔu22

说明：

（1）现代方言中的浊声母与阳类调是构拟 [*mbl-] 的主要证据。原始语的古鼻冠浊塞音声母在石口方言中全部演变为清塞音声母，即 [*mbl-] > [pl-]。

（2）"鱼"的对应情形见 1.4 小节。

（3）"舌"和"糯米"两个词项在梁子方言中的声调 21（调 *8）表明这两个词项的韵母是短元音。

（4）东山和石口方言中的"右"完全不符合对应规则。

（5）[*mbl-] 在现代瑶语方言中的表现形式各异，主要有 [bl-]、[pl-]、[bj-]、[b-] 四种形式，至于它们在方言中的演变，见赵春金（1992）。

（6）"禾苗"在语义上具体所指为"秧"。王辅世、毛宗武（1995：282）给出了该词项在瑶语方言的表现形式：江底 [ja:ŋ1]、罗香 [jwaŋ1]、梁子 [jaŋ1]、东山 [jɔ1]。从表 2.78 中"禾苗"的语音形式来看，我们认为它和"稻子"属于同一个词。

（7）Haudricourt 和 Strecker（1991）论证了"稻子"从苗瑶语借入汉语的可能性，理由是苗瑶的农业比汉族的发达。王辅世（1994：67）构拟的原始苗语形式为 [*mblæ^A]。Baxter（1992）认为这个词和汉语的"稻"有关（MC [*dau^B]），理由是中古汉语的 [*d-] 有时来自上古汉语的 [*bl-]。我们认为这一推断并不能成立，理由是"稻子"在苗语和瑶语中同属 A 调类，而在汉语中属 B 调类，这种调类的不对应是无法解释的。

2. 舌尖音

2.1 *t-（t<>t<>t<>t<>ʔt<>t<>d<>d）

表 2.79　原始瑶语的声母 *t-

索引	词项	江底	庙子源	罗香	梁子	滩散	东山	石口	大坪
普遍对应实例									
16	酒	tiu52	tiu53	tiu53	tiu545	ʔtiu55	tiu35	diu35	diu24
18	凳子	taŋ24	taŋ35	taŋ35	taŋ44	ʔtaŋ335	taŋ24	daŋ44	daŋ42
194	东	toŋ33	təŋ33	toŋ33	toŋ35	ʔtoŋ35	toŋ33	doŋ33	duŋ44
759	单衣	ta:n33	taŋ33	ta:n33	tan35	ʔtan35	tan33	dən33	don44
776	灯	taŋ33	taŋ33	taŋ33	toŋ35	ʔtɔ:ŋ35	tən33	doŋ33	daŋ44
903	打(铁)	ta52	ta53	ta53	ta545	ʔta55	te35	de35	da24
放宽普遍对应实例									
5	虱子	tam52	taŋ53	tam53	tam545	ʔtam55	*dan*35	dan35	dam24
9	断(线)	taŋ24	taŋ35	—	—	—	taŋ24	daŋ44	daŋ42
3	答	tau33	tau33	—	ta:u35	tau35	dau33	dja33	du44
15	得(到)	tu55	tau54	tu43	tu24	ʔtu35	tu53	—	—
687	外祖父	ta33	ta*31*	ta33	ta35	ʔta35	ta*24*	—	—
688	外祖母	—	—	ti53	ti545	ʔti55	ti35	di22	dɛi24
807	烟斗	tau52	tau53	doŋ*31*	tau545	ʔtau55	tau35	doŋ55	tuŋ53
631	胆	ta:m52	taŋ53	ta:m53	ta:m545	ʔta:m55	tan35	dœn35	tɛu*44*
820	斗	tau52	tau53	tau53	tau545	ʔtau55	tau35	dɔu35	tuŋ*53*
8	杀	tai24	tai35	tai35	tai44	ʔtai335	tai24	—	dai42

说明：

（1）[*t-] 的构拟依据现代方言的清声母与阴调的组合。清不送气声母 [t-] 在滩散方言中用 [ʔt-] 表示，同理，该方言的双

唇清塞音声母是 [ʔp-]。

（2）同 [*p-] > [b-] 一样，石口和大坪方言也经历了 [*t-] > [d-] 的创新性音变。

（3）"杀"的讨论见第 4 章。

（4）"外祖父"和"外祖母"在所有瑶语方言中都具有相同的声母形式，声调不同，前者为调 *1，后者为调 *3，韵母 [a]~[i] 交替。

（5）Benedict（1972）将原始藏缅语的"虱子"构拟为 [*s-rik]。

2.2 *tʰ-（tʰ<>tʰ<>tʰ<>t<>tʰ<>tʰ<>tʰ<>h）

表 2.80　原始瑶语的声母 *tʰ-

索引	词项	江底	庙子源	罗香	梁子	滩散	东山	石口	大坪
普遍对应实例									
96	炭（火炭）	tʰa:n24	tʰaŋ35	tʰa:n35	tan21	tʰa:n331	tʰan24	tʰən44	hɔn42
822	梯子	tʰei33	tʰei33	tʰei33	tei31	tʰɛi13	tʰəi33	tʰi33	hai44
933	剃（头）	tʰei24	tʰei35	tʰei55	tei31	tʰɛi331	tʰəi24	tʰi44	hi42
放宽普遍对应实例									
324	兔子	tʰou24	tʰu35	tou55	tu21	tʰu331	tʰəu53	tʰeu44	tu42
542	汤	tʰo:ŋ33	tʰoŋ33	tʰɔŋ33	——	——	tʰaŋ33	tʰoŋ33	hɔŋ44
935	添	tʰim33	tʰiŋ33	tʰim33	——	tʰim13	tʰin33	tʰjen33	hjɛm44
923	跳	tʰiu24	tʰiu35	tʰiu55	dau33	tʰiu331	diu24	diu44	dɛu44
97	桶	tʰoŋ52	tʰoŋ53	tʰoŋ53	toŋ43	tʰɔŋ42	dɔŋ35	tʰoŋ35	tuŋ42
907	到	tʰau24	tʰau35	tʰau55	tau21	tʰau331	tu24	——	——

说明：

（1）罗香、梁子和滩散方言的声调表现表明这个声母是个送气形式。

（2）梁子方言声母的送气成分脱落，即 [*tʰ-] > [t-]；大坪

103

方言则相反，塞音成分丢失，保留送气，即 [*tʰ-] > [h-]。

2.3 *d- (t<>t<>t<>t<>ʔt<>t<>d<>t)

表 2.81 原始瑶语的声母 *d-

索引	词项	江底	庙子源	罗香	梁子	滩散	东山	石口	大坪
普遍对应实例									
81	蹄（马蹄）	tei31	tei31	tei31	tei33	ʔtɛi33	təi31	di55	tɛi53
82	铜	toŋ31	toŋ31	toŋ31	tɔŋ33	ʔtɔ:ŋ33	tɔŋ31	dɔŋ55	tuŋ53
407	桐子树	toŋ31	toŋ31	toŋ31	tɔŋ35	ʔtoŋ33	tuŋ42	dɔŋ55	tuŋ53
552	糖	to:ŋ31	tɔŋ31	tɔŋ31	tɔŋ33	ʔtɔŋ33	taŋ31	duŋ55	tɔŋ53
放宽普遍对应实例									
89	布袋、袋子	—	—	ti11	ti22	ʔti32	ti42	te13	tɔi22
784	碟子	tip12	ti21	—	tip21	ʔti:p32	tʰin42	—	—
919	毒（死）	tu12	tu21	tok32	dɔ:k42	dɔ:k32	du42	tu22	tu22
1049	毒（蛇）	tu12	tu21	tok32	dɔ:k42	dɔ:k32	du42	tu22	tɔp22
910	调（兵）	tiu13	tiu11	tiu11	diu22	ʔtiu32	diu24	tiu44	diu42
1064	第（第一）	tei13	tei11	ti11	dai33	ʔti33	təi42	ti31	ti53
1073	条（条状量词）	tiu31	tiu31	tiu31	tiu33	—	tiu31	—	tiu53
77	乌龟	tu13	tu11	to11	to22	ʔtu32	—	—	—
79	穿（鞋）	ta:p12	ta21	ta:p32	ta:p42	ʔta:p32	—	—	—
86	背、脊背	ta:n231	taŋ232	tan213	tan32	ʔtan31	—	tan31	—
74	来	ta:i31	ta31	ta:i31	ta:i33	ʔta:i33	ta31	—	tɛi53
1065	只（羊、猪等）	tau31	tau31	tau31	tau33	ʔtau33	tau31	dɔu55	tsa44
72	火	tou231	təu232	tou213	tou32	ʔtou31	təu42	teu31	tu44
76	死	tai13	tai11	tai11	tai22	ʔta:i32	tai42	tai13	tai22
78	咬（狗）	tap12	ta21	tap32	tap21	ʔtap32	tʰan42	tæ22	—
87	猪	tuŋ231	tuŋ232	tuŋ213	tuŋ32	ʔtuŋ31	twə42	tjɔŋ31	tiŋ44
90	地（旱地）	dei13	tei11	tei11	—	tei43	təi42	ti12	ti22

说明：

（1）[*d-] 声母的构拟主要依据各方言中的清声母和阳调。石口方言部分词项的声母存古，保留浊声母，例如"蹄""铜""糖"；部分词项已经清化，例如"火""死"等。在此，本书将上述这两种情况合并在一起，[*d-] 的构拟与前文的 [*b-] 类似。

（2）"死"和"买"的讨论见第 4 章。Benedict（1972）将原始藏缅语的"死"构拟为 [siy]。

（3）不同环境下的"毒"属于同一个词根形式。

2.4 *ʔd-（< *nt-）（d<>d<>d<>d<>d<>d<>t<>d）

表 2.82　原始瑶语的声母 *ʔd-

索引	词项	江底	庙子源	罗香	梁子	滩散	东山	石口	大坪
普遍对应实例									
602	戴 (戴帽)	doŋ24	doŋ35	doŋ55	doŋ44	doŋ*44*	doŋ*13*	toŋ44	doŋ42
909	吊 (颈)	diu24	diu35	diu35	diu44	diu335	diu24	tiu44	diu42
放宽普遍对应实例									
595	香	da:ŋ33	daŋ33	da:ŋ33	daŋ35	da:ŋ35	daŋ33	toŋ33	doŋ44
603	织 (布)	dat55	da54	dat43	dat54	dat35	dan53	tæ35	dat44
609	手指	du55	du54	do43	dɔ24	dɔ35	dɔ53	tɔ35	tau24
638	脚趾	du55	du54	do43	dɔ24	dɔ35	dɔ53	tɔ35	—
914	顶 (着包袱)	doŋ24	doŋ35	—	doŋ44	doŋ335	doŋ24	toŋ44	doŋ42
13	翅膀	da:t55	da54	da:t43	da:t24	da:t*55*	—	tæ*33*	dɔt44
926	挑 (水)	da:m33	daŋ33	da:m33	da:m35	da:m35	da33	—	dɔm44
11	深	du33	du33	do33	do35	do35	du33	du33	—
598	长	da:u52	da53	da:u53	da:u545	da:u55	da35	dɔu35	du24
605	担 (柴)	da:m24	daŋ35	da:m35	da:m44	da:m*35*	da24	dɔŋ44	dɔm42
198	中间	doŋ24	doŋ35	toŋ35	toŋ44	ʔtɔŋ*35*	toŋ24	doŋ*33*	doŋ*44*

说明：

（1）构拟 [*ʔd-] 的依据是该组词在现代方言中表现为浊声母，且声调属于阴调类。

（2）"手指"和"脚趾"在所有方言中同形。

（3）古鼻冠浊塞音声母在石口方言中全部演变为清塞音，结合原始苗瑶语的情况，其完整的演变链条为：[*nt-] > [*ʔd-] > [d-] > [t-]。

2.5 *dʰ- (< *ntʰ-) (d<>d<>d<>d<>d<>d<>d <>d)

表 2.83　原始瑶语的声母 *dʰ-

索引	词项	江底	庙子源	罗香	梁子	滩散	东山	石口	大坪
608	飞	dai24	dai35	dai55	dai21	dai331	dai24	—	—

说明：

（1）根据 2.3.1 小节对原始苗瑶语鼻冠音声母演变到瑶语方言的讨论，现代方言中的浊声母 [d] 配合阴调类，并且罗香、梁子和滩散方言的声调暗示该声母为送气形式，因此，我们将其构拟为 [*dʰ-]。遗憾的是，这个声母的构拟只是推导的结果，支持词例不够充分。

（2）根据古鼻冠送气清塞音声母在现代方言中的表现，石口和大坪方言的声母应该都是浊塞音 [d-]。

2.6 *nd- (< *nd-) (d<>d<>d<>d<>d<>d<>t<>d)

表 2.84　原始瑶语的声母 *nd-

索引	词项	江底	庙子源	罗香	梁子	滩散	东山	石口	大坪
30	前边	da:ŋ13	daŋ11	da:ŋ11	daŋ22	daŋ32	—	—	—
80	半半天	da:m31	daŋ31	da:m31	da:m33	da:m22	—	tœn55	—
838	笔筒	doŋ31	doŋ31	doŋ31	doŋ33	doŋ33	doŋ31	doŋ55	—

索引	词项	江底	庙子源	罗香	梁子	滩散	东山	石口	大坪
27	苎麻	du13	du11	do11	do22	do32	du42	tu13	—
26	生 (蛋)	dau13	dau11	tu43	—	—	dau42	tɔu13	du22

说明：

（1）浊声母配阳调是构拟 [*nd-] 的依据。

（2）古鼻冠浊塞音声母在石口方言中全部演变为清塞音。石口方言的声母在部分词语中进一步演变为 [d-] > [t-]。因此，从原始苗瑶语到原始瑶语，再到现代石口方言的完整演变链条为：[*nd-] > [*nd-] > [d-] > [t-]。

（3）中西裕树（2012）讨论了苗瑶语的"半"，认为其原始瑶语形式为 [*ntaam^B]，理由是现代方言中的阳调（*2）是连读变调的结果，因此将其构拟为 [*nt-]。本书并不同意这种观点，无论是根据瑶语内部方言的表现，还是苗语方言的形式，"半"都是个阳调字，再加上现代方言的浊声母表现形式，我们只能将其构拟为 [*nd-]。

2.7 *ʔn-（n<>n<>n<>n<>n<>n<>n）

表 2.85　原始瑶语的声母 *ʔn-

索引	词项	江底	庙子源	罗香	梁子	滩散	东山	石口	大坪
普遍对应实例									
282	蛇	na:ŋ33	naŋ33	na:ŋ33	naŋ35	na:ŋ35	naŋ33	nu33	nɔŋ44
284	冷 天冷	nam24	nŋ35	nam55	nam44	nam44	nan13	nan44	nam41
285	个 (瓶子)	no:m33	nɔŋ33	nɔm33	nɔm35	nɔ35	nɔ33	nɔ33	na44
286	短	naŋ52	naŋ53	naŋ53	niŋ545	niŋ55	naŋ53	naŋ35	naŋ53
放宽普遍对应实例									
289	断 (扁担)	nau52	nau53	nau53	nau545	nau55	—	—	—

续表

索引	词项	江底	庙子源	罗香	梁子	滩散	东山	石口	大坪
放宽普遍对应实例									
287	吞	na55	na54	na43	na24	na35	na53	na35	—
1072	粒(*)	no:m33	nɔŋ33	nɔm33	nɔmɐ35	nɔm35	nɔ33	nɔ33	—

说明：

现代方言浊声母 [n-] 和阴调类的结合是构拟 [*ʔn-] 的证据，不过原始语的 [*ʔn-] 和 [*n-] 在现代瑶语方言中合流为 [n-]，二者的区别仅遗留在声调上。

2.8 *hn-（n̥<>n̥<>n̥<>n<>n<>n̥<>n）

表 2.86 原始瑶语的声母 *hn-

索引	词项	江底	庙子源	罗香	梁子	滩散	东山	石口	大坪
普遍对应实例									
135	泥	nje33	ŋe33	ni11	ni31	ni13	ŋi33	ŋe33	nɛi44
1044	重	nje52	ŋe 53	ŋi53	ni43	ni42	ŋi35	ŋe35	nɛi24
放宽普遍对应实例									
435	饭	ŋa:ŋ24	ŋaŋ35	na:ŋ55	naŋ21	naŋ331	ŋaŋ24	——	nɔŋ42

说明：

（1）[*hn-] 的构拟源于现代方言的清鼻音声母 [n̥-] 和阴调类。此外，罗香、梁子和滩散方言的声调也指示这个声母是清送气声母。

（2）Haudricourt 和 Strecker（1991）认为"饭"是汉语从苗瑶语借入的，王辅世（1994：67）构拟的原始苗语形式为 [*ŋ̊onᶜ]（见第 4 章）。

2.9 *n-（n<>n<>n<>n<>n<>n<>n<>n）

表2.87　原始瑶语的声母 *n-

索引	词项	江底	庙子源	罗香	梁子	滩散	东山	石口	大坪
普遍对应实例									
195	南	na:m31	naŋ31	na:m31	na:m33	na:m33	nan31	nœn55	nan53
292	舅父	nau231	nau232	nau213	nau32	na:u31	nau42	nɔu31	nuŋ44
293	树叶	no:m31	nɔŋ31	nɔm31	nɔm33	nɔ:m33	nan31	neŋ55	num53
290	鸟	no12	nɔ21	nu32	nɔ22	nɔ32	ŋɔ42	nɔ22	nɔu22
295	问	na:i13	na11	na:i11	na:i22	na:i32	na42	nwei13	nɔi22
放宽普遍对应实例									
184	偷	nim13	niŋ11	nim11	nim22	nim32	—	niŋ13	ŋɛm22
291	他	nen31	nɔŋ31	nan31	nan33	nan33	nin31	—	—
551	茶叶	—	nɔŋ31	ŋ̥ɛŋ53	nɔm33	nɔ:m33	nan31	neŋ55	—
1042	难	na:n31	naŋ31	na:n31	—	na:n33	—	—	nan53

说明：

[*n-] 的构拟源于现代方言的浊声母和阳调的结合。

2.13 *s-（f<>f<> θ <>tθ <> θ <>s<>s<>h）

表2.88　原始瑶语的声母 *s-

索引	词项	江底	庙子源	罗香	梁子	滩散	东山	石口	大坪
普遍对应实例									
801	伞	fa:n24	faŋ35	θa:n35	tθa:n44	θa:n335	san24	sun35	hɔn42
371	三三月	fa:m33	faŋ33	θa:m31	tθam44	θam35	san33	sɔn33	hɔm44
370	三第三	fa:m33	faŋ33	θa:m33	tθam35	θam35	san33	sɔn33	hum44
372	三初三	fa:m33	faŋ33	θa:m33	tθam35	θam35	san33	sɔn33	hɔm44
886	四第四	fei24	fei35	θei35	tθei44	θɛi335	səi24	si44	hɛi42
887	四四月	fei24	fei35	θei35	tθei44	θɛi335	səi24	si44	hɛŋ44
888	四初四	fei24	fei35	θei35	tθei44	θɛi335	səi24	si44	hɛi42

索引	词项	江底	庙子源	罗香	梁子	滩散	东山	石口	大坪
放宽普遍对应实例									
956	算	fun24	fuŋ35	—	tθuŋ44	θun335	sun24	sun44	—
954	松放松	foŋ33	foŋ33	θoŋ33	—	—	soŋ33	—	huŋ44
247	近	fat55	fa54	θat43	tθat54	θat35	—	—	—
762	丝线	fei33	fei33	θei33	tθei35	θɛi35	—	—	—
938	脆	fa:u52	fa53	θa:u53	tθa:u545	θa:u55	—	—	hou24
839	书信	fjen24	fjəŋ35	θan55	tθi:ŋ44	θan335	ɕin24	sjen44	sin53
445	花蕊	fim33	fiŋ33	θim33	tθim35	θim13	—	sjen33	hum44
92	火星子	fi:ŋ33	fiŋ33	θiŋ33	tθiŋ35	θiŋ35	ɕɛ33	sjaŋ33	—
250	心、心脏	fim33	—	θim33	tθim35	θim35	ɕɛŋ33	sjen33	—
254	醒(酒)	fi:ŋ52	fiŋ53	—	tθiŋ545	θiŋ55	ɕɛ24	sjaŋ35	—
834	火药	fiu33	fiu33	θjeu53	tθiu35	θi:u35	ɕau33	siu33	—

说明：

（1）[*s-] 和 [*sʰj-]（本书暂时没有找到对应实例支持 [*sj-] 的构拟，所以此处用 [*sʰj-] 说明）区分的关键在于其在梁子和滩散方言中的不同表现形式，[*s-]：梁子 [tθ -] 和滩散 [θ -]；[*sʰj-]：梁子 [s-] 和滩散 [ɕ-]。

（2）江底和庙子源发生了 [*s-] > [f-] 的平行演变；在罗香和滩散方言中则由舌尖擦音变成了齿间擦音：[*s-] > [θ -]；梁子演变为齿间塞擦音：[*s-] > [tθ -]；东山和石口没有变化；大坪则变为喉擦音：[*s-] > [h-]。

（3）普遍对应中表示序数的"三"和"四"在多个环境下的语音形式相同，属于同一词根，本书暂时将它们放在此处。

2.14 *sʰ-（s<>s<>ɕ<>tθ <> θ <>s<>s<>h）

表2.89　原始瑶语的声母 *sʰ-

索引	词项	江底	庙子源	罗香	梁子	滩散	东山	石口	大坪
				普遍对应实例					
849	生日	sɛ:ŋ33	seŋ33	ɕɛŋ33	tθɛŋ35	θɛŋ13	sɛ33	seŋ33	hɛŋ44
851	数目	sou24	səu35	ɕou55	tθou21	θuɔ331	sau24	sou44	hu42
				放宽普遍对应实例					
962	站	sou52	səu53	ɕou53	—	—	səu35	ɕiu35	fu24
382	家畜	sɛ:ŋ33	—	ɕɛŋ33	tθɛŋ31	θɛ:ŋ13	sɛ33	—	hɛŋ44
714	尸体	sei33	sei33	—	—	θɛi13	səi33	ɕi33	
673	伸（懒腰）	suŋ33	suŋ33	ɕuŋ33	tθuŋ21	θuŋ13	—	—	—
957	缩（短）	su55	su54	ɕo43	tθɔ31	θɔ13	—	—	—
1015	捆（柴）	sai33	sai33	ɕai33	tθai31	θa:i13	—	—	—
484	芝麻	sa55	sa54	ɕa43	tθa31	θa12	—	—	tsa44
1054	稀	sa33	sa33	ɕa33	tθa31	θa13	—	sa33	ha44
534	姜	suŋ33	suŋ33	ɕuŋ33	tθuŋ31	θuŋ13	—	tɕɛŋ33	kɔŋ44
253	声音	si:33	siŋ33	ɕiŋ33	tθin31	θi:ŋ13	ɕɛ33	—	hi44
256	红	si55	sei54	ɕi43	tθi31	θi12	ɕi53	—	sjɛ44
565	身体	sin33	siŋ33	ɕin33	tθin31	θin13	ɕɛŋ33	ɕen33	
245	线	su:i24	sui35	ɕui55	tθui21	θu:i331	sui24	ɕi44	si42
976	数（一下）	sa:u52	sau53	ɕa:u53	tθau43	θau42	sau35	sɔu44	—
36	霜	so:ŋ33	sɔŋ33	ɕɔŋ33	tθɔŋ31	θɔ:ŋ13	sɔ33	sjɔŋ33	sɔŋ44
248	草鞋	su55	sɔu54	ɕu43	tθu31	θu12	tu53	tɕɔ33	kɔu44
251	针	sim33	siŋ33	ɕim33	tθim31	θim33	tɕɛŋ33	tɕen33	tsum44
244	被子	swaŋ24	swəŋ35	ɕwəŋ55	tθɔŋ21	θɔŋ331	sɔŋ24	ɕɔŋ44	suŋ42
243	胃	—	—	ɕi33	tθi31	θi13	—	ɕe33	sɛi44

说明：

（1）[*sʰ-] 的构拟主要取决于其在梁子和滩散两个方言中

的声调表现，它们指示声母为次清送气形式。另外，之所以没有根据罗香方言的表现构拟腭化形式，是因为其在梁子和滩散方言中的声母表现和 [*s-] 的表现一致，而跟下文 [*sʰj-]（sj<>sj<>ɕ<>s<>ɕ<>s<>ɕ<>sj）的反映形式不同。

（2）[*sʰ-] 在现代方言中的演变有两条路径：一是脱落送气成分，保留擦音，例如江底、庙子源、东山、石口；二是脱落擦音成分，保留送气，例如大坪。

2.16 *tw-（tw<>tw<>tw<>t<>ʔt<>tw<>d<>d）

表 2.90　原始瑶语的声母 *tw-

索引	词项	江底	庙子源	罗香	梁子	滩散	东山	石口	大坪
普遍对应实例									
4	儿子	to:n33	twaŋ33	—	ton35	ʔtɔ:n35	twan33	dən33	dan44
17	碓	to:i24	twa35	tɔi35	tɔi44	ʔtɔ:i335	twai24	di44	dui42
放宽普遍对应实例									
7	尾巴	twei52	twei53	twei53	tei545	ʔtɛi55	dwai35	de35	dui24
409	树梢	twei52	twei53	twei53	*dɛŋ35*	*θim35*	diu24	de35	dui24

说明：

（1）"儿子"在罗香方言中缺失，原因不明，本书暂时将其放在普遍对应组。

（2）梁子和滩散方言中的词项"树梢"的声韵调均不符合对应规则。

（3）江底、庙子源、罗香和东山方言中保留唇化成分 [-w-]，其他方言中已丢失。

（4）石口和大坪方言经历了 [*tw-] > [d-] 的演变。

2.18 *dw-（d<>dw<>d<>d<>d<>dw<>tw<>d）

表 2.91   原始瑶语的声母 *dw-

索引	词项	江底	庙子源	罗香	梁子	滩散	东山	石口	大坪
25	白薯	do:i31	dwa31	dɔi31	dɔi33	dɔ:i33	dwai31	twei55	dai53

说明：

（1）庙子源、东山和石口方言还保留着唇化成分 [-w-]，其他方言中已经消失。[*dw-] 在现代方言中的演变有两条路径：一是 [*dw-] > [d-]，例如江底、罗香、梁子、滩散、大坪；二是 [*dw-] > [tw-]，例如石口。

（2）[*dw-] 声母的构拟目前只找到"白薯"这一个支持实例。

2.19 *ʔdw-（< *ntw-）（d<>d<>d<>d<>d<>dw<>tw<>d）

表 2.92   原始瑶语的声母 *ʔdw-

索引	词项	江底	庙子源	罗香	梁子	滩散	东山	石口	大坪
383	早晨	do:m33	dɔŋ33	dɔm33	dɔm35	dɔm35	djau*35*	twɔn33	dɔm44
606	聋	duŋ33	duŋ33	*goŋ31*	doŋ35	duŋ35	dwə33	djəŋ33	dɔŋ44

说明：

（1）[*ʔdw-] 的构拟源自现代方言的浊声母和阴调类的表现，东山和石口方言保留着唇化成分 [-w-]。

（2）根据古鼻冠清不送气塞音声母在现代方言的表现，"聋"在石口方言中的声母应该为 [tj-]。

2.28 *sw-（f<>f<> θ <>tθ <> θ <>sw<>sj<>h）

表 2.93   原始瑶语的声母 *sw-

索引	词项	江底	庙子源	罗香	梁子	滩散	东山	石口	大坪
680	孙子	fun33	fuŋ33	θun33	tθun35	θun35	swən33	—	hun44

续表

索引	词项	江底	庙子源	罗香	梁子	滩散	东山	石口	大坪
242	送	fuŋ24	fuŋ35	θoŋ35	tθuŋ44	θu:ŋ335	swə24	sjɔŋ44	hiŋ42

说明：

（1）[*sw-] 和 [*sʰw-] 两个声母的构拟主要依据东山方言的表现形式。除在个别方言中有无唇化成分 [-w-] 外，[*sw-] 和前文 [*s-] 声母的表现基本相同。

（2）江底和庙子源发生了 [*sw-] > [f-] 的平行演变；罗香和滩散方言则由舌尖擦音变成了齿间擦音：[*sw-] > [θ-]；舌尖擦音在梁子方言中演变为齿间塞擦音：[*sw-] > [tθ-]；在东山方言中没有变化；在石口方言中变成了带有腭化色彩的舌尖擦音：[*sw-] > [sj-]；大坪则变为喉擦音：[*sw-] > [h-]。

2.29 *sʰw-（s<>s<>ɕ<>tθ <> θ <>sw<>sj<>h）

表 2.94 原始瑶语的声母 *sʰw-

索引	词项	江底	庙子源	罗香	梁子	滩散	东山	石口	大坪
241	酸	su:i33	sui33	ɕui33	tθui31	θu:i13	swəi33	ɕi33	si44
252	双（筷子）	suŋ33	suŋ33	ɕuŋ33	tθuŋ31	θuŋ13	swə33	sjɔŋ33	hiŋ44

说明：

[*sʰw-] 的构拟主要取决于梁子和滩散两个方言的声调表现，它们指示声母为次清送气形式。另外，之所以没有根据罗香和石口方言的表现构拟成腭化形式，是因为其在梁子和滩散方言中的声母表现和 [*sʰ-]（s<>s<>ɕ<>tθ<>θ<>s<>h）的表现一致，而跟下文 [*sʰj-]（sj<>sj<>ɕ<>s<>ɕ<>s<>ɕ<>sj）的反映形式不同。

2.34 *ʔdj-（＜ *ntj-）（dj<>dj<>d<>d<>d<>t<>d<>d）

表 2.95　原始瑶语的声母 *ʔdj-

索引	词项	江底	庙子源	罗香	梁子	滩散	东山	石口	大坪
209	下边	dje52	dje53	di53	di545	di55	ti35	di35	di24
610	底_{脚底}	dje52	dje53	di53	di545	di55	ti35	di35	di24

说明：

（1）构拟 [*ʔdj-] 的依据是现代方言的浊声母配阴调类，这两个词项是同音字组，属于普遍对应，但是并不排除它们使用同一个词根的可能。

（2）江底方言和庙子源方言中还保留着腭化成分 [-j-]。按照对应规则，东山方言的声母应该为浊塞音 [d-]，其有可能发生了进一步的清化，即 [*ʔdj-] > [dj-] > [d-] > [t-]。

2.44 *sʰj-（sj<>sj<>ɕ<>s<>ɕ<>s<>ɕ<>sj）

表 2.96　原始瑶语的声母 *sʰj-

索引	词项	江底	庙子源	罗香	梁子	滩散	东山	石口	大坪
				普遍对应实例					
676	女儿、姑娘	sje55	sje54	ɕa43	sa31	ɕa12	sa53	ɕa35	sa44
975	收	sjou33	sjəu33	ɕeu33	sou31	ɕɔu13	sau33	ɕɔu33	siu44
94	新_{新年}	sjaŋ33	sjaŋ33	ɕaŋ*31*	saŋ31	ɕa:ŋ*33*	sjaŋ33	ɕaŋ33	sjaŋ44
				放宽普遍对应实例					
95	火灰	sa:i52	swa53	ɕwai53	sai43	ɕa:i42	swai35	ɕi*13*	sɔi24
128	生地	sjaŋ33	sɛŋ*31*	ɕɛŋ*31*	saŋ31	θɛ:ŋ*33*	se33	seŋ33	sjaŋ44
367	烟_{火烟}	sjou24	sjəu35	ɕeu55	sou21	ɕɔu331	—	ɕɔu44	—
649	伤	sjaŋ33	sjaŋ33	ɕaŋ33	saŋ31	ɕɔ:ŋ*35*	ɕaŋ33	ɕɔŋ33	
533	痒	sjet55	sje54	ɕet43	sɛt32	ɕɛ:t12	hin53	tɕɛɛ35	kɛt44
674	簸箕	sjaŋ33	sjaŋ33	ɕaŋ33	saŋ31	ɕaŋ13	taŋ33	—	—
93	饿	sje33	sje33	ɕa33	sa31	sa*31*	—	ɕa33	

说明：

（1）[*sʰj-] 和 [*sʰ-]（s<>s<>ɕ<>tθ<> θ <>s<>s<>h） 区分的关键在于其在梁子和滩散方言中的不同表现形式，[*sʰj-]：梁子 [s-] 和滩散 [ɕ-]；[*sʰ-]：梁子 [tθ-] 和滩散 [θ-]。

（2）江底、庙子源和大坪方言的演变一致：[*sʰj-] > [sj]；罗香、滩散和石口方言的演变一致：[*sʰj-] > [ɕ-]；梁子和东山方言的演变一致：[*sʰj-] > [s-]。

2.55.1 *ʔl-（l<>l<>l<>l<>l<>l<>l<>l）

表 2.97 原始瑶语的声母 *ʔl-

索引	词项	江底	庙子源	罗香	梁子	滩散	东山	石口	大坪
	曾孙	—	—	la:n53	lan545	la:n53	dan35	—	—

说明：

[*ʔl-] 暂时只有这一个词项，例词来自王辅世、毛宗武（1995：194），其在罗香方言中的形式被长坪方言替代，在滩散方言中的形式被览金替代，东山的声母不符合对应规则。

2.55.2 *ʔlj-（lj<>lj<>l<>lj<>lj<>lj<>lj<>lj）

表 2.98 原始瑶语的声母 *ʔlj-

索引	词项	江底	庙子源	罗香	梁子	滩散	东山	石口	大坪
	块 (田)	ljou24	ljəu35	lau55	—	—	—	—	—

说明：

[*ʔlj-] 暂时只有这一个词项，例词来自王辅世、毛宗武（1995：207），庙子源方言中的形式被湘江方言替代。

2.56.1 *hl- （ɬ<>l<>l<>l<>l<>ɬ<>l<>l ）

表 2.99　原始瑶语的声母 *hl-

索引	词项	江底	庙子源	罗香	梁子	滩散	东山	石口	大坪
普遍对应实例									
824	大	ɬu33	lu*232*	lo33	lu31	lu13	ɬu33	lu*13*	lɔu44
21	月亮、月份	ɬa24	ɬa35	la55	la21	la331	ɬa24	lu44	lɔu*22*
19	竹子	ɬau52	ɬau53	l̥au53	lau43	lɔu42	ɬau35	lau35	lau24
放宽普遍对应实例									
764	簸桌	ɬau52	—	l̥au53	lau43	lau42	—	lau35	lau24

说明：

（1）[*hl-] 的构拟依据部分方言的清声母和梁子方言、滩散方言的次清送气声调。

（2）[*hl-] 和下文 [*hlj-] 构拟的唯一不同之处在于后者的腭化成分 [-j-] 还保留在石口和大坪方言中。

（3）"月亮"的语音形式在汉藏语系语言中有很多相似之处，Benedict（1972）将原始藏缅语中的"月亮"构拟为 [*s-la]。

2.56.2 *hlj- （ɬ<>ɬ<>l̥<>l<>l<>ɬ<>lj<>lj ）

表 2.100　原始瑶语的声母 *hlj-

索引	词项	江底	庙子源	罗香	梁子	滩散	东山	石口	大坪
825	绳子	ɬa:ŋ33	ɬaŋ33	l̥a:ŋ33	laŋ31	la:ŋ13	ɬaŋ33	ljaŋ33	—
749	裤带	ɬa:ŋ33	ɬaŋ33	l̥a:ŋ33	laŋ31	la:ŋ*31*	—	ljaŋ33	ljaŋ44

说明：

（1）[*hlj-] 和前文 [*hl-] 构拟的唯一不同之处在于后者在现代方言中没有腭化成分 [-j-]。

（2）"绳子"和"裤带"应该来自同一词根，前者是原始词，后者是滋生词，派生的依据是古人多用绳子做裤带，现代这一风俗还保留在中国的多数农村地区。

2.57 *l- （l<>l<>l<>l<>l<>l<>l）

表2.101　原始瑶语的声母 *l-

索引	词项	江底	庙子源	罗香	梁子	滩散	东山	石口	大坪
普遍对应实例									
789	风箱	lou31	ləu31	lou31	lou33	lɔu33	ləu31	leu55	lu53
827	鸟笼	loŋ31	loŋ31	loŋ31	lɔŋ33	lɔ:ŋ33	loŋ31	lɔŋ55	luŋ53
放宽普遍对应实例									
965	涨(水)	lu13	—	lo33	lu31	lu13	—	—	lou44
946	乱	lun13	luŋ11	lun11	—	lun32	lun42	lun55	—
562	腊肉	la:p12	la21	la:p32	—	la:p32	łan42	plæ55	lap22
679	女婿	la:ŋ31	laŋ31	la:ŋ31	laŋ33	la:ŋ33	—	—	—
786	久	lau31	lau31	lau31	lau33	lau22	—	—	lu53
845	锣	lo31	lɔ31	lɔ31	lɔ33	lɔ33	lɔ31	—	lou53
774	蜡蜡烛	la:p12	la21	la:p32	la:p42	lap32	łan42	lɔ55	lap22
841	香炉	lou31	ləu31	lou31	wan545	van55	ləu31	—	lu53
788	回来	—	—	lau213	lau32	lau31	lau42	—	lau44

说明：

梁子和滩散方言中"香炉"的词形可能来自其他词根。

2.58.1 *ʔr- （l<>l<>g<>g<>g<>l<>l<>dz）

表2.102　原始瑶语的声母 *ʔr-

索引	词项	江底	庙子源	罗香	梁子	滩散	东山	石口	大坪
107	嫩	lun24	luŋ35	θun35	gun44	gun335	lun13	ljun44	in42
108	好(人)	loŋ24	noŋ35	gwəŋ35	goŋ44	gɔŋ335	loŋ24	lɔŋ44	dzɔŋ42
110	衣服	lu:i33	lui33	gui33	gui35	gu:i35	lwəi33	ve33	—

说明：

（1）[*ʔr-] 和下文 [*ʔrj-] 的不同之处在于梁子和滩散方言中有无腭化成分 [-j-]。

（2）关于舌尖边音 [l-]、舌尖浊塞擦音 [dz-] 以及舌面后塞音 [g-] 对应组的赋值问题，学界有不同的意见。方炳翰（1992）通过对比红头瑶话和蓝靛瑶话，认为前者的 [l-] 和后者的 [ɹ-]、[g-] 对应关系的来源是 [ɹl-]、[gl-]，二者在历史发展中分道扬镳，前者脱落 [ɹ-]、[g-]，保留 [l-]；后者情况正好相反。同时作者指出另一现象，即"塘""浑"两词，蓝靛瑶话是 [glaŋ2]、[glo2]，红头瑶话是 [dzaŋ2]、[dzuʔ8]，这与"清舌面中、舌根复辅音在红头瑶话中一般演变为清舌面前塞擦音，浊的一般变为舌尖中边音"的情形不符，将此类对应划为极少数的特殊现象。王辅世、毛宗武（1995）采用"最小公倍数法"将原始苗瑶语的这套对应构拟为 [*ŋkl-]。Ratliff（2010）给这组对应赋值为 [*ʔr-]。

本书采用 Ratliff（2010）的方案，理由是 [*r-] > [l-] 的音变在类型学中十分常见，因为它们的发音部位相近，比如，上古汉语到中古汉语也有类似的音变。从表 2.102 中的对应来看，[*r-] 组声母在大坪方言中表现为 [dz-] 的形式有着严整的对应关系，因此，这种对应不应该归结为例外，而是一种音变创新现象。

2.58.2 *ʔrj-（l<>l<>g<>gj<>gj<>l<>l<>dz）

表 2.103　原始瑶语的声母 *ʔrj-

索引	词项	江底	庙子源	罗香	梁子	滩散	东山	石口	大坪
106	石头	lai*31*	lau33	gau33	gjau35	gja:u35	lau33	lou33	dzu44
278	淋（湿）	ljom52	ljəŋ*31*	gjem*31*	gjam*33*	gja:m*33*	—	ljen55	dzum24
109	菜	lai33	lai33	gai33	gjai35	gjai35	lai33	lai33	ɛi44
541	盘菜	lai33	lai33	gai33	gjai35	gjai35	lai33	lai33	ɛi44

说明：

（1）与 [*ʔr-] 不同的是，[*ʔrj-] 在梁子和滩散方言中还保留着腭化成分 [-j-]。"菜"和"盘菜"应该属于同一个词根，因为二者具有相同的语音形式。

（2）根据 [*ʔr-]、[*hr-]、[*hrj-]、[*r-] 声母在大坪方言中的表现形式，[*ʔrj-] 在大坪方言中应该为 [dz-]，例如"石头"和"淋 (湿)"。然而"菜"和"盘菜"的声母为零声母，这可能是大坪方言发生了 [*ʔrj-] > [dz-] > [ø-] 的创新性音变。

2.59.1 *hr-（ɬ<>ɬ<>g<>g<>g<>ɬ<>l<>dz）

表 2.104　原始瑶语的声母 *hr-

索引	词项	江底	庙子源	罗香	梁子	滩散	东山	石口	大坪
188	量 (布)	ɬa:u33	ɬa33	ga:u33	gau31	ga:u13	ɬa33	lau33	dzau44

说明：

梁子和滩散方言的声调表明这是个次清送气声母，不过目前只找到这一个实例，所以这个声母属于推导出来的，还有待更多实例的支持。

2.59.2 *hrj-（ɬj<>ɬj<>gj<>gj<>gj<>ɬj<>lj<>dz）

表 2.105　原始瑶语的声母 *hrj-

索引	词项	江底	庙子源	罗香	梁子	滩散	东山	石口	大坪
190	高	ɬaŋ33	ɬaŋ33	gaŋ33	gjaŋ31	gjaŋ13	ɬaŋ33	laŋ33	dzɔŋ44
187	铁	ɬje55	ɬje54	gja43	gja21	gja12	ɬja53	lja35	ljɛ44
818	钳子	ɬje55	ɬje54	gja43	gja21	gja12	tʷəi31	lja35	ljɛ44
942	捞 (水草)	ɬu55	ɬu54	gou213	gjou32	gjɔu31	ɬɔ42	leu35	lau24

说明：

（1）[*hrj-] 与前文 [*hr-] 的不同仅仅是有无腭化成分 [-j-]。

（2）根据 [*ʔr-]、[*hr-]、[*r-] 声母在大坪方言中的表现形式，[*hrj]- 在大坪方言中应该为 [dz-]。

（3）"铁"和"钳子"的语音形式相同，表示工具义的"钳子"可能是从表示材料义的"铁"派生而来的。

2.60.1 *r-（l<>l<>g<>g<>g<>l<>l<>dz）

表 2.106　原始瑶语的声母 *r-

索引	词项	江底	庙子源	罗香	梁子	滩散	东山	石口	大坪
277	双 (鞋)	lɛ:ŋ13	lɛŋ11	—	gɛŋ22	gɛ:ŋ32	le42	—	dzaŋ22
454	牛圈	la:n31	laŋ31	ga:n31	go33	gu33	glan31	lan55	dzu53
455	猪圈	la:n31	gu31	gou31	go33	gu33	glu31	lan55	dzu53
843	铃	li:ŋ31	liŋ31	giŋ31	gi:ŋ33	gi:ŋ33	klɔ24	kluŋ44	lɛŋ53
538	锅巴	la:u231	lau232	ga:u213	gau32	ga:u331	la42	lau31	gu24
853	利息	lei13	lei11	gei11	gei22	gɛi32	ləi42	li33	li22
1	天	luŋ31	luŋ31	guŋ31	guŋ33	gu:ŋ33	lwə31	—	vaŋ53
120	两 (度量)	luŋ231	luŋ232	guŋ213	guŋ32	guŋ31	lwə42	lɔŋ31	liŋ44

说明：

（1）原始瑶语 [*r-]/[-r-] 组声母的音类构拟可以从上古汉语中找到相关证据。首先，上古汉语 [*r-] > [l-] 的演变十分常见，例如，OC "镰" [*rem] > [ljem]；其次，上古汉语的 [*r-] 经常和其他声母（尤其是软腭声母）交替，从这点我们就不难理解现代瑶语方言中的软腭声母 [g-] 的出现。Baxter（1992）给出的上古汉语构拟形式为 [*C-r-]，暗示此处存在一个前置辅音声母。

（2）根据 [*ʔr-]、[*ʔrj-]、[*hr-]、[*hrj-] 等声母在大坪方言中的表现形式，[*r-] 在大坪方言中应该为 [dz-]。

（3）"牛圈"和"猪圈"属于同一词根。

2.60.2 *rj-（l<>l<>g<>gj<>gj<>l<>l<>dz）

表2.107　原始瑶语的声母 *rj-

索引	词项	江底	庙子源	罗香	梁子	滩散	东山	石口	大坪
普遍对应实例									
271	锋利(刀)	lai13	lai11	gai11	gjai22	gjai32	lai42	lai13	hɛi22
811	犁	lai31	lai31	gai31	gjai33	gjai33	lai31	lai55	hɛi53
949	犁(地)	lai31	lai31	gai31	gjai33	gjai33	lai31	lai55	hɛi53
放宽普遍对应实例									
115	田(水田)	li:ŋ31	liŋ31	giŋ31	giŋ33	gi:ŋ33	lje31	ljaŋ55	ljaŋ53
270	穿山甲	lai13	lai11	gai11	gjai22	gjai43	—	—	—
276	粮仓	lam231	laŋ232	gam213	gjam32	gjam21	lan42	—	dzum44
268	窝(鸟)	lau231	lau232	gau213	gjau32	gjau21	la42	lɔu31	—
281	斗笠	lap12	la21	gap32	gjap21	gjap32	ɬan42	læ22	dzup22
1085	要要钱	loŋ13	noŋ11	loŋ11	lɔŋ22	nɔŋ43	nɔŋ42	lɔŋ12	nuŋ22
275	村	laŋ231	tsʰəŋ33	gaŋ213	tun31	gjaŋ31	laŋ42	laŋ31	dzɔŋ44
279	流(水)	ljou13	ljəu11	gjeu11	gjou22	gjɔu32	—	ljou13	—
1061	六六月	lwo12	lwə21	gwo32	gu22	gu32	ɬjɔ42	ljɔŋ13	liaŋ22
1060	六第六	lwo12	lwə21	gwo32	gu22	gu32	ɬjɔ42	ljɔ31	ljɛ22
1062	六初六	lwo12	lwə21	gwo32	gu22	gu32	ɬjɔ42	ljɔ31	ljɛ22

说明：

（1）根据 [*ʔr-]、[*ʔrj-]、[*hr-]、[*hrj-]、[*r-] 在大坪方言中的表现形式，[*rj-] 在大坪方言中应该为 [dz-]，不过符合普遍对应规则的几个词项的声母为 [h-]，这可能是大坪方言发生了 [*rj-] > [h-] 的创新音变。

（2）Haudricourt 和 Strecker（1991）论证得出"田（水田）"是汉语从苗瑶语借入的，理由是原始苗瑶语区分"水田"和"旱田"，而上古汉语不区分，作者由此假定苗瑶民族的农业比汉族发达，故而认为这一词项是汉语借用苗瑶语的。王辅世（1994：76）构拟的原始苗语形式为 [*lin^A]。

（3）表示工具义的"犁"和使用工具所进行的活动"犁（地）"来源于同一词根。

（4）"要（要钱）"声母 [n-] 和 [l-] 在不同方言间交替使用，具体原因不明。

（5）不同条件下的序数词"六"是同一个形式，本书暂时将"六（六月）""六（第六）""六（初六）"三个词项放在此处。

3. 齿塞擦音

3.1 *ts-（ts<>ts<> θ <>tθ <> θ <>ts<>ts<>t）

表 2.108　原始瑶语的声母 *ts-

索引	词项	江底	庙子源	罗香	梁子	滩散	东山	石口	大坪
普遍对应实例									
635	脚	tsau24	tsau35	θau35	tθau44	θau335	tsau24	tsɔu44	tau24
793	甑子	tsaŋ24	tsaŋ35	θaŋ35	tθaŋ44	θa:ŋ335	tsaŋ24	tsaŋ44	taŋ42
放宽普遍对应实例									
543	酒糟	tsu33	tsu33	θo33	—	—	tsu33	tsu33	
401	棕树	tsoŋ33	tsoŋ33	θoŋ53	—	θɛi35	tsɔŋ33	tsɔŋ33	tuŋ22
68	井（水井）	tsi:ŋ52	tsiŋ53	θiŋ53	tθi:ŋ545	θiŋ55	tɕɛ35	tsjaŋ35	tɛŋ24
168	淡	tsa:m52	tsaŋ53	θa:m53	tθam545	θa:m55	tsan35	tɕɛn31	tɔm24
166	坟墓	tsou52	tsəu53	θou53	tθou545	θou53	tsəu35	tseu35	—
641	骨头	buŋ52	buŋ53	θuŋ53	tθuŋ545	θuŋ55	swə35	sjəŋ35	hiŋ24
817	铁锤	dzun24	tsaŋ232	θun55	tθun21	θun335	tsun24	—	tsjɛ53
165	接（起）	tsip55	dzi54	—	tθip54	θi:p35	tɕin53	tsɛ35	tɛp44

123

说明：

（1）[*ts-] 在罗香、梁子和滩散方言中的表现形式与 [*s-] 相同，大坪方言则发生了 [*ts-] > [t-] 的创新音变。

（2）"骨头"在江底和庙子源方言中韵母和声调都符合对应规则，唯独声母表现为双唇浊塞音 [b-]，与其他方言的形式不同。Matisoff（1997）用"prefix pre-emption"解释这种韵母和声调符合对应规则、声母不符合对应规则的名词，即前缀的元音失落、声母取代词根声母。陈其光（1993）对苗瑶语的前缀问题做了较为全面的研究，认为前缀声母一般是塞音，韵母是单元音，并且往往与词根和谐，前缀多出现在名词中，其中人体器官名词有前缀的最多，并解释为这种现象与苗瑶族群认识事物的先后和深度有关，其文中所给的几个勉语方言点中，都有双唇塞音作声母的前缀，例如，广西龙胜大坪江勉语 [pu31]，广西贺州市里头村勉语 [pu21]，广西金秀龙定勉语 [pə31]，广西金秀镇村勉语 [pu31]。上述实例都为"prefix pre-emption"提供了可能。

3.2 *tsʰ-（tsʰ<>tsʰ<>θ<>t<>tʰ<>tɕʰ<>tsʰj<>h）

表 2.109　原始瑶语的声母 *tsʰ-

索引	词项	江底	庙子源	罗香	梁子	滩散	东山	石口	大坪
630	盲肠	tsʰa24	tsʰa35	ŋa35	tam22	tʰa331	tɕʰa13	ka35	tsa42
410	树杈	tsʰa33	tsʰa33	ŋa55	ta31	tʰa13	a33	kæ55	a44
642	千	tsʰin33	tsʰiŋ33	θin33	tin31	tʰin13	tɕʰɛn33	tsʰjen33	hun44

说明：

现代瑶语方言中不仅保留送气声母，罗香、梁子和滩散方言中的声调也反映该声母为次清送气形式。

3.3 *dz-（ts<>ts<> θ <>tθ <>tθ <>ts<>ts<>h ）

表 2.110　原始瑶语的声母 *dz-

索引	词项	江底	庙子源	罗香	梁子	滩散	东山	石口	大坪
普遍对应实例									
691	钱_{五钱}	tsin31	tsiŋ31	θin31	tθin33	tθin22	tsən31	tsiŋ55	hɛn53
695	柴	tsa:ŋ31	tsaŋ31	θa:ŋ31	tθaŋ33	tθa:ŋ22	tsaŋ31	tsuŋ55	hoŋ53
放宽普遍对应实例									
696	水槽	tsu31	tsu31	θou31	dðau33	—	tsu31	tsu55	—
399	松树	tsoŋ31	tsoŋ31	θoŋ31	dðɔŋ33	θɔ:ŋ33	tsoŋ31	tsjɔŋ55	huŋ53
347	少	tsu12	tsu21	θo32	tθɔ22	θɔ32	tsʰɔ42	tsɔ22	hu22
989	缺少	tsu12	tsu21	θo32	tθɔ22	θɔ32	tsʰɔ42	tsɔ22	hu22
694	凿子	tsu12	tsəu21	θu32	tθu22	θu32	tsʰu42	tsjɔ55	hiu22
693	泡_(米)	—	—	θei11	tθei22	θɛi32	tsi42	tsai13	hɛi22

说明：

（1）现代方言中清声母与阳调类的结合是构拟 [*dz-] 的证据，梁子方言中的“水槽”和“松树”还保留着浊塞擦音声母 [dð-]。

（2）大坪方言经历了 [*dz-] > [h-] 的音变。

（3）Downer（1973：21）认为“柴”是个汉语借词（MC dzrɛ- > Man. *chai*），并认为中古汉语的韵尾 [-i]/[-u] 和瑶语的韵尾 [-ŋ] 有关联。

（4）“少”和“缺少”属于同一个词根。

3.4 *ʔdz-（< *nts-）（dz<>dz<>d<>d<>d<>dz<>ts<>dz ）

表 2.111　原始瑶语的声母 *ʔdz-

索引	词项	江底	庙子源	罗香	梁子	滩散	东山	石口	大坪
385	洗_{洗手}	dza:ŋ24	dza35	da:u55	da:u44	da:u44	dza35	tsɔ35	dɔu24

索引	词项	江底	庙子源	罗香	梁子	滩散	东山	石口	大坪
339	蚯蚓	dzuŋ33	dzuŋ53	duŋ31	duŋ33	duŋ33	hwjə33	joŋ33	dziŋ44
164	灶	dzu24	dzu35	do55	dʉ44	dʉ44	tsu13	tsu44	tɔu42
601	烤 (火)	dza:u24	dza35	—	dau44	da:u335	dau24	tɔu44	dʉ42
386	船	dza:ŋ52	dzaŋ53	da:ŋ53	daŋ545	da:ŋ53	dzaŋ35	tʰoŋ35	doŋ24
951	洗 (碗)	dza:u24	dza35	da:u35	dʉ44	da:u335	dza35	tsɔ35	dɔu24
547	盐	dzau52	dzau53	dau53	dau545	da:u55	dza35	tsɔu35	dzjam53

说明:

（1）[*ʔdz-] 的构拟来自现代方言中浊声母与全清不送气声调的结合。江底、庙子源、东山：[*ʔdz-] > [dz-]；罗香、梁子、滩散：[*ʔdz-] > [d-]；大坪：[*ʔdz-] > [dz-] > [d-] > [t-]；根据古鼻冠清不送气阻塞音声母在现代方言中的表现，石口：[*nts-] > [*ʔdz-] > [ts-]。

（2）不同环境下的"洗"应该是同一个词根。

3.5 *dzʰ- （ < *ntsʰ- ）（dz<>dz<>d<>d<>d<>dz<>tʰ<>d）

表 2.112　原始瑶语的声母 *dzʰ-

索引	词项	江底	庙子源	罗香	梁子	滩散	东山	石口	大坪
952	洗 (衣)	dzu24	dzu35	do55	dʉ21	dʉ35	dzu24	tʰu44	dʉ42
953	散	dza:n24	dzaŋ35	da:n55	dan21	da:n331	dzan24	tʰən44	—

说明:

（1）[*dzʰ-] 与 [*ʔdz-] 在现代方言中的表现形式都是浊声母，二者的区别在于罗香、梁子和滩散方言中的声调表明此处的声母是个次清送气声母形式。

（2）根据古鼻冠清送气阻塞音声母在现代方言中的表现，石口方言的声母应该是 [d-]，其有可能发生了进一步的演变，即 [*ntsʰ-] > [dzʰ]- > [d-] > [tʰ-]。

3.6 *ndz-（< *ndz-）(dz<>dz<>d<>d<>d<>dz<>ts<>d)

表 2.113　原始瑶语的声母 *ndz-

索引	词项	江底	庙子源	罗香	梁子	滩散	东山	石口	大坪
413	字	dza:ŋ13	dzaŋ11	—	daŋ22	daŋ43	dzaŋ42	tsaŋ12	—
346	刺猪	dzei13	dzei11	dei11	—	dɛi32	—	tsi12	hɛi22
412	根树根	dzuŋ31	dzuŋ31	duŋ31	duŋ33	du:ŋ22	—	—	—
414	咸	dza:i31	dza31	da:i31	dai33	da:i33	dza31	tswei55	dɔi53

说明：

（1）[*ndz-] 与 [*ʔdz-]、[*dzʰ-] 的区别在于这些词项的声调是阳调。

（2）古鼻冠浊阻塞音声母在石口方言中一律变为清阻塞音声母，即 [*ndz-] > [ts-]。

（3）Downer（1973：21）认为"字"是个汉语借词（OC *Cə-[dz]ə-s > MC dziH > Man. *zi*），并符合他所说的中古汉语的韵尾 [-i]/[-u] 和瑶语的韵尾 [-ŋ] 有关联。

3.16 *tsw-（tsw<>tsw<> θw<>tθ <> θ <>tsw<>ts<>t）

表 2.114　原始瑶语的声母 *tsw-

索引	词项	江底	庙子源	罗香	梁子	滩散	东山	石口	大坪
792	臭	tswei24	tswei35	θwei35	tθei44	θɛi335	tswəi24	tse44	ti42

说明：

除唇化成分的有无外，[*tsw-] 和 [*ts-] 的声母对应基本一致。目前，[*tsw-] 只有一个词例支持。

3.18 *dzw-（tsw<>tsw<> θw<>tθ <>tθ <>tsw<>ts<>h）

表 2.115　原始瑶语的声母 *dzw-

索引	词项	江底	庙子源	罗香	梁子	滩散	东山	石口	大坪
692	匠	tsa:ŋ13	tswaŋ11	θεŋ11	tθaŋ22	tθa:ŋ*43*	tsaŋ42	tsoŋ13	—
697	坐	tswei231	tswei232	θwei213	tθei32	—	tswəi42	tsai31	hεi44

说明：

与 [*tsw-] 不同的是，[*dzw-] 在现代方言中的声调是阳调。

3.19 *ʔdzw-（< *ntsw-）（dʐw<>dzw<>j<>ɖ<>ɖ<>ɖ<>tɕ<>g）

表 2.116　原始瑶语的声母 *ʔdzw-

索引	词项	江底	庙子源	罗香	梁子	滩散	东山	石口	大坪
420	粑粑	dzwo52	dzwə53	ju53	du545	du55	du35	tɕu35	gu24

说明：

（1）大坪方言的舌根声母 [g-] 来源不明。古鼻冠阻塞音声母在石口方言中一律表现为清阻塞音声母。

（2）Haudricourt 和 Strecker（1991）认为"粑粑"是汉语借用苗瑶语的形式，王辅世（1994：65）构拟的原始苗语形式为 [*ɲcəu^B]，这个苗瑶语词项可能是汉语"炬"（MC [* gjwo^B]）的来源。

3.31 *tsj-（tsj<>tsj<>tɕ<>s<>ɕ<>ʈ<>tɕ<>ts）

表 2.117　原始瑶语的声母 *tsj-

索引	词项	江底	庙子源	罗香	梁子	滩散	东山	石口	大坪
170	认识	tsje55	tsje54	—	sa*35*	sa35	ʈa53	tɕa35	tsa44
171	编（娘箕）	tsje55	tsje54	tɕa43	sa*35*	ɕa35	ʈa53	tæ35	—
227	几、多少	tsje24	tɕe35	tɕa55	sa44	ɕa335	ʈa*35*	tɕa44	—

索引	词项	江底	庙子源	罗香	梁子	滩散	东山	石口	大坪
480	蔗(甘蔗)	tsje24	tsje35	tɕa35	sa44	ɕa335	kjɛ35	tɕai44	—
700	主人	tsjou52	tsjəu53	tɕou53	tou545	tou55	təu35	tɕou35	tsiu24

说明：

[*tsj-] 和 [*ts-] 的情形与 [*s-] 和 [*sj-]（由于本书没有构拟出 [*sj-]，所以暂以 [*sʰj-] 替代）情况类似，两组中带有腭化成分的声母在梁子和滩散方言中分别为 [s-]、[ɕ-]，不带腭化成分的声母在梁子和滩散方言中分别为 [tθ-]、[θ-]。

3.32 *tsʰj-（tsʰj<>tsʰj<>θj<>tj<>kʰj<>tsʰ<>tsʰ<>h）

表 2.118　原始瑶语的声母 *tsʰj-

索引	词项	江底	庙子源	罗香	梁子	滩散	东山	石口	大坪
508	七(初七)	tsʰjet55	tsʰje54	θjet43	tjɛt54	kʰjɛ:t12	tsʰan53	tsʰæ35	hut44
507	七(七月)	tsʰjet55	tsʰje54	θjet43	tjɛt32	kʰjɛt12	tsʰan53	tsʰan55	huŋ44
404	漆(漆树)	tsʰjet55	tsʰje54	θjet43	tjet32	kʰjɛ:t12	tsʰan53	tsʰæ35	tat44

说明：

（1）梁子和滩散方言的声调表明它们的声母是次清送气形式。

（2）表示序数关系的数词"七"和"漆"在瑶语方言中同音。

3.33 *dzj-（tsj<>tsj<>tɕ<>s<>ɕ<>tʰ<>tɕ<>sj）

表 2.119　原始瑶语的声母 *dzj-

索引	词项	江底	庙子源	罗香	梁子	滩散	东山	石口	大坪
132	十	tsjop12	tsje21	ɕep32	sap21	ɕap32	tʰan42	tɕæ22	sjɛp22
133	十(十月)	tsjop12	tsje21	ɕep32	sap21	ɕap32	tʰan42	tɕæ22	sjɛp22
134	十(初十)	tsjop12	tsje21	ɕep32	sap21	ɕap32	tʰan42	tɕæ22	sjɛp22
515	燃	tsje12	tsje21	tɕa32	—	ɕa32	tʰa42	tɕa22	sa22

说明：

"十"的基数形式和序数形式同形，这与"十"以下的数词表现不同，见第4章。

3.34 *ʔdzj-（< *ntsj-）（dzj<>dzj<>dz<>ɖ<>ɖ<>hj<>j<>dz）

表 2.120 原始瑶语的声母 *ʔdzj-

索引	词项	江底	庙子源	罗香	梁子	滩散	东山	石口	大坪
340	风	dzja:u24	dzja35	dzau35	ɖa:u44	ɖa:u335	hja24	jau44	dzau42

说明：

（1）现代方言的浊声母配阴调（全清不送气形式）是构拟 [*ʔdzj-] 的证据。不过目前这个声母只有"风"一个支持实例。

（2）古鼻冠清不送气阻塞音声母在现代石口方言中表现为浊阻塞音。

3.35 *dzʰj-（< *ntsʰj-）（dzj<>dzj<>dz<>ɖ<>ɖ<>ɖ<>tɕʰ<>dzj）

表 2.121 原始瑶语的声母 *dzʰj-

索引	词项	江底	庙子源	罗香	梁子	滩散	东山	石口	大坪
803	磨(刀)	dzjou24	dzəu35	dzeu55	ɖou21	ɖou31	ɖau24	—	dziu42
379	害怕	dzje24	dzje35	dza55	ɖa21	ɖa331	ɖa24	—	dziɛ42
802	秤	dzjaŋ24	dzjaŋ35	dzaŋ55	ɖaŋ21	ɖaŋ331	ɖaŋ24	tɕʰaŋ44	dzaŋ42

说明：

（1）现代方言中浊声母配阴调是构拟 [*dzʰj-] 的证据，次清送气声母形式来自罗香、梁子和滩散三个方言的声调表现。

（2）古鼻冠清送气阻塞音声母在现代石口方言中一般表现为浊阻塞音，其表现形式有可能发生了进一步的演变，即

[*ntsʰj-] > [*dzʰj-] > [dzj-] > [tɕʰ-]。

3.36 *ndzj-（< *ndzj-）（dzj<>dzj<>dz<>ɖ<>ɖ<>tɕ<>tɕ<>h）

表2.122　原始瑶语的声母 *ndzj-

索引	词项	江底	庙子源	罗香	梁子	滩散	东山	石口	大坪
223	前年	dzjaŋ31	dzjaŋ31	dzaŋ31	ɖaŋ33	ɖa:ŋ33	tɕɛ42	tɕen55	han44

说明：

（1）现代方言的浊声母配阳调是构拟 [*ndzj-] 的证据，不过目前这个声母的构拟只有"前年"一个支持实例。

（2）古鼻冠浊阻塞音声母在石口方言中全部变为清阻塞音声母，即 [*ndzj-] > [tɕ-]。

4. 硬腭音

4.1 *c-（ts<>ts<>tɕ<>t<>ȶ<>t<>tɕ<>ts）

表2.123　原始瑶语的声母 *c-

索引	词项	江底	庙子源	罗香	梁子	滩散	东山	石口	大坪
				普遍对应实例					
471	煮	tsou52	tsəu53	tɕou53	tou545	tɔu55	təu35	tɕiu35	tsu24
472	纸	tsei52	tsei53	tɕei53	tɕi545	tɕi55	təi35	tɕi35	tsi24
				放宽普遍对应实例					
668	痒子	tsou52	tsəu53	tɕou53	tou545	tɔu55	—	—	—
967	穿（衣）	tsu55	tsəu54	tɕu43	tu24	tu35	tu53	—	—
743	木梳	tsa55	tsa54	tɕa43	ta24	ta35	ta53	tsa35	ta44
470	小米	tsai33	tsai33	tɕai33	tɕi35	tʰa:i35	tai33	tsai33	tɕi44
966	照（镜子）	tsiu24	tsiu35	tɕiu35	siu44	tiu335	tɕiu24	tɕiu44	tsiu42
844	钟	tsoŋ33	tsoŋ33	tɕwəŋ33	heŋ31	tɔ:ŋ35	tɔŋ33	tɕoŋ33	tsuŋ44
167	烤（干）	tsi55	tsei54	—	si35	ti35	tɕi53	tɕa33	tsaŋ44
546	油渣	tsa33	tsa33	—	ta43	ta35	ta33	—	tsap44

说明：

（1）[*c-] 的构拟来自现代方言中清声母（全清不送气声母）和阴调的结合。

（2）IPA（1999）将 [ȶ-] 定为舌面前塞音，与 [tɕ-] 处于同一发音部位。硬腭塞音除阻时由于舌面和上腭的接触面积较大，通常会带来一定程度的摩擦。因此，从发音的生理角度看，[*c-] > [tɕ-] 的音变是十分自然的。

4.2 *cʰ-（tsʰ<>tsʰ<>ɕ<>ȶ<>tʰ<>tʰ<>tʰ<>h）

表2.124　原始瑶语的声母 *cʰ-

索引	词项	江底	庙子源	罗香	梁子	滩散	东山	石口	大坪
普遍对应实例									
768	炒(菜)	tsʰaːu52	tsʰa53	ɕaːu53	ȶau43	tʰaːu331	tʰa35	tʰau35	hau24
810	铲子	tsʰeːn52	tsʰəŋ53	ɕaːn53	ȶan43	tʰaːn42	tʰan35	tʰan35	han24
794	锅	tsʰɛːŋ33	tsʰɛŋ33	ɕɛŋ33	ȶɛŋ31	tʰɛːŋ13	tʰjɛ33	tʰəŋ33	haŋ44
放宽普遍对应实例									
428	稻谷	tsʰu55	tsʰəu54	ɕu43	—	tʰu12	tʰu53	ɕɔ33	siu44
767	床	tsʰou24	tsʰəu35	ɕou55	ȶou21	tʰɔu331	tʰəu24	—	fu42

说明：

（1）[*cʰ]- 的构拟来自现代方言中清声母（次清送气声母）和阴调的结合，罗香、梁子和滩散方言的声调表明这个声母是个送气形式。

（2）石口方言发生了 [*cʰ-] > [tʰ-] 的演变；大坪则更进一步，只剩下送气成分：[*cʰ-] > [h-]。

4.3 *ʝ-（ts<>ts<>tɕ<>t<>ʈ<>ʈ<>tɕ<>s）

表 2.125　原始瑶语的声母 *ʝ-

索引	词项	江底	庙子源	罗香	梁子	滩散	东山	石口	大坪
		普遍对应实例							
513	是	tsei231	tsei232	tɕei213	tei32	tɛi31	tɐi42	tɕi31	sɛi44
773	钥匙	tsei31	tsei31	tɕei31	tei33	tɛi33	tɐi31	tɕi55	si53
		放宽普遍对应实例							
225	大后年	—	tsəu11	tɕou11	tou22	tɔu32	tɐu42	dœn55	—
233	大后天	tsou13	tsəu11	tɕou11	tou22	tɔu32	tɐu42		
1043	直	tsa12	tsa21	tɕa32	ta22	ta32	—	—	
511	大腿	tsu:i31	tsui31	tɕui31	tui33	tu:i33	—		si53
898	晚（玉米）	tsai31	tsai31	tɕai31	tai33	ta:i33	tɐi31	—	—
429	晚稻	tsai31	tsai31	tɕai31	tai33	tai33	tɐi31	tsai55	—
512	迟	tsai31	tsai31	tɕai31	tai33	tai33	tɐi31	tsai55	—
162	茶	tsa31	tsa31	tɕa31	ta33	ta33	tɐ31	tsa55	ta53
781	筷子	tsou13	tsəu11	tɕou11	tou22	tɔu32	tɐu42	tseu13	tau22
540	剩饭	tseŋ13	tsəŋ11	jaŋ11	jaŋ22	jaŋ331	jaŋ42	tsaŋ13	sɛŋ24
754	席	tsi12	tsei21	tɕei32	si22	ɕi32	tɕʰi42	tiŋ31	sjɛ22
731	墙	tsi:ŋ31	tsiŋ31	tɕiŋ31	siŋ33	kja:ŋ33	tɕjo31	tsjoŋ55	sjaŋ53
56	正月	tsi31	tsi31	tɕi31	si33	ti335	tɕjɛ24	tɕaŋ55	tsjaŋ44
317	庹	tsam31	tsaŋ31	wjam31	jom33	jom33	jaŋ31	jon55	dzjam53

说明：

（1）[*ʝ-] 的构拟依据现代方言中清声母和阳调的配合。

（2）[*ʝ-] 在瑶语方言中的表现有三种形式：塞音 [ʈ-]（梁子、滩散、东山）、擦音 [s-]（大坪）、塞擦音 [tɕ-]（江底、庙子源、罗香、石口）。

（3）"大后年" 和 "大后天" 的词根相同；出现在不同环境中的 "晚" 也是同一词根。

4.4 *ʔʝ-（＜*ɲc-）(dzʐ<>dʑ<>j<>ɖ<>ɖ<>dʑ<>tɕ<>dʑ)

表 2.126　原始瑶语的声母 *ʔʝ-

索引	词项	江底	庙子源	罗香	梁子	滩散	东山	石口	大坪
847	歌	dzuŋ33	dzuŋ33	dzuŋ33	ɖuŋ35	ɖuŋ35	dwə33	vei55	tsiŋ44
461	篾条	dzu55	dzəu54	dʑu43	ɖu24	ɖu55	ɖu53	—	dziu44
462	刺儿	dzim52	dziŋ53	jim53	ɖim545	ɖim55	dzin35	siŋ44	—
808	剪刀	dziu52	dziu53	jeu53	ɖeu545	ɖi:u55	gjau35	kjlɔu35	gɛu24

说明：

（1）"歌"的声韵调在石口方言中都不符合对应规则；石口和大坪方言中"剪刀"的声母同为舌根塞音，原因不明。

（2）根据古鼻冠不送气阻塞音声母在现代方言中的表现，石口方言中的声母应该为 [tɕ-]。显然，石口方言这组词的声母都不符合这条对应规则。

4.5 *ʝʰ-（＜*ɲcʰ-）(dzj<>dzj<>ɕ<>s<>ɕ<>s<>tɕʰ<>dzj)

表 2.127　原始瑶语的声母 *ʝʰ-

索引	词项	江底	庙子源	罗香	梁子	滩散	东山	石口	大坪
368	蚂蚁	dzjou52	dzjəu53	ɕeu53	sou43	ɕɔu42	sau35	tɕʰɔu35	dziu24
378	血	dzja:m52	dzjaŋ53	ɕam53	sa:m43	ɕa:m42	san35	tɕʰan35	dzjɛm24

说明：

（1）[*ʝʰ-] 的构拟来自普遍对应的证据。梁子和滩散方言的声调表明这个声母是个次清送气形式。

（2）[*ʝʰ-] 只在江底、庙子源和大坪三个方言中还保留着浊声母形式，其他方言中已经清化。

（3）古鼻冠清送气阻塞音声母在现代石口方言中一般表现为浊阻塞音，其可能发生了进一步的演变，即 [*ntsʰj-] > [*dzʰj-] > [dzj-] > [tɕʰ-]。

4.6 *ɲɟ-（< *ɲɟ-）（dz<>dz<>dz<>ɖ<>ɖ<>ɖ<>tɕ<>dz）

表2.128　原始瑶语的声母 *ɲɟ-

索引	词项	江底	庙子源	罗香	梁子	滩散	东山	石口	大坪
785	砧板	dzɛ:ŋ31	dzɛŋ31	dzɛŋ31	ɖɛŋ33	ɖɛ:ŋ33	—	—	—
846	鼓	dzu231	dzu232	dzo213	ɖu32	ɖu31	ɖu42	tsu31	—
582	刀	dzu12	dzəu21	dzu32	ɖu*22*	ɖu32	ɖu42	tɕɔ55	dziu22
581	浇（水）	dzun31	dzuŋ31	gjem31	gjam33	gja:m33	—	*ljen*55	dzum53

说明：

（1）古鼻冠浊塞音声母在石口方言中一律演变为清塞音，即 [*ɲɟ-] > [tɕ-]，其他方言还保留浊声母。

（2）石口方言的"浇（水）"声调符合对应规则，声母和韵母则不符合对应规则。

4.7 *ʔɲ-（ŋ<>ŋ<>ɲ<>ŋ<>ŋ<>ŋ<>ŋ<>ŋ）

表2.129　原始瑶语的声母 *ʔɲ-

索引	词项	江底	庙子源	罗香	梁子	滩散	东山	石口	大坪
				普遍对应实例					
393	嫂	ŋa:m33	ŋaŋ33	ɲam33	ŋa:m35	ŋa:m35	ŋan33	ŋan33	ŋɛm44
394	哭	ŋom52	ŋəŋ53	njem53	ŋim545	ŋin55	ŋan35	ŋan35	ŋɛm24
				放宽普遍对应实例					
217	背（小孩）	ŋe24	ŋe35	ɲa35	ŋa44	ŋa335	ŋa*35*	—	—
619	骨节	ŋat55	ŋa54	ŋot43	ŋɔi*35*	ŋɔ:i35	*tʰja*53	*kɛ*35	*tɛt*44
627	乳房	ŋo24	ŋɔ35	nu35	nu545	nu55	ŋɛ24	ni44	nin*24*

说明：

（1）"嫂"在罗香方言中的语音形式被王辅世、毛宗武（1995：257）一书中的长坪方言所替代，注意，"嫂"在长坪方言中指示"弟媳"义。

（2）"乳房"在江底和庙子源方言中与[*ʔn-]相对应，但在其他方言中则与[*ʔn-]相对应，不过[*ʔn-]在江底和庙子源中的反映形式是[n-]，本书暂时将这个词项放在此处。

4.8 *hɲ-（ŋ̥<>ŋ̥<>ŋ̥<>ŋ̥<>ŋ̥<>ŋ̥<>ŋ̥）

表2.130　原始瑶语的声母 *hɲ-

索引	词项	江底	庙子源	罗香	梁子	滩散	东山	石口	大坪
214	年	ŋ̥aŋ24	ŋ̥aŋ35	ŋaŋ55	ŋaŋ21	ŋaŋ331	ŋ̥aŋ24	ŋaŋ44	ŋaŋ42
215	肠子	ŋ̥ou52	ŋ̥əu53	ŋeu53	ŋou545	ŋ̥ou43	—	ŋɔu35	—

说明：

送气声母 [*hɲ-] 的构拟来源于两个方面的证据：一是现代方言中的次清声母；二是罗香、梁子和滩散方言的声调表现。

4.9 *ɲ-（ŋ<>ŋ<>ŋ<>ŋ<>ŋ̥<>ŋ<>ŋ）

表2.131　原始瑶语的声母 *ɲ-

索引	词项	江底	庙子源	罗香	梁子	滩散	东山	石口	大坪
				普遍对应实例					
186	吃	ŋen13	ŋəŋ11	ŋen11	ŋin22	ŋin32	ŋin42	ŋen13	ŋan22
970	承认	ŋom13	ŋəŋ11	ŋem11	ŋim22	ŋim32	ŋan42	ŋan13	ŋɛn22
				放宽普遍对应实例					
452	嫩芽	ŋa31	ŋa31	djaŋ35	ŋa33	ŋa33	ŋa31	ŋa55	ŋjɛ53
570	囟门	ŋa31	ŋa31	ŋa31	ŋa33	ŋa33	—	—	—
980	惹	ŋe231	ŋe232	ŋa213	ŋe32	ŋun35	—	ŋa31	ŋɛ44
612	拇指	ŋei231	ŋei232	ŋei213	ŋei32	ŋei31		ŋi31	ni44
307	母母牛	ŋei231	ŋei232	ŋei213	ŋei32	ŋei31	—	ŋan22	pjɛ53
326	母母狗	ŋei231	ŋei232	ŋei213	ŋei32	ŋɛi31	kau35	ŋan22	pjɛ53
329	母母鸡	ŋei231	ŋei232	ŋei213	ŋei32	ŋɛi31	kau35	ŋan22	pjɛ53
58	二初二	ŋei13	ŋei11	ŋei11	ŋei22	ŋei32	ŋi42	ŋe13	ŋi22

索引	词项	江底	庙子源	罗香	梁子	滩散	东山	石口	大坪
59	二二月	ŋei13	ŋi11	ŋei11	ŋei22	ŋɛi32	ŋi31	ŋe13	ŋi53
60	二第二	ŋei13	ŋei11	ŋei11	ŋei22	ŋɛi32	ŋi42	ŋe13	ŋi22
583	牙齿	ŋa31	ŋa31	ŋa31	ŋa33	ŋa33	ŋa31	—	ŋjɛ53
506	七	—	—	ŋi11	ŋi22	ŋi32	ni42	ŋi13	ŋi22

说明：

（1）"母狗""母牛""母鸡"的词根同为"母"，它们分别出现在不同的环境中，本书暂时将它们放在此处。

（2）序数词"二"的三个词项也是根据环境的不同分别列出，它们属于同一个词根。

4.10 *ʔj-（j<>j<>j<>j<>j<>j<>j）

表 2.132　原始瑶语的声母 *ʔj-

索引	词项	江底	庙子源	罗香	梁子	滩散	东山	石口	大坪
958	住	jom33	jəŋ33	jem33	jam35	—	ka42	—	—
423	在(家)	jom33	jəŋ33	jem33	jam35	—	ka42	jen33	—
424	我	je33	je33	ja33	ja35	ja35	—	—	—
54	一初一	jet55	je54	jet43	jɛt54	jeːt35	in53	jɛ35	dzɔt44
55	一第一	jet55	je54	jet43	jɛt54	jeːt35	—	jɛ35	—
	秧	jaːŋ1	—	jwaŋ1	jaŋ1	—	jɔ1	—	—

说明：

（1）"住"和"在(家)"在东山方言中的语音形式不符合对应规则。"在、住"这个语义在苗语支语言或方言中都是 [ɳ-] 声母，瑶语支中是 [j-] 声母，声母不符合对应规则，王辅世、毛宗武（1995：373）将产生这种现象的原因归结为常用字可能容易发生的语音变化。

（2）不同环境下的"一"属于同一个词根。

4.12 *j-（j<>j<>j<>j<>j<>j<>dz）

表 2.133　原始瑶语的声母 *j-

索引	词项	江底	庙子源	罗香	梁子	滩散	东山	石口	大坪
普遍对应实例									
503	油（茶油）	jou31	jəu31	jeu31	jou33	jɔu33	jou31	jɔu55	dziu53
318	走	jaŋ31	jaŋ31	jaŋ31	jaŋ33	jaŋ33	jaŋ31	jaŋ55	dzaŋ53
311	羊	juŋ31	juŋ31	juŋ31	ju:ŋ33	ju:ŋ33	wjə31	jɔŋ55	dziŋ53
放宽普遍对应实例									
319	溶化	ju12	jəu12	ju32	ju22	ju43	—	—	—
545	植物油	jou31	jəu31	jeu31	jou33	jɔu33	jau31	jɔu55	—
314	八	ɕet12	hje21	jat32	jɛt21	jɛ:t32	hjɛn42	jæ32	dzat22
321	养（养鸡）	—	—	juŋ213	juŋ32	juŋ21	wjə42	jɔŋ21	dziŋ44
327	野（狗/猪/鸭）	ɕe31	ɕe31	jai31	gja21	ja33	ja53	ja31	dziɛ53

说明：

大坪方言经历了 [*j-] > [dz-] 的演变。

4.16 *cw-（tsw<>tsw<>tɕw<>s<>ɕ<>t<>tɕ<>ts）

表 2.134　原始瑶语的声母 *cw-

索引	词项	江底	庙子源	罗香	梁子	滩散	东山	石口	大坪
普遍对应实例									
468	种（玉米）	tswaŋ24	tswəŋ35	tɕwəŋ35	sɔŋ44	ɕɔŋ335	tɔŋ24	tɕɔŋ44	tsuŋ42
775	烛（蜡烛）	tswo55	tswɔ54	tɕwo43	so35	ɕu35	tɔ53	tɕɔ35	tsu44
放宽普遍对应实例									
959	蒸	tsa:ŋ33	tswaŋ33	tɕwəŋ33	saŋ35	ɕaŋ13	tɔ33	tsu31	tsaŋ44
726	砖	tsun33	tsuŋ33	tɕun33	tun35	tun13	twən33	tɕwən33	tsin44
654	胀	tsuŋ24	tsuŋ35	tɕuŋ35	tu:ŋ44	tu:ŋ335	twə24	tsjɔŋ44	tiŋ42
1067	把（刀）	tsuŋ33	tsuŋ35	—	tuŋ35	tuŋ35	twə24	tsjɔŋ33	—

说明：

[*cw-] 的对应可以分为两种情况：一是在"种（玉米）""烛蜡烛""蒸"三个词项中，只有勉方言的三个土语有唇化成分；二是"砖""胀""把（刀）"在标敏的两个方言中有唇化。不过，金门方言中这两种情况的声母反映形式不同，本书暂时将它们放在一起。

4.17 *cʰw-（tsʰ<>tsʰ <>ɕw<>s<>ɕ<>tʰw<>tɕʰ<>ts）

表2.135　原始瑶语的声母 *cʰw-

索引	词项	江底	庙子源	罗香	梁子	滩散	东山	石口	大坪
普遍对应实例									
766	穿（针）	tsʰun24	tsʰuŋ35	ɕwən*33*	sen21	ɕun*13*	tʰwən33	tɕʰen33	tsui44
973	串（辣椒）	tsʰun24	tsʰuŋ55	ɕwət*33*	sen21	ɕun*13*	tʰwən33	tɕʰen33	tsui44
放宽普遍对应实例									
833	枪	tsʰɔŋ24	tsʰɔŋ35	ɕwaŋ55	tɔŋ21	tʰɔŋ331	tʰɔŋ24	tɕʰɔŋ44	tsuŋ*24*
972	出（米）	tsʰwat55	tsʰwə54	ɕwət*33*	sɛt32	ɕɛ:t12	tʰwə53	ɕɛ35	sɔt44

说明：

"穿"和"串"的声调表现很有意思，在东山、石口和大坪方言中采用调 *1，其他方言则采用调 *5，并且在各自小组内部对应严整。针对这种情况，我们可以做出以下两种假设：一是调 *C > 调 *A；二是调 *A > 调 *C。根据 Downer（1959）、孙玉文（2015），调 C 通常是派生调，因此，相对而言，第二种假设的解释更加合理。

4.18 *ɟw-（tsw<>tsw<>tɕw<>t<>ȶ<>tw<>tɕw<>ts）

表2.136　原始瑶语的声母 *ɟw-

索引	词项	江底	庙子源	罗香	梁子	滩散	东山	石口	大坪
516	熟熟肉、熟悉	tswo12	tswə21	tɕwo32	—	ɕu32	tʰɔ42	tɕɔ22	—
1077	丈	tsuŋ231	tsuŋ232	tɕuŋ35	tuŋ*43*	tuŋ*42*	twə42	tsjɔŋ31	—

说明：

[*ɟw-] 和 [*cw-] 的情形相同，唇化成分在两个词项中根据方言点的分布不同而不同。

4.24 *ɲw-（ŋ<>ŋw<>ŋw<>ɳ<>ɳ<>ɳ<>ŋ）

表 2.137　原始瑶语的声母 *ɲw-

索引	词项	江底	庙子源	罗香	梁子	滩散	东山	石口	大坪
182	银	ŋa:n31	ŋwaŋ31	ŋwan31	ɳa:n33	ɳa:n33	ŋan31	ŋun55	ŋan53

说明：

唇化成分 [-w-] 只出现在庙子源和罗香方言中，并且目前只有"银"一个词项支持这个声母的构拟。

5. 软腭音

5.1 *k-（k<>k<>k<>k<>k<>k<>k<>k）

表 2.138　原始瑶语的声母 *k-

索引	词项	江底	庙子源	罗香	梁子	滩散	东山	石口	大坪
				普遍对应实例					
205	借	ka52	ka53	ka53	ka545	ka55	kɔ35	ku35	kɔu24
812	犁弓	koŋ33	koŋ33	koŋ33	kɔŋ35	kɔŋ35	koŋ33	kɔŋ33	kuŋ44
1038	老	ku24	ku35	ko35	ko44	ko335	ku24	ku44	ku42
1055	远	ku33	ku33	ko33	ko35	ku35	ku33	ku33	kɔu44
				放宽普遍对应实例					
298	猫头鹰	ku52	ku53	kou53	ko545	ku55	kau35	—	ku*42*
306	公公牛	kou52	kəu53	kou53	kou545	kɔŋ*35*	kɔŋ33	kɔŋ33	kuŋ44
325	公公狗	kou52	kəu53	kou53	ko545	kɔu55	kɔŋ33	kɔŋ33	kuŋ44
328	公公鸡	ko:ŋ24	kɔŋ35	kɔŋ31	kɔŋ33	kɔŋ33	kɔŋ33	kɔŋ33	*bjɛ24*

说明：

"公牛"、"公狗"和"公鸡"三个词项应该来自同一词根，不过它们在东山、石口和大坪方言中属于第 *1 调，其他方言则是第 *3 调和 *5 调，并且在各自小组内部对应严整。针对这种情况，我们可以做出以下两种假设：一是调 *C > 调 *A；二是调 *A > 调 *C。根据 Downer（1959）、孙玉文（2015），调 C 通常是派生调，因此，相对而言，第二种假设的解释更加合理。

5.2 *kʰ-（kʰ<>k/kʰ<>kʰ<>k<>kʰ<>k<>kʰ<>k/f）

表 2.139　原始瑶语的声母 *kʰ-

索引	词项	江底	庙子源	罗香	梁子	滩散	东山	石口	大坪
1018	箍(桶)	kʰou33	kəu33	kʰu33	—	kʰɔu42	kəu33	kʰɔ35	ku44
806	桶箍	kʰou33	kəu33	kʰu33	kui31	kʰɔu31	kəu33	klɔ35	ku44
417	壳(算壳)	kʰo55	kʰɔ54	kʰu43	ku31	kʰu13	gli24	kʰɔ33	fɔu44
564	蛋壳	kʰo55	kʰɔ54	kʰu43	ku21	kʰu13	gli24	kʰɔ33	fɔu44

说明：

（1）[*kʰ-] 在庙子源和大坪方言中根据词项的不同而有不同的变异形式。

（2）用于表示制作工具的动作"箍(桶)"以及制作的结果名词"桶箍"的语音形式同形。另外，不同环境下的"壳"的词根相同。

5.4 *ʔg-（< *ŋk-）（g<>g<>d<>d<>d<>k<>k<>k）

表 2.140　原始瑶语的声母 *ʔg-

索引	词项	江底	庙子源	罗香	梁子	滩散	东山	石口	大坪
				普遍对应实例					
728	厕所	gai52	gai53	dai53	dai545	dai55	kai35	kai35	kai24

索引	词项	江底	庙子源	罗香	梁子	滩散	东山	石口	大坪
普遍对应实例									
202	屎	gai52	gai53	dai53	dai545	da:i55	kai35	kai35	kai24
578	眼眵	gai52	gai53	dai53	dai545	da:i55	kai35	kai35	kai24
放宽普遍对应实例									
199	后边	—	gaŋ33	da:ŋ33	daŋ35	da:ŋ35	—	—	kɔŋ44

说明：

（1）构拟 [*ʔg-] 的依据是浊声母配阴类调。从原始语到现代方言的演变链条是：[*ʔg-] > [g-] > [k-]。古鼻冠不送气塞音声母在石口方言中一律演变为清塞音，即 [*ŋk-] > [*ʔg-] > [k-]。

（2）"厕所""屎""眼眵"在各个方言中的语音形式相同，江底、庙子源、东山、石口和大坪的声母为舌面后音，罗香、梁子和滩散的声母为舌尖音，这种现象可能是由麦格克效应（McGurk effect；McGurk and MacDonald，1976）造成的。麦格克效应说的是言语感知中的听觉和视觉通道的交互，这种现象出现在一个语音的听觉信息和另一个语音的视觉信息配对时，会使听话者感知为第三个语音。也就是说，人们从观察他人说话时所获得的视觉信息会改变他们所听到的语音信息。一个经典的例子是发 /ba/ 的音的同时呈现 /ga/ 的唇形动作，那么人们往往会感知为 /da/。当然，此处只是给出了罗香、梁子和滩散方言中出现 [d-] 的一种可能的解释。

（3）Benedict（1972）将原始藏缅语的"屎"构拟为 [kʰliy]。

5.7 *ʔŋ-（ŋ<>ŋ<>ŋ<>ŋ<>ŋ<>ŋ<>ŋ）

表 2.141　原始瑶语的声母 *ʔŋ-

索引	词项	江底	庙子源	罗香	梁子	滩散	东山	石口	大坪
804	秤钩	ŋau33	ŋau33	ŋau*53*	ŋau35	ŋa:u35	—	—	—

说明：

[*ʔŋ-] 目前只有"秤钩"一个支持实例。

5.9 *ŋ-（ŋ<>ŋ<>ŋ<>ŋ<>ŋ<>ŋ<>ŋ）

表 2.142　原始瑶语的声母 *ŋ-

索引	词项	江底	庙子源	罗香	梁子	滩散	东山	石口	大坪
				普遍对应实例					
305	水牛	ŋoŋ31	ŋuŋ31	ŋoŋ31	ŋoŋ33	ŋo:ŋ33	ŋuŋ31	ŋoŋ55	ŋ̍53
				放宽普遍对应实例					
465	艾子	ŋo:i13	ŋwa11	ŋɐi11	—	ŋo:i32	—	ŋai*35*	ŋɛi22
718	五_{第五}	ŋ̍ŋ̍231	ń232	ŋou213	ŋou32	ŋou31	uŋ42	ŋ̍31	ŋ̍44
719	五_{五月}	ŋ̍ŋ̍231	ń33	ŋou213	ŋou32	ŋou31	uŋ42	ŋ̍31	ŋ̍44
720	五_{初五}	ŋ̍ŋ̍231	ń232	ŋou213	ŋou32	ŋou31	uŋ42	ŋ̍31	ŋ̍44

说明：

（1）Downer（1973：21）认为瑶语的"水牛"来自汉语的"牛"（OC *[ŋ]ʷə > MC ŋjuw > Man. *niu*）。

（2）不同环境下表示序数的"五"属于同一个词根。

5.13 *x-（dʐ<>j<>j<>ɖ<>ɖ<>ɖ<>k<>k）

表 2.143　原始瑶语的声母 *x-

索引	词项	江底	庙子源	罗香	梁子	滩散	东山	石口	大坪
819	锯子	dzou24	jəu35	jou35	ɖou44	ɖ̥ou335	ɖ̥ou24	tɕiu44	ki42

续表

索引	词项	江底	庙子源	罗香	梁子	滩散	东山	石口	大坪
983	锯(木头)	dzou24	jəu35	jou55	ɖou44	ɖɔu335	—	—	—
985	救(人)	dzou24	jəu35	jeu35	ɖou44	ɖɔu335	ɖau24	keu44	gɛu42
1010	隔(山)	dzɛ55	gɛ54	jɛ43	ɖe35	ɖɛ35	gjɛ53	—	—

说明：

表示工具义的"锯子"和由工具所产生的动作义"锯(木头)"的语音形式相同。

5.15 *ɣ-（dʐ<>j<>j<>ɖ<>ɖ<>ɖ<>k<>g）

表 2.144　原始瑶语的声母 *ɣ-

索引	词项	江底	庙子源	罗香	梁子	滩散	东山	石口	大坪
997	嫌	dzi:m31	gəŋ31	jem31	ɖe:m33	ɖi:m33	gjɛn31	kleŋ55	—
998	下(去)	dze13	je11	ja11	ɖa22	ɖa32	ɖa42	ka13	ga22

5.16 *kw-（kw<>kw<>kw<>kw<>kw<>kw<>kw<>k）

表 2.145　原始瑶语的声母 *kw-

索引	词项	江底	庙子源	罗香	梁子	滩散	东山	石口	大坪
普遍对应实例									
524	黄瓜	kwa33	kwa33	kwa33	kwa35	kwa35	kwa33	kwa33	ka44
689	寡妇	kwa52	kwa53	kwa53	kwa545	kwa55	kwa53	kwa35	ka24
放宽普遍对应实例									
805	秤杆	ka:n33	kwɛŋ53	kwɛŋ53	kwɛŋ545	kwɛ:ŋ55	kjɛ35	—	kɔn24
207	割(肉)	ka:t55	ka53	ka:t43	ka:t24	kwan42	kwan53	kwə33	kɔt44
591	舌根	ko:n33	kwaŋ33	kɔ:ŋ35	kɔn35	—	kwan33	kwan33	kan44
204	甜	ka:m33	kaŋ33	ka:m33	ka:m35	ka:m35	kan33	kwɔn33	—
479	甘(甘蔗)	ka:m33	kaŋ33	kam33	kɔm35	kam33	kan33	kwɔn33	—

144

索引	词项	江底	庙子源	罗香	梁子	滩散	东山	石口	大坪
放宽普遍对应实例									
517	柑子	kom*31*	kaŋ33	kom33	kam*33*	kam35	kan33	kwɔn33	kɔm44
683	盖(锅)	kom*53*	goŋ35	kom53	kɔm545	kam55	—	kwɔn35	kɔn*44*
201	叫公鸡叫	ga:i24	ga35	ka:i55	kai44	ka:i*44*	—	kwei44	kɔi42

说明：

（1）不同的词项在不同方言中保留唇化成分的多少不同。表 2.145 显示，除大坪方言之外，"黄瓜"和"寡妇"在其他方言中都保留着唇化；"秤杆"在勉和金门两大方言中也保留着唇化；其余各词项只有标敏方言中保留唇化。唇化成分的演变情况正好符合词汇扩散理论的"语音突变、词汇渐变"（Wang，1969），也就是说，即使同一音类所辖的词汇也有不同的变化速度。

（2）大坪方言的唇化成分 [-w-] 已经完全消失，即 [*kw-] > [k-]。

5.17 *kʰw-（kʰ<>kʰw<>kʰ<>k<>kʰ<>kʰw<>kʰw<>h）

表 2.146　原始瑶语的声母 *kʰw-

索引	词项	江底	庙子源	罗香	梁子	滩散	东山	石口	大坪
49	海	kʰɔ:i52	kʰwa53	kʰɔi53	kɔi43	kʰɔ:i42	kʰwai35	kai35	hɔi24
113	开(门)	kʰɔ:i33	gwa33	kʰɔi33	kɔi31	kʰɔ:i13	kʰwai33	kʰwei33	—

说明：

（1）梁子和滩散方言的声调表明这个声母是个送气形式。

（2）"开(门)"的及物形式和不及物形式是通过声母的清浊来区分的，例如 Downer（1973）：[kʰ ɑi1]（< Proto-Mienic [*kʰ-]）'to open'（及物动词）：[gɑil]（< Proto-Mienic [*ŋkʰ-]）'to open'（不及物动词）；类似的例子有：[tsʰɛʔ7]（< Proto-Mienic [*tsʰ-]）'to pull down, pull apart'（及物动词）：[dzɛʔ7]（< Proto-Mienic [*ntsʰ-]）'to be cracked, as earth'（不及物动词）。鉴于此，Downer（1973）构拟了一个不及物性的鼻音前缀来解释这种现象。Sagart（2003）则认为瑶语的这些词借自汉语，并推断上古汉语中存在不及物性鼻音前缀，其作用是将及物动词转变为不及物动词。

5.18 *gw-（kw<>kw<>kw<>kw<>kw<>kw<>f）

表 2.147　原始瑶语的声母 *gw-

索引	词项	江底	庙子源	罗香	梁子	滩散	东山	石口	大坪
1012	跪	kwei13	kwei11	kwei11	kwei22	kwɛi32	kwəi42	ky13	fui*24*

说明：

石口方言的词项"跪"，从其韵母上来看，[y] 也包含圆唇色彩。

5.19 *ʔgw-（< *ŋkw-）（g<>g<>g<>g<>g<>gw<>k/kw<>g）

表 2.148　原始瑶语的声母 *ʔgw-

索引	词项	江底	庙子源	罗香	梁子	滩散	东山	石口	大坪
453	茅草	ga:n33	gaŋ33	ga:n33	ga:n35	ga:n*13*	gwan33	klœ33	gɔn44

说明：

（1）唇化色彩 [-w-] 只保留在东山方言中。

（2）梁子方言的声调表明这个声母是全清声母，滩散方言的声调则表明是次清声母，二者相互矛盾，囿于材料，从音系的整合度考虑，本书暂时将这个词条放在此处。

（3）石口方言的声母不符合对应规则，按照古鼻冠不送气塞音声母在石口方言中的表现，"茅草"的声母应该是 [k-]/[kw-]。

5.20 *gʰw-（< *ŋkʰw-）（g<>g<>g<>g<>g<>gw<>g<>g）

表2.149　原始瑶语的声母 *gʰw-

索引	词项	江底	庙子源	罗香	梁子	滩散	东山	石口	大坪
1027	渴(口)	ga:t55	ga54	ga:t43	ga:t31	ga:t12	gwai33	—	gɔt44
	干燥	ga:i33	ga33	ga:i33	gai31	ga:i31	—	—	gɔi44

说明：

（1）"干燥"取自王辅世、毛宗武（1995：333）。

（2）唇化成分 [-w-] 只保留在东山方言中，送气成分的构拟源自梁子和滩散方言的声调表现形式。

（3）根据古鼻冠清送气塞音声母在现代方言中的表现，石口方言的声母应该为 [g-]。

5.21 *ŋgw-（g<>g<>g<>g<>g<>gw<>kw<>g）

表2.150　原始瑶语的声母 *ŋgw-

索引	词项	江底	庙子源	罗香	梁子	滩散	东山	石口	大坪
2	滑(路)	—	—	gut32	gɔ:t42	gɔt32	gwan42	kwɛ31	gut22
	勤	—	—	—	—	—	gwai42	kwei12	—

说明：

（1）"勤"取自王辅世、毛宗武（1995：338），其声母在东山和石口方言中与"滑(路)"构成对应。

（2）唇化成分 [-w-] 保留在东山和石口方言中。根据各方言的对应形式及其与之配套的 [*ʔgw-] 和 [*gʰw-] 声母的对应形式，我们可以补出江底和庙子源的声母形式，即 [g-]。古鼻冠浊塞音声母在石口方言中一律演变为清塞音，即 [*ŋgw-] > [kw-]。

5.31.1 *kj-（tɕ<>tɕ<>tɕ<>s<>ɕ<>t<>tɕ<>k）

表 2.151　原始瑶语的声母 *kj-

索引	词项	江底	庙子源	罗香	梁子	滩散	东山	石口	大坪
普遍对应实例									
177	金	tɕom33	tɕəŋ33	tɕem33	sam35	ɕam35	tan33	tɕan33	kɛm33
179	记(住)	tɕaŋ24	tɕaŋ35	tɕaŋ35	saŋ44	ɕaŋ335	taŋ24	tɕaŋ44	kɛŋ42
419	菌子	tɕou33	tɕəu33	tɕeu33	sou35	ɕou35	tau33	tɕəu33	ku44
放宽普遍对应实例									
752	镜子	tɕi:ŋ24	tɕiŋ35	tɕiŋ35	kɛŋ44	kɛŋ335	tɕin24	tɕiŋ33	kɛŋ24
169	只(鞋、筷子)	tɕe55	tɕe54	tɕa43	sa24	ɕa35	ta53	tɕa35	tsa44
736	水笕	tɕi:n52	tɕəŋ53	tɕen53	sen545	tɔn55	kən35	kjeŋ35	kɛn24
769	床架	tɕa24	tɕa35	tɕa55	ta44	ta335	ka24	ka44	——
175	抬(水)	tɕɛ:ŋ33	tɕɛŋ33	tɕeŋ33	tɛ:ŋ35	tɛ:ŋ35	kjɛ33	——	kaŋ44
181	句(话)	tɕou24	tɕəu35	tɕeu35	tou44	tɔu335	təu24	tɕiu44	kui42
920	脱(衣)	tɕai52	tɕai53	tɕai53	tai545	ta:i55	tɕi35	kai35	—
981	解(开)	tɕai52	tɕai53	tɕai53	tai545	tai55	tɕi35	kai35	—
203	鸡	tɕai33	tɕai33	tɕai33	tai35	ta:i35	tɕi33	kai33	kui44
852	价钱	tɕja24	tɕa35	tɕa35	kja44	ta335	ka24	ka44	ka42

说明：

（1）[*kj-] 的构拟基于现代方言中清声母和阴调的配合，这与下文 [*gj-] 的构拟情况相反。[*kj-] 在梁子和滩散方言中的声母分别为 [s-]、[ɕ-]，这一点与前文所讨论的 [*sʰj-]、[*tsj-] 的情况相同。

（2）江底、庙子源、罗香和石口方言经历了 [*kj-] > [tɕ-] 的演变；梁子和滩散方言演变为擦音 [s-]、[ɕ-]；大坪方言的腭化成分消失：[*kj-] > [k-]；东山方言演变为舌面塞音：[*kj-] > [t-]。

5.31.2 *kwj-（tɕ<>tɕw<>tɕw<>s<>ɕ <>tw<>tɕw<>ts）

表 2.152.1 原始瑶语的声母 *kwj-

索引	词项	江底	庙子源	罗香	梁子	滩散	东山	石口	大坪
普遍对应实例									
658	斤	tɕa:n33	tɕwan33	tɕwan33	san35	ɕan35	twan33	tɕwən33	tsan44
661	筋	tɕa:n33	tɕwan33	tɕwan33	san35	ɕa:n35	twan33	tɕwən33	tsan44
放宽普遍对应实例									
1053	贵(价钱)	tɕa:i24	tɕwa35	tɕwai55	sai44	ɕa:i335	twai24	tɕi44	—
660	小孩	tɕwei52	tɕwei53	tɕwei53	sei545	ɕɛi55	hwjəi53	se44	—
178	冷(天气)	tɕwaŋ52	tɕwən53	tɕwən53	soŋ545	ɕoŋ55	toŋ35	tɕoŋ35	kuŋ24
174	玻璃	tɕi:ŋ24	—	tɕiŋ35	—	kɛŋ335	tɕin24	tɕiŋ33	kɛŋ24
157	九(九月)	tɕwo52	tɕwə53	tɕu43	tu545	tu55	tu35	tɕyn55	kuŋ44
158	九(初九)	tɕwo52	tɕwə53	tɕu53	tu545	tu55	tu35	tɕu35	ku24
662	蕨菜	tɕwat55	tɕwə54	tɕwət43	set54	set55	twan53	tɕɛ35	kɔt44
842	诰头	tɕa:u24	kwa35	tɕa:u35	ta:u44	ta:u335	ka24	kwa33	kau42

说明：

（1）"斤"和"筋"属于同音语素组。

（2）表示序数义的"九"在不同条件下的形式来自同一个词根。

（3）除上述词项外，王辅世、毛宗武（1995：290-292）认为"过年"、"过(河)"和"官"也属于这个声母。

表 2.152.2 原始瑶语的声母 *kwj-

索引	词项	江底	庙子源	罗香	梁子	滩散	东山	石口	大坪
226	过年	kwje24	kje35	kwɔi55	kui44	ku:i335	kwa24	kwei44	—
526	过(河)	kwje24	kje35	kwɔi35	kui44	ku:i335	kwa24	kwei44	kɛi42
710	官	kwjen33	kwjəŋ33	kwan33	kwan35	kwa:n35	kwan33	kwən33	kjɛn44

5.33.1 *gj-（tɕ<>tɕ<>tɕ<>t<>t<>t<>tɕ<>k）

表 2.153　原始瑶语的声母 *gj-

索引	词项	江底	庙子源	罗香	梁子	滩散	东山	石口	大坪
153	桥	tɕou31	tɕəu31	tɕou31	tou33	tɔu33	təu31	tɕiu55	ku53
161	骑(马)	tɕei31	tɕei31	tɕei31	tei33	tɛi33	tei31	ki13	ki53
129	陡	tɕu:i231	tɕui232	tɕui213	tui32	tu:i31	—	—	ki22

说明：

[*gj-] 的构拟基于现代方言中清声母和阳调的配合，这与前文 [*kj-] 的情况相反。另外，之所以没有将这组对应构拟成 [*c-]，理由在于 [*gj-] 和 [*c-] 在方言中的表现形式不同，尤其是 [*gj-] 在石口和大坪等方言中还保留舌面后塞音成分。

5.33.2 *gwj-（kwj<>kj<>kj<>kw<>kw<>t<>tɕ<>kj）

表 2.154　原始瑶语的声母 *gwj-

索引	词项	江底	庙子源	罗香	梁子	滩散	东山	石口	大坪
992	起(床)	kwje231	kje232	kja213	kwe32	kwɛ31	—	—	kjɛ44
1092	起来	kwje231	kje232	kja213	kwe32	kwe21	tɔ42	tɕu21	kjɛ44

说明：

这两个词项的语音形式相同，它们应该来自同一个词根。

5.34 *ʔgj-（< *ŋkj-）（g<>g<>g<>gj<>gj<>g<>k/kj<>g）

表 2.155　原始瑶语的声母 *ʔgj-

索引	词项	江底	庙子源	罗香	梁子	滩散	东山	石口	大坪
916	叼(着烟)	go:m33	gɔŋ33	gɔm33	—	gjɔ:m35	gan33	han55	ham53
421	含(水)	go:m33	gɔŋ33	gɔm33	gjɔm35	gjɔ:m35	gan33	—	—

说明：

"叼(着烟)"和"含(水)"应该属于同一个词根。此外，石口和大坪方言的声母不符合对应规则，按照古鼻冠清不送气塞音声母在现代方言中的表现，石口方言的声母应该为 [k-]/[kj-]，大坪方言应该为 [g-]。

5.46.1 *kl-

表 2.156　原始瑶语的声母 *kl-

索引	词项	江底	庙子源	罗香	梁子	滩散	东山	石口	大坪
普遍对应实例（1）：tɕ◇k◇kj◇kj◇kj◇kl◇kl◇ts									
147	虫	tɕɛːŋ33	kɛŋ33	kɛŋ33	kjɛŋ35	kɛːŋ35	klɛ33	klaŋ33	tsaŋ44
556	热热水	tɕɔːm33	kɔŋ33	kɔm33	kjɔm35	kjɔm35	klan33	klœn33	tsam44
145	路	tɕau52	kau53	kjau53	kjau545	kjau55	kla35	klɔu35	tsu24
151	蛋	tɕau24	kau35	kjau35	kjau44	kjau335	klau24	klɔu44	tsu42
普遍对应实例（2）：tɕ◇k◇k◇kj◇kj◇kl◇kl◇k									
146	角牛角	tɕɔːŋ33	kɔŋ33	kɔŋ33	kjɔŋ35	kjɔːŋ35	klɔ33	klɔŋ*13*	kɔu44
729	屋角	kɔ55	kɔ54	kɔŋ*33*	kjɔŋ*35*	kjɔːŋ35	klɔ33	klɔŋ33	kɔu44
148	剪（断）	tɕap55	ka54	kap43	kjap54	kjaːp35	klan53	klɛ35	kɛp44
普遍对应实例（3）：tɕ◇k◇kj◇kj◇kj◇kl◇kl◇t									
1058	笑	tɕat55	ka54	kjat*54*	kjet54	kjet*55*	klan53	klæ35	tut44
1059	六	tɕu55	ku*53*	kwo43	kjɔ24	kjɔ35	klɔ53	klɔ35	tɔu44
放宽普遍对应实例									
977	说	kɔːŋ52	kɔŋ53	kɔŋ53	kɔŋ545	kɔːŋ55	tɔ35	klɔŋ35	kɔŋ24
304	还（债）	tɕaːu52	ka53	—	tlau545	klaːu55	klau35	klau35	kau24
150	小母鸡	tɕaːn24	kaŋ35	kaːn35	kjan44	kjan335	—	—	—
301	脖子、颈	tɕaːŋ33	kaŋ33	klaːŋ33	tlaŋ35	klaːŋ35	klaŋ33	—	kan44
300	老鹰	tɕaːŋ52	kaŋ53	klaːŋ53	tlaŋ545	klaːŋ53	klaŋ35	—	kjaŋ24
302	狗	tɕu52	ku53	klo53	tlo545	klu55	klu35	klu35	ku24
303	腰	tɕaːi52	ka53	klaːi53	tlaːi545	klaːi55	kla35	lai35	lai24

说明：

（1）赵春金（1992）描写了瑶语复辅音声母在现代方言中的演变链条，先腭化，后单辅音化：[kl-]、[kʰl-]、[gl-] > [kj-]、[kʰj-]、[gj-] > [k-]、[kʰ-]、[g-/tɕ-]、[tɕʰ-]、[dʑ-]。东山和石口方言比较完整地保留着 [kl-]；江底：[*kl-] > [kj-] > [tɕ-]；大坪的声母存在 [kj-]、[k-]、[ts-]、[t-] 和 [l-] 等多种表现形式。

（2）梁子方言中"还（债）""脖子、颈""老鹰""狗""腰"的声母为 [tl-]。不过，在梁子方言中，/tl, dl/ 和 /kl, gl/ 是自由变体。跨语言的研究表明，/tl, dl/ 是比较少见的，并且听辨实验也表明 /tl, dl/ 通常会被母语者感知为 /kl, gl/。因此，上述词项中的 [tl-] 也可以用 [kl-] 表示，并且也没有将 [tl, dl] 声母构拟到原始语中的必要。

（3）"腰"在石口和大坪方言中进一步演变成 [l-]，这似乎提供了辅音丛声母演变的另外一条路径，即脱落塞音，只保留边音成分。

（4）"屋角"在东山、石口和大坪方言中是调 *1，在其他方言中则是调 *7。

5.46.2 *kwl-（tɕw<>kw<>kw<>kw<>kw<>kl<>kl<>k）

表 2.157　原始瑶语的声母 *kwl-

索引	词项	江底	庙子源	罗香	梁子	滩散	东山	石口	大坪
266	螺蛳	tɕwei33	kwei33	kwei33	gwei35	kwɛi35	kli33	kle33	ki44
152	蜗牛	tɕwei52	kwei53	kwei33	kwei545	kwɛi35	kjau35	kle33	—

说明：

从语音表现形式来看，在瑶族人的认知中，"螺蛳"和"蜗牛"很可能属于同一个物种。

5.46.3 *klj-（tɕ<>kj<>kj<>kj<>kj<>kl<>klj<>kj）

表 2.158　原始瑶语的声母 *klj-

索引	词项	江底	庙子源	罗香	梁子	滩散	东山	石口	大坪
272	龙	tɕuŋ33	kuŋ33	kuŋ33	kuŋ35	kuŋ35	—	kljɔŋ33	—
337	黑	tɕe55	kje54	kje43	kja24	kja35	kja53	klja35	kjɛ44

说明：

[*klj-] 的构拟主要依据石口方言的表现形式。

5.48.1 *gl-（tɕ<>k<>kl<>tl<>kl<>kl<>kl<>k）

表 2.159　原始瑶语的声母 *gl-

索引	词项	江底	庙子源	罗香	梁子	滩散	东山	石口	大坪
126	瘠地	tɕai13	—	kje11	kjai22	kjai32	—	klai13	kɛi22
519	圆	tɕuŋ31	guŋ31	klun31	tlun33	klun33	klin31	kleŋ55	—
561	肥_{肥肉}	tɕuŋ13	kuŋ11	kun11	kun22	kun32	klin42	klun13	tin22
98	山	tɕi:m31	kəŋ31	kem31	kje:m33	ki:m33	dən31	kleŋ55	kui42
560	门	tɕɛ:ŋ31	kɛŋ31	kɛŋ31	kjɛŋ33	kɛ:ŋ33	klɛ31	tsiŋ55	—
99	瘦_(肉)	tɕai13	kai11	kje11	kjai22	kja:i32	—	klai13	kɛi22
1030	饱满	tɕau31	kau31	kjau31	kjau33	kja:u33	klau31	—	—
405	桃树	tɕa:u31	ka31	kla:u31	tlau44	klau33	kla31	klɔ55	kɔu53
520	桃子	tɕa:u31	ka31	kla:u31	tlau33	kla:u31	kla31	klɔ35	kɔu53
1093	岭	tɕi:m31	kəŋ31	kem31	kje:m33	ki:m22	—	kleŋ55	—

说明：

（1）[*gl-] 在不同方言中的演变情况可以归结如下：[*gl-] > [kl-]/[tl-] > [kj-] > [k-]/[tɕ-]。

（2）表示树木义的"桃树"与其结出的果实"桃子"的语音形式相同。

5.48.2 *glj-（tɕ<>k<>kl<>tl<>kl<>kl<>klj<>kj）

表 2.160　原始瑶语的声母 *glj-

索引	词项	江底	庙子源	罗香	梁子	滩散	东山	石口	大坪
629	肠子	tɕa:ŋ31	kaŋ31	kla:ŋ31	tlaŋ33	kla:ŋ33	klaŋ31	kljaŋ55	kjaŋ53
31	虹	tɕuŋ33	kɔŋ35	guŋ31	kuŋ33	kuŋ33	klə33	—	tuŋ53

说明：

[*klj-] 的构拟主要依据石口方言的表现形式。

5.51 *ŋgl-（< *ŋgl-）（dz<>g<>gl<>dl<>gl<>gl<>kl<>g）

表 2.161　原始瑶语的声母 *ŋgl-

索引	词项	江底	庙子源	罗香	梁子	滩散	东山	石口	大坪
456	蓝靛草	dza:m31	gaŋ31	ga:m31	ga:m33	ga:m33	—	klan55	—
1057	浑 (水)	dzu12	gu21	glɔ32	dlɔ22	glɔ32	—	—	—
51	水塘	dza:ŋ31	gaŋ31	gla:ŋ31	dlaŋ13	gla:ŋ33	glaŋ31	—	gɔŋ53

说明：

（1）[*ŋgl-] 的构拟来自两个方面的证据：一是各方言中阳调的对应形式；二是现代方言中 [gl-] 声母的保留。

（2）根据古鼻冠浊塞音声母在现代方言中的表现，石口方言的演变为 [*ŋgl-] > [kl-]。

6. 喉音

6.1 *ʔ-（ʔ<>ʔ<>ʔ<>ʔ<>ʔ<>ʔ<>ʔ）

表 2.162　原始瑶语的声母 *ʔ-

索引	词项	江底	庙子源	罗香	梁子	滩散	东山	石口	大坪
					普遍对应实例				
61	苦	i:m33	iŋ33	im33	im35	im35	in33	iŋ33	jɛm44

索引	词项	江底	庙子源	罗香	梁子	滩散	东山	石口	大坪
普遍对应实例									
66	鸭	a:p55	a54	a:p43	a:p24	a:p35	an53	*æ22*	ap44
放宽普遍对应实例									
57	二	i33	i33	*vi33*	i35	i35	*wəi33*	*vi33*	*vi42*
713	哑巴	a52	a53	am*33*	—	am55	*a53*	a35	a24
67	肉	o52	ɔ53	a53	a545	a55	—	—	—
899	喂(小孩)	u:i24	ui35	ui55	ui44	u:i335	—	—	—
297	乌鸦	a33	*a332*	a33	*a43*	*a32*	—	a33	—
65	妻子	au52	au53	au53	au545	au55	*kau35*	—	*sa44*
893	放(置)	an33	əŋ33	an33	an35	an35	*wan33*	—	—
64	肿	om24	oŋ35	om35	ɔm44	ɔm335	*an33*	ɔnc44	—
299	燕子	ɕin24	iŋ35	in35	in44	in335	*in35*	—	ɛn24
1028	呕吐	—	u53	ou53	o545	o55	—	u35	—

说明：

根据其他各方言的记音情况，大坪方言中"苦"的声母 [j-] 可以转化为 [-i-]。

6.13 *h-（h<>h<>h<>h<>h<>h<>h<>v）

表 2.163　原始瑶语的声母 *h-

索引	词项	江底	庙子源	罗香	梁子	滩散	东山	石口	大坪
875	破(烂)	hu52	hu53	—	hu43	ho42	hu35	—	vu24
948	烂	hu52	hu53	ho53	—	—	hu35	—	vu24
840	棍儿香	huŋ33	huŋ33	huŋ33	huŋ31	huŋ13	hwɔ33	fɔŋ33	vɔŋ44
173	石灰	hu:i33	hui33	hui33	hui31	hu:i13	kʰwəi33	—	fui44

说明：

梁子和滩散方言的声调表明这个声母是个次清送气形式。

6.15 *ɦ- (h<>Ø<>h<>h<>h<>h<>h<>h)

表 2.164　原始瑶语的声母 *ɦ-

索引	词项	江底	庙子源	罗香	梁子	滩散	东山	石口	大坪
普遍对应实例									
1056	厚	hu231	u232	ho213	hu32	hu31	hau42	hou31	hu44
645	汗	ha:n13	aŋ11	ha:n11	han*43*	han*42*	hwan42	hən13	hon22
690	学生	ho12	hɔ21	hɔ:k32	ha:k42	hak32	hɔ42	hɔ*31*	hou22
放宽普遍对应实例									
121	旱 (旱田)	ha:n231	aŋ232	ha:n213	gai*31*	ga:i*13*	gwai*33*	hən31	hon44
482	芋头	hou13	əu11	hou11	hou22	hɔu32	—	heu13	vu22
708	皇帝	huŋ31	uŋ31	huŋ31	huŋ33	huŋ33	—	voŋ55	voŋ53
593	喉咙	hu31	u31	hou31	hu33	hu33	hau31	hɔu55	—
1045	叫 (鸟)	—	—	ha:u31	hau33	hau33	hjau35	hjɔu13	—

说明：

（1）与 [*h-] 的对应形式不同的是，[*ɦ-] 在现代方言中都是阳调，表明这个声母是浊声母。

（2）庙子源方言经历了 [*ɦ-] > [Ø] 演变。

2.3.6　声类小结

根据 2.3.5 小节的比较结果，我们可以从普遍对应和放宽普遍对应两个向度得到从原始瑶语到现代方言的声母变化情形。

表 2.165　原始瑶语到现代方言的声母演变

普遍对应声母演变	涉及方言	放宽普遍对应声母演变	涉及方言
*p- > b-	石口、大坪	*pʰ- > p-	梁子、大坪

续表

普遍对应声母演变	涉及方言	放宽普遍对应声母演变	涉及方言
*ʔm- > m-	所有方言	*pj- > bj- > b-	石口、大坪
*hm- > m-	梁子、滩散 石口、大坪	*bj- > f-	梁子、滩散
*pw- > b-	石口、大坪	*ʔl- > l-	所有方言①
*t- > d-	石口、大坪	*ʔr-/*hr-/*r- > l-	江底、庙子源 东山、石口
*tʰ- > t-	梁子	*ʔr-/*hr-/*r- > g-	罗香、梁子、滩散
*tʰ- > h-	大坪	*ʔr-/*hr-/*r- > dz-	大坪
*ʔn- > n-	所有方言	*hɲ- > ɲ-	梁子、滩散 石口、大坪
*hn- > n-	梁子、滩散 石口、大坪	*ʔŋ- > ŋ-	所有方言
*hl- > l-	梁子、滩散、石口、 大坪		
*ʔg- > d-	罗香、梁子 滩散		
*s- > f-	江底、庙子源		
*s- > h-	大坪		
*sʰ- > h-	大坪		
*tw- > d-	石口、大坪		
*ts- > θ-	罗香、滩散		
*ts- > t-	大坪		
*dz- > h-	大坪		
*ʔɲ- > ɲ-	所有方言		
*j- > dz-	大坪		
*ɦ- > ∅	庙子源		

注：①指本书涉及的 8 个方言点，下同。

2.4 韵母

2.4.1 长短元音

长短是一对相对概念。在语言研究中，元音通常有长短之别。长短元音指的是在其他音段或超音段成分（例如声母、韵头、韵尾、声调）都相同的条件下，同一元音由于时间长短的不同而有区别词义的作用。长元音就是发音时持续时间比普通元音长的元音，而与长元音相对的、发音时间较短的元音则为短元音。中国境内的部分语言或方言存在元音长短之别，归结起来，有以下两种类型。一是只有在韵尾前元音才区分长短，例如汉语的粤方言（袁家骅，1983），苗瑶语族的瑶语（毛宗武、蒙朝吉、郑宗泽，1982），壮侗语族的壮语（韦庆稳、覃国生，1980）、布依语（中国科学院少数民族语言研究所，1959）、侗语（梁敏，1980）、傣语（俞翠容、罗美珍，1980）、黎语（欧阳觉亚、郑贻青，1980），以及与侗台语族语言类型相近的倈话（梁敏，1984）。注意，汉语粤方言只在低元音 [a] 上存在长短对立，壮侗语中长短对立的元音则更为普遍。在这些语言中，长短元音的对立大多出现在带韵头或韵尾（不论是元音韵尾还是辅音韵尾）的主元音上，元音单独作韵母时则无长短对立。换句话说，元音的长短是就主元音而言的，主元音长的被称为长元音韵，短的则被称为短元音韵。就整个韵母而言，在长元音韵中，主元音长、韵尾短；在短元音韵中，主元音短、韵尾长。因此，从整个音节的角度来看，长元音韵母和短元音韵母的音节时长大致相等，这就是韵尾对整个音节时长调节的结果（马学良、罗季光，1962；欧阳觉亚，1979）。需要注意的是，元音的长短和音节的长短并不相同，二者之间既有联系又有区别。例如，短音节中的元音既可以是长的也可以是短的。二是只有在元音单独作韵腹、后面没有韵尾的情况下，元音才分长短，例如藏语拉萨话。不过在藏语拉萨话中，长短不是音位要素，因为长短韵母和声调互为补充，共同区别词义（谭克让、孔江平，1991）。感知实验也显示时长和基频在拉萨话的声调感知中都起作用（孔江平，1995）。

具体到瑶语支语言，勉方言和金门方言存在长短元音的对立，而标敏方言和藻敏方言则没有这种对立。在有长短元音的勉方言和金门方言中，能产生长短对立的元音数量也不尽相同。例如，王辅世、毛宗武（1995：13–15）在谈到长短元音的问题时指出："勉方言广滇土语中有的地区长短元音较多，多数地区只有 a 分长短；勉方言湘南土语元音不分长短；勉方言罗香土语只有元音 a 有长短之分；勉方言长坪土语只有元音 a 有长短之分。金门方言除个别的元音外，元音都分长短。"根据上述论述，不难发现，在瑶语中凡是能区分长短元音的方言，[a] 就一定会有长短之别。在 2.1 小节所给出的八个方言中，江底、梁子和滩散方言的长短元音对立比较整齐，罗香方言只有 [a] 元音存在长短对立，庙子源、东山、石口和大坪四个方言没有元音长短的对立。

就长短元音的对立是否需要构拟到原始语中的问题，学界有两种不同的看法。第一种观点认为长短元音是原始语言的成分，例如 Purnell（1970：134）、Downer（1982）将 /a/-/a:/ 的对立构拟到原始苗瑶语中。需要说明的是，在他们的构拟系统中，只有这一对长短元音的对立。Downer（1982：98）指出："似乎在很多情况下瑶语长短元音的区别，在苗语中完全没有反映，但是为了顾及瑶语的形式，必须说长、短 a 的区别在原始苗瑶语存在。处理这个问题最直截了当的方法是使原始苗瑶语的元音具有长短的区别，同时，假定在这些情况下苗语的 * 长元音和 * 短元音只不过已经消失。"王辅世、毛宗武（1995：55–58）不仅为单元音构拟长短元音，而且复合韵母的元音也有长短之别。第二种观点认为瑶语中勉方言和金门方言的长短元音对立不能构拟到原始瑶语中，代表学者有 Thongkum（1993）、Ratliff（2010）。Thongkum（1993：193）认为瑶语现代方言中 /a/-/a:/ 的对立由原始瑶语不同的韵母演变而来，即 [*ə] > [a]，[*a] > [a:]，而将其他元音长短的对立归因于瑶语与泰语接触的结果。Ratliff（2010：27）寻找了四个方面的证据来支持 Thongkum（1993）的论断：一是操勉方言、金门方言的母语者和具有长短元音语言的母语者接触，接触方言主要是壮语、泰语和汉语广东话。二是含有长元音的借词数量远远大于含有长元音的本地词。三是借贷语言从无长短对立发展到长短对立所经历的阶段：①起初没有长短对立，并且低元音在长度上存在较大变异；②然后长度变异被音位化在低元音上；③通过类推扩展到其他元音。四是指出长短元音的产生是由于长短或轻重音节的韵律交替。

综合比较两种观点，我们更加倾向于第一种观点，即认为现代方言中的长短元音对立应该追溯到原始语中，理由有以下三点。

一是如果严格按照历史比较法的操作程序，空间共时差异的成分必须在历时的原始语中有所体现，否则，从语音演变的规律性来看，我们就无法解释现代方言中的长短元音对立，例如"脚印"和"鬼"，"解 (开)"和"腰"，"虱子"和"胆"（见表 2.166）。

表 2.166　瑶语现代方言的长短元音最小对立

索引	词项	江底	庙子源	罗香	梁子	滩散	东山	石口	大坪
446	脚印	mjen52	mjəŋ53	m̥wan53	man43	**man42**	m̥jɛn35	—	—
450	鬼	mjen52	mjəŋ53	m̥wan53	man43	**ma:n42**	m̥jɛn35	mwən35	mjɛn24
981	解 (开)	**tɕai52**	tɕai53	tɕai53	tai545	tai55	tɕi35	kai35	—
303	腰	**tɕa:i52**	ka53	kla:i53	tla:i545	kla:i55	kla35	lai35	lai24

续表

索引	词项	江底	庙子源	罗香	梁子	滩散	东山	石口	大坪
5	虱子	**tam52**	taŋ53	**tam53**	**tam545**	**ʔtam55**	dan35	dan35	dam24
631	胆	**taːm52**	taŋ53	**taːm53**	**taːm545**	**ʔtaːm55**	tan35	dɔn35	*tɐu44*

至于 Thongkum（1993）和 Ratliff（2010）所提到的接触原因，应当慎重考虑。如果说勉方言和金门方言中的长短元音是由与邻近壮侗语族语言或汉语粤方言接触所致，那么为什么生活在同一地区的标敏方言和藻敏方言没有通过接触产生长短元音的对立？此外，我们还观察到瑶语各方言中长短元音对立的数量和鼻音韵、塞音韵尾的保留存在很大的相关性（见表2.167）。凡是鼻音韵尾和塞音韵尾保留得比较完整的方言，其元音都存在长短的对立。据此，我们难道要说瑶语方言中鼻音韵尾和塞音韵尾同样是来自周边语言的接触？事实上，在Thongkum（1993）和 Ratliff（2010）的处理中，鼻音韵尾和塞音韵尾是被构拟到原始语中的。

表2.167　瑶语现代方言的长短元音与鼻音韵尾、塞音韵尾的关联

方言	长短元音	鼻音韵尾	塞音韵尾
江底	i、e、ɛ、a、o、u	-m、-n、-ŋ	-p、-t、-k
庙子源	—	-N	—
罗香	a、ɔ	-m、-n、-ŋ	-p、-t、-k
梁子	i、e、ɛ、a、ɔ、u	-m、-n、-ŋ	-p、-t、-k
滩散	i、ɛ、a、ɔ、o、u	-m、-n、-ŋ	-p、-t、-k
东山	—	-n、-ŋ	—
石口	—	-n、-ŋ	—
大坪	—	-m、-n、-ŋ	-p、-t

二是从标记性理论入手（Trubetzkoy，1969；Jakobson et al.，1961；Chomsky and Halle，1968），长元音通常有标记性成分，短元音则无标记性成分，语言演变的路径往往是从有标记成分到无标记成分。瑶语长短元音对立的逐渐失落也符合这一演变规律。当然，我们也不排除存在从无标记性成分到有标记性成分的变化，不过，这一转变需要极为严苛的限制条件，既有来自语言结构内部的因素，如 Martinet（1952）所言"决定音变方向甚至音变面貌的因素之一是通过保护有效的音位对立来保证相互理解的基本需要"，例如，英语元音的大链移，也有外部因素，如语言接触和社会变异。假定瑶语长短元音的演变遵循类型学的这一共性，那么有标记性的长元音在演变中自然脱落就是符合常理的，并且我们的这种推测也可以得到观察事实的支持。通过现代方言间的共时比较，我们观察到长短元音对立的消失在不同方言和不同地区之间的速度并不一致，具体来说，藻敏方言和标敏方言中没有长短元音的对立；同属于勉方言的几个土语之间有的存在长短元音对立，有的则没有这种对立。此外，在有长短元音对立的方言或土语中，/a/-/a:/ 的对立最为常见，其次是 /i/-/i:/、/u/-/u:/，这种分布状态在一定程度上也体现了语言的内在音理。众所周知，/a/、/i/、/u/ 是人类语言最常用的三个元音，它们分布在元音空间的三个顶点处（Ladefoged and Maddieson，1996）。/a/-/a:/ 的对立之所以最常见，是因为相对于高元音 /i/-/i:/ 和 /u/-/u:/ 而言，低元音 /a/ 的响度大，更利于母语者感知长短的区别。例如，Thongkum（1993：193）的感知测试指出母语者可以 100% 地感知出 /a/-/a:/ 的对立，/i/-/i:/ 和 /u/-/u:/ 的测试结果则只有80%，这一研究结果与我们的推断一致。

三是如果采用 Thongkum（1993）和 Ratliff（2010）的观

点，现代瑶语方言中 /a/-/a:/ 的对立是由原始瑶语不同的韵母演变而来，即 [*ə] > [a]、[*a] > [a:]，接下来的问题是其他长短元音的古代来源是什么。显然，他们都没有给出合理的解释。

综合上述三个方面的论述，我们认为在现有材料下将长短元音的对立看作瑶语自身特征的观点还是比较公允的。因此，我们有必要将共时语言中存在的长短元音对立回溯到原始语中。

2.4.2 原始韵类系统

表 2.168　原始瑶语 / 苗瑶语的单元音系统

	原始语的单元音
Purnell（1970）	i、e、ɛ、ə、a、a:、u、o、ɔ（瑶语）
Thongkum（1993）	i、e、ɛ、ə、a、u、o、ɔ（瑶语）
王辅世、毛宗武（1995）	i、ɪ、e、ɛ、æ、a、ʌ、ɐ、ɑ、ɒ、ɔ、o、ʊ、u、ə（苗瑶语）
陈其光（2001）	i、e、ɛ、æ、a、ɐ、ɑ、ɔ、o、u、ə（苗瑶语）
吴安其（2002）	a、e、i、o、u（苗瑶语）
Ratliff（2010）	i、ɨ、e、ɛ、æ、ə、a、ɔ、o、ʉ、u（苗瑶语）
本书	i、e、æ、a、o、ɔ、u（瑶语）

相对于苗语支语言的韵母而言，现代瑶语方言的韵母系统比较复杂，大多方言保留着鼻音韵尾 [-m、-n、-ŋ] 和塞音韵尾 [-p、-t、-k]，并且韵母存在长短元音的对立。此外，现代各方言韵母之间的对立比较复杂。因此，瑶语韵母的比较研究一直没有取得比较理想的成果。例如，Purnell（1970：134–135）构拟了 77 个原始瑶语的韵母，包含 9 个单元音韵母，即 i、e、ɛ、ə、a、a:、u、o、ɔ，在这个系统中，只有元

音 [a] 有长短之别。Thongkum（1993：193）给出了一个包含 8 个元音系统的原始瑶语韵母系统：i、e、ɛ、ə、a、u、o、ɔ，作者认为长短元音的对立是后起现象，尤其是分布比较广泛的 [a] 的对立，其历史来源路径为：[*ə] > [a]，[*a] > [a:]。王辅世、毛宗武（1995：55–58）给出了整个原始苗瑶语的韵母系统，共 210 个韵类，包含 15 个单元音韵母（i、ɪ、e、ɛ、æ、a、ʌ、ɤ、ɑ、ɒ、ɔ、o、ʊ、u、ə）和长短韵母的对立。陈其光（2001:276–352）构拟的原始苗瑶语共有 87 个韵类，其中 11 个单元音韵母：i、e、ɛ、æ、a、ɤ、ɑ、ɔ、o、u、ə。这个系统没有将长短元音的对立构拟到原始语中，理由是他认为只有瑶语勉方言和金门方言存在长短元音对立，并且二者的词汇表现不一致，所以未将这一特征回溯到原始语。同时他也指出构拟的 11 个单元音有可能是从长短元音演变而来的，长元音演变为较低的元音，短元音演变为较高的元音。吴安其（2002）构拟了一个包含 5 个元音的原始苗瑶语元音系统：a、e、i、o、u。Ratliff（2010：108–109）在构拟原始苗瑶语的韵母系统时采用了一个假设，即原始苗瑶语的韵母系统更像瑶语的系统。在具体操作中，作者以王辅世（1994）《苗语古音构拟》的 30 个韵类为蓝本，采取自上而下的方式，找出 28 个对应组，构拟了 127 个韵类，包括 11 个主要元音：i、ɨ、e、ɛ、æ、ə、a、ɔ、o、ʉ、u。尽管相对于王辅世、毛宗武（1995）的 210 个韵类而言，该系统已经大大简化，但是从类型学的角度来看，这个系统还是十分庞杂。

综上，我们将前人给出的原始瑶语和原始苗瑶语的单元音系统做了一个对比（见表 2.168）。从中不难发现，尽管瑶语研究已经展开了大量工作，声调和声母构拟也取得了比较一致的意见，但不可否认的是，各家对原始韵母系统的认识还存在很大差异。在历史比较研究中，对语言元音系统的认知将直接影响到原始语言韵母系统的构拟。

表 2.169　原始瑶语的韵母系统

总：76		1	2	3	4	5	6	7	8
单元音韵母（7）	1	i	e		æ	a	o	[ɔ]	u
复元音韵母（12）	2		ei			ai			
	3					a:i		ɔ:i	u:i
	4					au	ou	ɔu	iu
复元音韵母（12）	5					a:u		iɔu	i:u
鼻尾韵（32）	6	im	em		æm	am		ɔm	
	7	[i:m]	e:m			a:m		ɔ:m	
	8	in	[en]		æn	an			un
	9	[i:n]	e:n		æ:n	a:n		ɔ:n	
	10	[iŋ]			[æŋ]	aŋ	oŋ	ɔŋ	uŋ
	11	i:ŋ		ɛ:ŋ	æ:ŋ	a:ŋ	o:ŋ	ɔ:ŋ	u:ŋ
塞尾韵（25）	12				æp	ap	[op]		
	13	i:p				a:p	[o:p]		
	14	[it]			[æt]	at	ot	[ɔt]	ut
	15		e:t		[æ:t]	a:t			u:t
	16	[ik]		ɛk	æk	ak	ok	ɔk	uk
	17					[a:k]		[ɔ:k]	

注：为了节省篇幅，韵母表中原始韵类形式前的"*"一律省略。

根据语音对应规则和相关支持实例，本节给出了原始瑶语的韵母系统（见表 2.169），共有 76 个韵母。为了便于检索，在原始瑶语韵母表中，我们以主元音为"列"，韵母类型为"行"。"列"的次序按照国际音标表给出的 8 个标准元音进行排列，即 [i] > [e] > [ε] > [æ] > [a] >[o] > [ɔ] > [u]；"行"按照单元音韵母、复元音韵母、鼻尾韵和塞尾韵的次序排列。同 2.3.5 小节原始声类系统的标注类似，本节采取"列 + 行"的方式标注韵母。例如，1.6 指第一列第六行的韵母 [*im]，5.4 指第五列第四行的韵母 [*au]，下同。这一标注方案有助于前后对照构拟形式及其对应支持词项，便于查询和检索。如果某列和某行的组合在表中没有构拟形式，那么表中暂时空缺，待补充材料后再进行修订。

根据语音对应的证据支持力度，表 2.169 中还区分了几种不同的构拟形式，即对构拟形式进行分级：①凡是韵母符合普遍对应的构拟形式，表中不做任何标记；②放宽普遍对应条件下的韵母构拟形式，表中用韵母下添加下划线"_"表示；③根据声母、韵母和声调的音韵限制推导出的构拟形式，表中用方括号"[]"表示。不同级别的构拟形式反映了材料对构拟的证据支持，毫无疑问，第一种条件下的构拟形式最为可信，材料的支持力度最大。第二种条件下构拟韵母的可信度要视瑶语方言谱系树图而定（见第 3 章）。具体而言，如果现代方言的韵母表现在原始瑶语最早分化出来的两大支上有反映形式，那么这个韵母就可以构拟到原始语中，证据效力等同于第一种条件下的构拟；如果现代方言中的韵母形式处于晚期分化的节点上，那么这个韵母的证据支持力度相对弱些。第三种条件下的韵母构拟只是根据声韵调搭配推导出的，证据支持力度最弱。需要说明的是，下文在同一个韵母构拟形式下先排列出支持普遍对应的实例，然后再列举放宽普遍对应形式的实例。如无特殊说明，不区分普遍对应和放宽普遍对应的构拟形式则表示该构拟形式只有放宽普遍对应的实例支持。

i 类

1.1 *i（e<>e<>i<>i<>i<>i<>i/e<>i/εi）

表 2.170 原始瑶语的韵母 *i

索引	词项	江底	庙子源	罗香	梁子	滩散	东山	石口	大坪
普遍对应实例（1）									
209	下边	dje52	dje53	di53	di545	di55	ti35	di35	di24
610	底脚底	dje52	dje53	di53	di545	di55	ti35	di35	di24
普遍对应实例（2）									
135	泥	nje33	ŋe33	ni11	ni31	ni13	ɲi33	ŋe33	nεi44
1044	重	ŋje52	ŋe 53	ɲi53	ni43	ni42	ɲi35	ŋe35	nεi24
373	臭虫	pje33	pje33	pi33	pi35	ʔpi35	pi33	beŋ33	bεi44
放宽普遍对应实例									
656	麻木	bje24	bje35	bi35	bi44	bi335	bi24	—	bi42
506	七	—	—	ŋi11	ŋi22	ŋi32	ni42	ŋi13	ŋi22
688	外祖母	—	—	ti53	ti545	ʔti55	ti35	di22	dεi44
243	胃		εi33	tθi31	θi13		—	ɕe33	sεi44
89	布袋、袋子	—	—	ti11	ti22	ʔti32	ti42	te13	tɔi22

说明：

（1）江底、庙子源方言的韵母无一例外发生了 [*i] > [e] 的演变；石口方言的韵母在部分词项中还保留着 [e] 的形式，其正处于变异的过渡阶段，有 [i]/[e] 两读；大坪方言符合普遍对应的韵母形式有两个：[i] 和 [εi]。

（2）"下边"和"底脚底"属于同一个词根。

（3）Benedict（1987）将原始藏缅语的"七"构拟为 [*s-nis]。

（4）"臭虫"在石口方言中的韵母不符合对应规则。

1.6 *im（im<>iŋ<>im<>im<>im<>ɛn<>en<>um）

表 2.171　原始瑶语的韵母 *im

索引	词项	江底	庙子源	罗香	梁子	滩散	东山	石口	大坪
250	心、心脏	fim33	—	θim33	tθim35	θim35	ɕɛn33	sjen33	—
935	添	tʰim33	tʰiŋ33	tʰim33	—	tʰim13	tʰin33	tʰjen33	hjɛm44
445	花蕊	fim33	fiŋ33	θim33	tθim35	θim13	—	sjen33	hum44
184	偷	nim13	niŋ11	nim11	nim22	nim32	—	niŋ13	ŋɛm22
251	针	sim33	siŋ33	ɕim33	tθim31	θim33	tɕɛn33	tɕen33	tsum44
462	刺儿	dzim52	dziŋ53	jim53	ɟim545	ɟim55	dzin35	siŋ44	—
	镰刀	lim31	liŋ31	lim213	—	—	ljen31	ljen55	dzjam53
	种子	ŋi:m33	ŋiŋ33	ŋem33	ŋim31	ŋjim31	ŋjɛn33	—	num44

说明：

（1）"镰刀"取自王辅世、毛宗武（1995：388），庙子源方言被湘江方言替代。"种子"取自王辅世、毛宗武（1995：433），庙子源方言被湘江方言替代，滩散方言被览金方言替代。上古汉语 [*r-] > [l-] 的音变是十分常见的，Ostapirat（2011）认为苗瑶语和台语的"镰"都借自汉语，因为二者在各自的音韵系统中都有 [*r-] 和 [*l-] 的对立，假定它是个固有词，那么在借用的过程中没有理由采取 [l-] 形式。

（2）庙子源方言：[*im] > [iŋ]；东山方言：[*im] > [ɛn]；石口方言：[*im] > [en]；大坪方言：[*im] > [um]。

1.7 *i:m（i:m<>iŋ<>im<>im<>im<>in<>iŋ<>ɛm）

表 2.172　原始瑶语的韵母 *i:m

索引	词项	江底	庙子源	罗香	梁子	滩散	东山	石口	大坪
61	苦	i:m33	iŋ33	im33	im35	im35	in33	iŋ33	jɛm44

说明：

（1）[*i:m] 的长元音特征只保留在江底方言中。

（2）庙子源方言的鼻音韵尾无前后之分，前元音后为前鼻音 [-n]，后元音后为后鼻音 [-ŋ]。

（3）大坪方言：[*i:m] > [εm]。

1.8 *in（in<>iŋ<>in<>in<>in<>εn<>en<>εn）

表 2.173　原始瑶语的韵母 *in

索引	词项	江底	庙子源	罗香	梁子	滩散	东山	石口	大坪
761	棉衣	min31	miŋ31	min31	min33	—		miŋ55	mjεn53
573	辫子	bin231	biŋ232	bin213	bin32	bin31	—		bjεn22
565	身体	sin33	siŋ33	ɕin33	tθin31	θin13	ɕεn33	ɕen33	—
642	千	tsʰin33	tsʰiŋ33	θin3	tin31	tʰin13	tɕʰεn33	tsʰjen33	hun44
691	钱五钱	tsin31	tsiŋ31	θin31	tθin33	tθin22	tsən31	tsiŋ55	hεn53
299	燕子	ɕin24	iŋ35	in35	in44	in335	in35	jun31	εn24

说明：

（1）庙子源方言中的鼻音韵尾无前后之分，前元音后为前鼻音 [-n]，后元音后为后鼻音 [-ŋ]。

（2）东山、大坪方言：[*in] > [εn]；石口方言：[*in] > [en]。

1.9 *i:n（i:n<>iŋ<>in<>in<>i:n<>ən<>eŋ<>εn）

表 2.174　原始瑶语的韵母 *i:n

索引	词项	江底	庙子源	罗香	梁子	滩散	东山	石口	大坪
	鞭子	pi:n33	biŋ33	pin33	pin35	pin35	—	ben33	—
	牵	tɕʰi:n33	tɕʰjəŋ33	kʰjen33	kin31	ki:n31	kʰən33	kʰeŋ33	—

说明：

（1）"鞭子"和"牵"取自王辅世、毛宗武（1995：389–390），庙子源方言被湘江方言替代，罗香方言被长坪方言替代，滩散方言被览金方言替代。

（2）[*i:n] 的长元音特征在江底方言中保留得比较完整，滩散方言处于弱化过程中。

（3）庙子源方言中的鼻音韵尾无前后之分，前元音后为前鼻音 [-n]，后元音后为后鼻音 [-ŋ]。

（4）大坪方言中虽然没有表现形式，但是根据 [*i:n] 的表现，可以推知其韵母应该是 [εn]。

1.10 *iŋ（aŋ<>aŋ<>aŋ<>iŋ<>iŋ<>aŋ<>aŋ<>aŋ）

表 2.175　原始瑶语的韵母 *iŋ

索引	词项	江底	庙子源	罗香	梁子	东山	滩散	石口	大坪
	提_{提水}	ŋeŋ24	ŋəŋ35	niŋ35	—	niŋ21	niŋ31	—	—

说明：

"提_{提水}"取自王辅世、毛宗武（1995：395），庙子源方言被湘江方言替代，滩散方言被览金方言替代。[*iŋ] 的构拟目前只有这一个实例。

1.11 *i:ŋ（i:ŋ<>iŋ<>iŋ<>iŋ<>i:ŋ<>ε<>aŋ<>aŋ）

表 2.176　原始瑶语的韵母 *i:ŋ

索引	词项	江底	庙子源	罗香	梁子	滩散	东山	石口	大坪
44	猴子	bi:ŋ33	biŋ31	biŋ33	biŋ35	biŋ35	—	—	bjaŋ44
115	田（水田）	li:ŋ31	liŋ31	giŋ31	giŋ33	gi:ŋ33	lje31	ljaŋ55	ljaŋ53
253	声音	si:ŋ33	siŋ33	ɕiŋ33	tθin31	θi:ŋ33	ɛɛ33	—	hi44
254	醒（酒）	fi:ŋ52	fiŋ53	—	tθin545	θiŋ55	ɛɛ24	sjaŋ35	—

索引	词项	江底	庙子源	罗香	梁子	滩散	东山	石口	大坪
352	去	mi:ŋ31	miŋ31	miŋ31	niŋ33	niŋ33	—	—	mi53
498	藏(物)	pi:ŋ24	piŋ35	piŋ35	piŋ44	ʔpi:ŋ335	pjɛ35	—	bɔŋ42
174	玻璃	tɕi:ŋ24	—	tɕiŋ35	—	kɛŋ335	tɕiŋ24	tɕiŋ33	kɛŋ24
555	饼子	pi:ŋ31	piŋ53	piŋ53	pɛŋ545	ʔpe:ŋ55	pjɛ35	bjaŋ35	—
752	镜子	tɕi:ŋ24	tɕiŋ35	tɕiŋ35	kɛŋ44	kɛŋ335	tɕiŋ24	tɕiŋ33	kɛŋ24
843	铃	li:ŋ31	liŋ31	giŋ31	gi:ŋ33	gi:ŋ33	klɔ24	kluŋ44	lɛŋ53
68	井(水井)	tsi:ŋ52	tsiŋ53	θiŋ53	tθi:ŋ545	θiŋ55	tɕɛ35	tsjaŋ35	tɛŋ24
731	墙	tsi:ŋ31	tsiŋ31	tɕiŋ31	siŋ33	kja:ŋ33	tɕjɔ31	tsjɔŋ55	sjaŋ53
92	火星子	fi:ŋ33	fiŋ33	θiŋ33	tθiŋ35	θiŋ35	ɛɛ33	sjaŋ33	—
	膝囊	i:ŋ52	iŋ53	tɕiŋ53	ɖiŋ545	diŋ53	—	—	—

说明：

（1）江底和滩散方言还保留着长元音；东山方言：[*i:ŋ] > [ɛ]；石口和大坪方言：[*i:ŋ] > [aŋ]。

（2）Ratliff（2010：156）给出"猴子"的苗语形式是 [*ʔlinA]，它与瑶语原始形式 [*ʔbiŋA] 的声调和韵母相同，但是声母不同，这暗示了"猴子"一词在古代是双音节来源的可能。

（3）Ratliff（2010：156）比较了汉语的"田"（OC *lˤiŋ > MC den > Man. *tian*）和藏缅语的"田"（[*liŋ]）（Matisoff，2003）。Haudricourt 和 Strecker（1991）、Sagart（1999：183–184）都接受"田"这个词是从苗瑶语借入汉语的可能性。Haudricourt 和 Strecker（1991）论证"田(水田)"是汉语从苗瑶语借入的，理由是原始苗瑶语区分"水田"和"旱田"，而上古汉语不区分，作者由此假定苗瑶民族的农业比汉族的发达，故而断定这一词项是汉语借用苗瑶语的，王辅世（1994：76）构拟的原始苗语

形式为 [*ʅinᴬ]。

（4）"縢囊"取自王辅世、毛宗武（1995：393）。

1.13 *i:p（ip<>i<>ip<>ip<>i:p<>in<>ε<>εp）

表 2.177　原始瑶语的韵母 *i:p

索引	词项	江底	庙子源	罗香	梁子	滩散	东山	石口	大坪
784	碟子	tip12	ti21	—	tip21	ʔti:p32	tʰin42	—	—
165	接(起)	tsip55	dzi54	—	tɕθip54	θi:p35	tɕin53	tsɛ35	tɛp44

说明：

长元音韵母的构拟主要依据滩散方言的反映形式。庙子源的演变链条可能为：[*i:p] > [ip] > [i]；东山方言的塞音尾与鼻音尾合流：[*i:p] > [in]；相对于大坪方言而言，石口方言的演变更进一步：[*i:p] > [εp] > [ε]。

1.14 *it（it<>i<><>it<><><>i<>）

表 2.178　原始瑶语的韵母 *it

索引	词项	江底	庙子源	罗香	梁子	滩散	东山	石口	大坪
	弹弹指	dit55	di54	—	dit54	—	—	tʰi35	—

说明：

"弹(弹指)"取自王辅世、毛宗武（1995：396）。

1.16 *ik（i<>ei<>i<>i<>i<>i<>iŋ<>ε）

表 2.179　原始瑶语的韵母 *ik

索引	词项	江底	庙子源	罗香	梁子	滩散	东山	石口	大坪
167	烤(干)	tsi55	tsei54	—	si35	ti35	tɕi53	tɕa33	tsaŋ44
256	红	si55	sei54	ɕi43	tɕθi31	θi12	ɕi53	—	sjɛ44
754	席	tsi12	tsei21	tɕi32	si22	ɕi32	tɕʰi42	tiŋ31	sjɛ22

说明：

[*ik] 与 [*e] 的韵母形式相同，但声调不同，前者的声调属于 D 调类，表明其有塞音韵尾；后者属于舒声调，没有塞音尾。

e 类

2.1 *e（i<>ei<>i<>i<>i<>i<>i<>ε）

表 2.180　原始瑶语的韵母 *e

索引	词项	江底	庙子源	罗香	梁子	滩散	东山	石口	大坪
56	正月	tsi31	tsi31	tɕi31	si33	ti335	tɕjɛ24	tɕaŋ55	tsjaŋ44
57	二	i33	i33	vi33	i35	i35	wəi33	vi33	ˊvi42
101	土 (土山)	dau33	—	ni11	ni31	ni13	ŋi33	teu35	nɛi44
114	地 (地洞)	dau33	dau33	ni11	ni31	ni13	ŋi33	ŋe33	—

说明：

（1）[*e] 与 [*ik] 的韵母形式相同，但声调不同，前者属于舒声调，没有塞音尾；后者的声调属于 D 调类，表明其有塞音韵尾。

（2）"二"被认为是苗瑶语的本土词。Ratliff（2010：149）构拟的原始瑶语的韵母形式为 [*ui]，原始苗瑶语形式为 [*ʔui]，合口的滑音成分用来解释苗语中的后高圆唇元音。Ratliff（2010：215）认为瑶语现代方言中的 [v-] 是 [*ʔu̯-] 强化（fortition）的结果，不过她给出的这个韵母只有"二"这一个支持实例。

2.2 *ei

表 2.181　原始瑶语的韵母 *ei

索引	词项	江底	庙子源	罗香	梁子	滩散	东山	石口	大坪
普遍对应实例（1）：ei◇ei◇ei◇ei◇εi◇əi◇i◇εi									
81	蹄马蹄	tei31	tei31	tei31	tei33	ʔtɛi33	təi31	di55	tɛi53
236	藤子	ȵei33	mei232	ŋei213	mei31	mɛi13	ȵəi33	mi33	mɛi44
485	知道	pei33	pei33	pei33	pei35	ʔpɛi35	pəi33	bi33	bɛi44
普遍对应实例（1）：ei◇ei◇ei◇ei◇εi◇əi◇i◇εi									
513	是	tsei231	tsei232	tɕei213	tei32	tɛi31	təi42	tɕi31	sɛi44
886	四第四	fei24	fei35	θei35	tθei44	θɛi335	səi24	si44	hɛi42
888	四初四	fei24	fei35	θei35	tθei44	θɛi335	səi24	si44	hɛi42
887	四四月	fei24	fei35	θei35	tθei44	θɛi335	səi24	si44	hɛi44
普遍对应实例（2）：ei◇ei◇ei◇ei◇εi◇əi◇i◇i									
237	动物油	ȵei33	ȵei33	ȵei33	mei31	mɛi13	ȵəi33	mi33	mi44
472	纸	tsei52	tsei53	tɕei53	tei545	tɛi55	təi35	tɕi35	tsi24
773	钥匙	tsei31	tsei31	tɕei31	tei33	tɛi33	təi31	tɕi55	si53
853	利息	lei13	lei11	gei11	gei22	gɛi32	ləi42	li33	li22
862	比（较）	pei52	pei53	pei53	pei545	ʔpɛi55	pəi35	bi35	bi22
933	剃（头）	tʰei24	tʰei35	tʰei55	tei31	tʰɛi331	tʰəi24	tʰi44	hi42
普遍对应实例（3）：ei◇ei◇ei◇ei◇εi◇i◇e◇i									
58	二初二	ŋei13	ŋei11	ŋei11	ŋei22	ŋɛi32	ŋi42	ŋe13	ŋi22
59	二二月	ŋei13	ŋei11	ŋei11	ŋei22	ŋɛi32	ŋi31	ŋe13	ŋi53
60	二第二	ŋei13	ŋei11	ŋei11	ŋei22	ŋɛi32	ŋi42	ŋe13	ŋi22
266	螺蛳	tɕwei33	kwei33	kwei33	gwei35	kwɛi35	kli33	kle33	ki44
放宽普遍对应实例									
918	懂	pei33	—	pei33	—	ʔpɛi35	—	bi33	bɛi44
714	尸体	sei33	sei33	—	—	θɛi13	səi33	ɕi33	—

续表

索引	词项	江底	庙子源	罗香	梁子	滩散	东山	石口	大坪
					放宽普遍对应实例				
38	梦	bei24	bei35	—	bei44	bɛi335	bəi24	pi44	bɛi42
884	梦(见)	bei24	bei35	—	bei44	bɛi335	bəi24	pi44	bɛi42
885	四	pjei33	pei33	pje33	pjei35	ʔpjɛi35	pləi33	pli33	pɛi42
571	头发	pjei33	pei33	pje33	pjei545	ʔpjɛi35	pli35	pli33	pɛi44
572	毛	pjei33	pei33	pje33	pjei35	ʔpjɛi35	pli33	pli33	pɛi44
577	眉毛	pjei33	pei33	—	pjei35	ʔpjɛi35	pli33	pli33	pɛi44
346	刺猪	dzei13	dzei11	dei11	—	dɛi32	—	tsi12	hɛi22
90	地(旱地)	dei13	tei11	tei11	—	tei43	təi42	ti12	ti22
697	坐	tswei231	tswei232	θwei213	tθei32	—	tswəi42	tsai31	hɛi44
762	丝线	fei33	fei33	θei33	tθei35	θɛi35	—	—	
40	沸	bwei24	bwei35	bwei55	vei44	vei44	—	pwei44	bui42
41	开(水)	bwei24	bwei35	bwei35	vei44	bɛi335	—	pwei44	bui42
612	拇指	ŋei231	ŋei232	ŋei213	ŋei32	ŋɛi31	—	ŋi31	ni44
490	睡	pwei24	pwei35	pwei35	fei44	fɛi335	—	bi44	bui42
7	尾巴	twei52	twei53	twei53	tei545	ʔtɛi55	dwai35	de35	dui24
307	母(母牛)	ŋei231	ŋei232	ŋei213	ŋei32	ŋɛi31	—	ŋan22	pjɛ53
326	母(母狗)	ŋei231	ŋei232	ŋei213	ŋei32	ŋɛi31	kau35	ŋan22	pjɛ53
329	母(母鸡)	ŋei231	ŋei232	ŋei213	ŋei32	ŋɛi31	kau35	ŋan22	pjɛ53
152	蜗牛	tɕwei52	kwei53	kwei33	kwei545	kwɛi35	kjau35	kle33	—
348	你	mwei31	mwei31	mwei31	mei33	mɛi33	məi31	—	mui53
660	小孩	tɕwei52	tɕwei53	tɕwei53	sei545	ɛɛi55	hwjɛi53	se44	—
792	臭	tswei24	tswei35	θwei35	tθei44	θɛi335	tswəi24	tse44	ti42
822	梯子	tʰei33	tʰei33	tʰei33	tei31	tʰɛi13	tʰəi33	tʰi33	hai44
566	头	—	—	pje53	pjei545	ʔpjɛi55	pli35	pli35	pɛi24

索引	词项	江底	庙子源	罗香	梁子	滩散	东山	石口	大坪
放宽普遍对应实例									
693	泡(米)	—	—	θei11	tθei22	θεi32	tsi42	tsai13	hεi22
901	围(住)	wei31	wei31	vei31	wei33	vεi33	wəi31	vi55	vin53
1012	跪	kwei13	kwei11	kwei11	kwei22	kwεi32	kwəi42	ky13	fui24
350	眼睛	mwei13	mwei11	mwei11	mei22	mεi32	mi53	mai13	mai53
554	蜜糖	mwei231	mwei232	mwei213	mei32	mεi31	mi42	mɔu35	mui44
239	米象	ɱei52	ɱei53	ɱei53	mei43	mεi42	ɱi35	mi35	mεi24
161	骑(马)	tɕei31	tɕei31	tɕei31	tɕei33	tɕεi33	tɕei31	ki13	ki53
358	蜜蜂	mwei231	mwei232	mwei232	mei32	mεi31	mi42	mi31	mui44
409	树梢	twei52	twei53	twei53	dεŋ35	θim35	diu24	de35	dui24
640	脚踝	mwei13	mwei11	mwei11	bo545	mεi32	mi53	mai13	mai53
1064	第第一	tei13	tei11	ti11	dai33	ʔti33	təi42	ti31	ti53
226	过年	kwje24	kje35	kwɔi55	kui44	ku:i335	kwa24	kwei44	—
526	过(河)	kwje24	kje35	kwɔi35	kui44	ku:i335	kwa24	kwei44	kεi42

说明：

（1）[*ei] 在现代瑶语方言中根据不同的词项表现形成三套普遍对应，它们在江底、庙子源、罗香、梁子和滩散五个方言点的对应形式一致，区别在于东山、石口和大坪方言。

（2）不同条件下的表示序数义的"二"和"四"来自同一个词根。Matisoff（2003）认为苗瑶语的"四"借自藏缅语 [*b-ləy]。关于数词的讨论，详见第4章。

（3）表示动作义的"梦"和动作的结果"梦(见)"属于同一语音形式。

（4）"头发"、"毛"和"眉毛"的语音形式相同，这表明瑶族不区分人身体和动物身体的毛发。

（5）不同条件下的"母"属于同一词根。

（6）Ratliff（2010：145）指出"头"在白苗中的语义扩展到"源头"（base，root，origin）和"顶点"（summit）（3调）、"领导"（leader，headman）（5调）。由表示身体部位的"头"这一具体义到表示时间、空间或性质这一隐喻符合语法化的类型规律，Heine 等（1991）指出许多语法化过程符合以下的隐喻模式：人 > 物体 > 行为 > 空间 > 时间 > 性质，组成链条的这些项目属于一些认知域，越靠近链条左边的项目越具体，越靠近链条右边的项目越抽象，隐喻就是用指称较为具体的域的形式来指称较为抽象的域。

2.6 *em（om<>əŋ<>em<>am<>am<>an<>en<>um）

表 2.182　原始瑶语的韵母 *em

索引	词项	江底	庙子源	罗香	梁子	滩散	东山	石口	大坪
958	住（居）	jom33	jəŋ33	jem33	jam35	—	jan33	—	—
423	在（家）	jom33	jəŋ33	jem33	jam35		jan33	jen33	
278	淋（湿）	ljom52	ljəŋ31	gjem31	gjam33	gja:m33		ljen55	dzum24
177	金	tɕom33	tɕəŋ33	tɕem33	sam35	ɕam35	tan33	tɕan33	kɛm33
	手镯	tɕom31	tɕəŋ31	tɕem31	sam33	sam22			
	浇	—		gjem31	gjam33	—		ljen55	dzum53

说明：

（1）"手镯"和"浇"取自王辅世、毛宗武（1995：621），庙子源方言被湘江方言替代，滩散方言被览金方言替代。

（2）[*em] 的构拟来自庙子源、罗香和石口方言的表现，在江底和大坪方言中变为后圆唇元音，在梁子、滩散和东山方言中变为前开口度最大的元音 [a]。

2.7 *e:m（i:m<>əŋ<>em<>e:m<>i:m<>ən<>eŋ<>um）

表 2.183　原始瑶语的韵母 *e:m

索引	词项	江底	庙子源	罗香	梁子	滩散	东山	石口	大坪
1093	岭	tɕi:m31	kəŋ31	kem31	kje:m33	ki:m22	—	klɛŋ55	—
997	嫌	dzi:m31	gəŋ31	jem31	ɖe:m33	ɖi:m33	gjɛn31	klɛŋ55	—
98	山	tɕi:m31	kəŋ31	kem31	kje:m33	ki:m33	dən31	klɛŋ55	kui42

说明：

长元音保留在江底、梁子和滩散三个方言中。大坪方言中的 [um] 是根据 [*em] 在该方言中的表现形式推导出来的。

2.8 *en（en<>əŋ<>en<>in<>in<>in<>en<>ɛn）

表 2.184　原始瑶语的韵母 *en

索引	词项	江底	庙子源	罗香	梁子	滩散	东山	石口	大坪
291	他	nen31	nən31	nan31	nan33	nan33	nin31	—	—
839	书信	fjen24	fjəŋ35	θan55	tθi:ŋ44	θan335	ɕin24	sjen44	sin53
669	人	mjen31	mjəŋ31	mwan31	mun33	mun33	min31	meŋ55	min53
186	吃	ŋen13	ŋəŋ11	ŋen11	ŋin22	ŋin32	ŋin42	ŋen13	ŋan22
	脸	mjen33	mjəŋ	mjen33	min31	min31	min33	mjen33	mɛn44

说明：

（1）瑶族的自称"勉"一般用来指"人"。李增贵（1981）认为汉语的"蛮"是瑶语"勉"的音转，舒肖（1982）不同意这一看法，李永燧（1983）指出苗瑶语的民族自称、"人"以及称人量词是同义词分化的产物。Benedict（1972）将原始藏缅语的"人"构拟为 [*r-mi(y)]。Ratliff（2010：157）认为瑶语的"人" [*mjænᴬ] 来自汉语的"民"（OC *mi[ŋ] > MC *mjin > Man. *min*）。

（2）"人"的 [-w-] 是后起的，[-j-] 脱落，音变起变条件：
[-j-] > [-w-]/ 双唇辅音 +_+/a/。

（3）"脸"取自王辅世、毛宗武（1995：389）。

2.9 *e:n（e:n<>əŋ<>en<>e:n<>i:n<>ən<>eŋ<>ɛn）

表 2.185　原始瑶语的韵母 *e:n

索引	词项	江底	庙子源	罗香	梁子	滩散	东山	石口	大坪
普遍对应实例									
732	木板	pe:n31	pəŋ53	pen35	pe:n545	pi:n55	pən35	beŋ35	bɛn24
861	变(心)	pe:n24	pəŋ35	pen35	pe:n44	ʔpi:n335	pən24	beŋ33	bɛn42
放宽普遍对应实例									
636	脚板	pe:n52	pəŋ53	pen53	pen545	ʔpjɛn55	pən35	pa33	pjɛn53
736	水笕	tɕi:n52	tɕəŋ53	tɕen53	sen545	tɔn55	kən35	kjeŋ35	kɛn24

说明：

[*e:n] 和 [*en] 在各方言中的表现形式一致，长元音还保
留在江底、梁子和滩散方言中。

2.15 *e:t（et<>ei<>et<>e:t<>i:t<>ən<>e<>ɛt）

表 2.186　原始瑶语的韵母 *e:t

索引	词项	江底	庙子源	罗香	梁子	滩散	东山	石口	大坪
91	苗(火苗)	bjet12	bje21	bjap32	bjet21	bjɛ:t32	blin42	pje31	bɛt22
314	八	ɕet12	hje21	jat32	jɛt21	jɛ:t32	hjɛn42	jæ32	dzat22
316	八初八	pet55	pei54	pet43	pe:t24	ʔpi:t35	pən53	be33	bɛt44
315	八八月	pet55	pei54	pet43	pe:t24	ʔpi:t35	pən53	beŋ55	bɛt44
54	一初一	jet55	je54	jet43	jɛt54	jɛ:t35	in53	jɛ35	dzɔt44
55	一第一	jet55	je54	jet43	jɛt54	jɛ:t35	—	jɛ35	—
404	漆漆树	tsʰjet55	tsʰje54	θjet43	tjet32	kʰjɛ:t12	tsʰan53	tsʰæ35	tat44

索引	词项	江底	庙子源	罗香	梁子	滩散	东山	石口	大坪
533	痒	sjet55	sje54	ɕet43	sɛt32	ɕɛ:t12	hin53	tɕɛ35	kɛt44
584	舌	bjet12	bje21	bjet31	bjɛt21	bjɛ:t32	blin42	pjɛ22	bɛt22
507	七七月	tsʰjet55	tsʰje54	θjet43	tjet32	kʰjɛt12	tsʰan53	tsʰan55	huŋ44
508	七初七	tsʰjet55	tsʰje54	tjet43	tjet54	kʰjɛ:t12	tsʰan53	tsʰæ35	hut44
392	挖	—	wei54	vet43	ve:t24	vɛ:t35	un53	ve35	vɛt44

说明:

Benedict(1987)认为"八"借自藏缅语 [*-rjat]。

ε 类①

3.11 *ɛ:ŋ(ɛ:ŋ<>ɛŋ<>ɛŋ<>ɛŋ<>ɛ:ŋ<>ɛ<>iŋ<>ɛŋ)

表 2.187　原始瑶语的韵母 *ɛ:ŋ

索引	词项	江底	庙子源	罗香	梁子	滩散	东山	石口	大坪
普遍对应实例									
440	平(平地)	pɛ:ŋ31	pɛŋ31	pɛŋ31	pɛŋ33	ʔpɛ:ŋ33	pɛ42	biŋ55	pɛŋ53
651	绿	mɛ:ŋ33	mɛŋ33	mɛŋ33	mɛŋ35	mɛ:ŋ35	mɛ33	miŋ33	mɛŋ44
521	青青菜	mɛ:ŋ33	mɛŋ33	mɛŋ33	mɛŋ35	mɛ:ŋ35	mɛ33	miŋ33	mɛŋ44
放宽普遍对应实例									
105	崖	bɛ:ŋ24	—	bɛŋ35	—	bɛ:ŋ335	bɛ35	heŋ35	bɛŋ42
382	家畜	sɛ:ŋ33	—	ɕɛŋ33	tθɛŋ31	θɛ:ŋ13	sɛ33	—	hɛŋ44
277	双(鞋)	lɛ:ŋ13	lɛŋ11	—	gɛŋ22	gɛ:ŋ32	le42	—	dzaŋ22

①与其他韵类不同的是,本书的构拟形式没有单元音韵母 [*ɛ],只有 [*ɛ:ŋ]、[*ɛk] 这两个形式。单元音韵母 [*ɛ] 有可能与其他韵母合并,[*ɛ:ŋ] 和 [*ɛk] 两个韵母也有可能归并到其他韵母中。

索引	词项	江底	庙子源	罗香	梁子	滩散	东山	石口	大坪
放宽普遍对应实例									
652	蓝(布)	mɛ:ŋ33	mɛŋ33	—	mɛŋ35	mɛ:ŋ35	mɛ33	—	mɛŋ44
755	青青布	mɛ:ŋ33	mɛŋ33	—	mɛŋ35	mɛ:ŋ35	mɛ33	miŋ33	mɛŋ44
797	罐子	pɛ:ŋ31	pɛŋ31	ɛŋ33	—	ʔpɛ:ŋ33	pɛ31	biŋ55	—
175	抬(水)	tɕɛ:ŋ33	tɕɛŋ33	tɕɛŋ33	tɛ:ŋ35	tɛ:ŋ35	kjɛ33	—	kaŋ44
785	砧板	dzɛ:ŋ31	dzɛŋ31	dzɛŋ31	ɖɛŋ33	ɖɛ:ŋ33	—	—	—
147	虫	tɕɛ:ŋ33	kɛŋ33	kɛŋ33	kjɛŋ35	kɛ:ŋ35	klɛ33	klaŋ33	tsaŋ44
794	锅	tsʰɛ:ŋ33	tsʰɛŋ33	ɕɛŋ33	tɛŋ31	tʰɛ:ŋ13	tʰjɛ33	tʰaŋ33	haŋ44
711	兵	pɛ:ŋ33	pɛŋ33	pɛŋ33	pɛŋ35	ʔpɛ:ŋ35	pjɛ33	bɛŋ33	bjaŋ44
560	门	tɕɛ:ŋ31	kɛŋ31	kɛŋ31	kjɛŋ33	kɛ:ŋ33	klɛ31	tsiŋ55	—
849	生日	sɛ:ŋ33	sɛŋ33	ɕɛŋ33	tθɛŋ35	θɛŋ13	sɛ33	sɛŋ33	hɛŋ44
805	秤杆	ka:n33	kwɛŋ53	kwɛŋ53	kwɛŋ545	kwɛ:ŋ55	kjɛ35	——	kɔn24
128	生地	sjaŋ33	sɛŋ31	ɕɛŋ31	saŋ31	θɛ:ŋ33	se33	sɛŋ33	sjaŋ44

说明：

（1）[*ɛ:ŋ] 的长元音特性仅保留在江底和滩散方言中，东山方言的鼻音尾 [-ŋ] 消失，石口方言发生了 [*ɛ:ŋ] > [iŋ] 的演变。

（2）瑶语方言的"蓝""绿""青"属于同一个词根，只是分布环境不同。

3.16 *ɛk（ɛ<>ɛ<>ɛ<>ɛ<>ɛ<>a<>a）

表2.188 原始瑶语的韵母 *ɛk

索引	词项	江底	庙子源	罗香	梁子	滩散	东山	石口	大坪
普遍对应实例									
444	白	pɛ12	pje21	pɛ32	pɛ22	ʔpa32	pʰɛ42	ba55	pa22
494	百	pɛ55	pɛ54	pɛ43	pɛ35	ʔpɛ35	pɛ53	ba35	ba44

续表

索引	词项	江底	庙子源	罗香	梁子	滩散	东山	石口	大坪
				放宽普遍对应实例					
478	拍(手)	bɛ55	bɛ54	bɛ43	bai21	bɛ331	bɛ53	—	—
1010	隔(山)	dzɛ55	gɛ54	jɛ43	dɛ35	dɛ35	gjɛ53	—	—

说明:

（1）石口和大坪方言发生了 [*ɛ] > [a] 的演变。

（2）"白"在庙子源方言中的韵母形式可能与"百"相同，因为 [-j-] 常常使后面的元音低化，即 [je] > [ɛ]。

（3）Ratliff（2010：125）认为 [*ɛk] 只用来表示借词韵母，也就是说，表 2.188 中的词项都是瑶语从汉语借入的。

æ 类

4.1 *æ (e<>e<>a<>a<>a<>a<>a<>a)

表 2.189　原始瑶语的韵母 *æ

索引	词项	江底	庙子源	罗香	梁子	滩散	东山	石口	大坪
				普遍对应实例					
998	下(去)	dze13	je11	ja11	da22	da32	da42	ka13	ga22
				放宽普遍对应实例					
424	我	je33	je33	ja33	ja35	ja35	—	—	—
93	饿	sje33	sje33	ɕa33	sa31	sa31	—	ɕa33	
217	背(小孩)	ŋe 24	ŋe 35	ŋa35	ŋa44	ŋa335	ŋa35	—	
379	害怕	dzje24	dzje35	dza55	da21	da31	da24	—	dzjɛ42
227	几、多少	tsje24	tɕe35	tɕa55	sa44	ɕa35	ta35	tɕa44	—
449	草	mje52	mje53	ɱwa53	ma43	ma42	ɱja35	mu35	mjɛ24

索引	词项	江底	庙子源	罗香	梁子	滩散	东山	石口	大坪
放宽普遍对应实例									
535	草药	mje52	tsu53	ɱwa53	mɐŋ35	ma42	ɱja35	mu35	mjɛ24
865	补（衣服）	bje52	bje53	bwa53	va43	ba55	bja35	pu35	bjɛ24
480	蔗（甘蔗）	tsje24	tsje35	tɕa35	sa44	ɕa335	kjɛ35	tɕai44	—
992	起（床）	kwje231	kje232	kja213	kwe32	kwɛ31	—	—	kjɛ44
1092	起来	kwje231	kje232	kja213	kwe32	kwe21	tɔ42	tɕu21	kjɛ44
980	惹	ŋe231	ŋe 232	ŋa213	ŋe32	ŋun35	—	ŋa31	ŋɛ44
327	野野狗	ɕe31	ɕe31	jai31	gja21	ja31	ja53	ja31	dzjɛ53
330	野野鸭	ɕe31	ɕe31	je31	je44	ki:m33	ja53	ja31	dzjɛ53
332	野野猪	ɕe31	ɕe31	jai31	gja21	ja33	ja53	ja31	dzjɛ53
231	前天	ŋe31	ŋəŋ31	ŋa31	nja44	ŋa335	ŋa53	ŋa33	han44
1076	步	bje13	bəu11	bwa11	va22	ba32	bja42	—	—
390	那	wo52	wo53	wa53	wa545	va55	wə35	a35	vɛi42

说明：

（1）[*æ] 的对应和 [*a] 不同，主要区别在于 [*æ] 在江底和庙子源方言中经历了 [*æ] > [e] 的演变。之所以将"下（去）"放在普遍对应栏内，是因为它和 [*æk] 韵母的例子"只""女儿、姑娘"形成严整的对应，它们的不同仅仅出现在声调上，前者属于舒声调（调 *1~ 调 *6），后者属于促声调（调 *7、调 *8）。

（2）罗香方言的 [-w-] 来自 [-j-]，用音系规则表示为：[-j-] > [-w-]/ 双唇声母 +_+/a/。这一推断可以从方言的共时比较中得到验证，比如，"草""补（衣服）""步""草药"在其他方言中还保留着 [-j-]。

（3）"起（床）"和"起来"属于同一词根，"野猪""野
鸭""野狗"的词根同为"野"。

4.6 *æm（om<>əŋ<>em<>im<>im<>an<>an<>ɛm）

表 2.190　原始瑶语的韵母 *æm

索引	词项	江底	庙子源	罗香	梁子	滩散	东山	石口	大坪
970	承认	ŋom13	ŋəŋ11	ŋem11	ŋim22	ŋim32	ŋan42	ŋan13	ŋɛm22
394	哭	ŋom52	ŋəŋ53	njem53	ŋim545	ŋim55	ŋan35	ŋan35	ŋɛm24

说明：

（1）这组对应属于普遍对应。

（2）[*æm] 在江底方言中主元音变为后高圆唇元音 [o]；
在东山方言和石口方言中演变为舌尖鼻音 [an]。

（3）庙子源方言中的鼻音韵尾无前后之分，前元音后为前
鼻音 [-n]，后元音后为后鼻音 [-ŋ]。

4.8 *æn（en<>əŋ<>an<>an<>an<>an<>ən<>ɛn）

表 2.191　原始瑶语的韵母 *æn

索引	词项	江底	庙子源	罗香	梁子	滩散	东山	石口	大坪
391	碗	wjen52	wjəŋ53	van53	wan545	van55	wan35	ən35	vjɛn24
446	脚印	mjen52	mjəŋ53	m̥wan53	man43	man42	m̥jɛn35	—	—
892	翻（身）	bjen52	bjəŋ53	bwan53	plan33	ʔplan32	bjɛn35	bwən35	bjɛn24

说明：

（1）"脚印"和"翻（身）"中的 [-w-] 是后起的，[-j-] 脱落，
音变起变条件：[-j-] > [-w-]/ 双唇辅音 +＿+/a/。

（2）庙子源方言中的鼻音韵尾无前后之分，前元音后为前
鼻音 [-n]，后元音后为后鼻音 [-ŋ]。

4.9 *æ:n（en<> əŋ<>an<>a:n<>a:n<>an<>ən<>ɛn）

表 2.192　原始瑶语的韵母 *æ:n

索引	词项	江底	庙子源	罗香	梁子	滩散	东山	石口	大坪
710	官	kwjen33	kwjəŋ33	kwan33	kwan35	kwa:n35	kwan33	kwən33	kjɛn44
450	鬼	mjen52	mjəŋ53	ɱwan53	man43	ma:n42	ɱjen35	mwən35	mjɛn24
	老虎	sjen31	ɕəŋ31	dzan31	gja:n33	gja:n22	jɛn31	tɕwən55	kjɛn53

说明：

（1）"鬼"的 [-w-] 是后起的，[-j-] 脱落，音变起变条件：
[-j-] > [-w-]/ 双唇辅音 +＿＿+/a/。

（2）庙子源方言中的鼻音韵尾无前后之分，前元音后为前
鼻音 [-n]，后元音后为后鼻音 [-ŋ]。

（3）"老虎"取自王辅世、毛宗武（1995：559）。

4.10 *æŋ（eŋ<>əŋ<>aŋ<>aŋ<>aŋ<>aŋ<>aŋ<>ɛŋ）

表 2.193　原始瑶语的韵母 *æŋ

索引	词项	江底	庙子源	罗香	梁子	滩散	东山	石口	大坪
540	剩饭	tseŋ13	tsəŋ11	jaŋ11	jaŋ22	jaŋ331	jaŋ42	tsaŋ13	sɛŋ24

说明：

根据 [*æ] 组的对应规则，eŋ<>əŋ<>aŋ<>aŋ<>aŋ<>
aŋ<>aŋ<>ɛŋ 的对应可以构拟成 [*æŋ]。

4.12 *æp（op<>e<>ep<>ap<>ap<>an<>æ<>ɛp）

表 2.194　原始瑶语的韵母 *æp

索引	词项	江底	庙子源	罗香	梁子	滩散	东山	石口	大坪
132	十	tsjop12	tsje21	ɕep32	sap21	ɕap32	tʰan42	tɕæ22	sjɛp22
133	十（十月）	tsjop12	tsje21	ɕep32	sap21	ɕap32	tʰan42	tɕæ22	sjɛp22

索引	词项	江底	庙子源	罗香	梁子	滩散	东山	石口	大坪
134	十_{初十}	tsjop12	tsje21	ɕep32	sap21	ɕap32	tʰan42	tɕæ22	sjɛp22

说明：

（1）东山方言中的塞音韵尾变为舌尖鼻音韵尾，即 [*æp] > [an]。同理，[*æt] 也发生了平行演变。

（2）"十"不区分基数和序数义。Ratliff（2010：136）认为"十"借自汉语：*[g][i]p (OC) > dzyip (MC) > HM *gjɯɛp。同时，她指出"十"可能借自藏缅语，理由是数词4~9都借自藏缅语。Benedict（1987：14）给出的苗瑶语"十"的构拟形式为 [*g(j)iap]。

4.14 *æt（at<>ə<>ət<>et<>et<>an<>ɛ<>ɔt）

表2.195　原始瑶语的韵母 *æt

索引	词项	江底	庙子源	罗香	梁子	滩散	东山	石口	大坪
662	蕨菜	tɕwat55	tɕwə54	tɕwət43	set54	set55	twan53	tɕɛ35	kɔt44

说明：

东山方言中的塞音韵尾变为舌尖鼻音韵尾，即 [*æt] > [an]。同理，[*æp] 也发生了平行演变。

4.15 *æ:t（at<>ə<>ət<>ɛt<>ɛ:t<>ə<>ɛ<>ɔt）

表2.196　原始瑶语的韵母 *æ:t

索引	词项	江底	庙子源	罗香	梁子	滩散	东山	石口	大坪
972	出_(来)	tsʰwat55	tsʰwə54	ɕwət33	sɛt32	ɕɛ:t12	tʰwə53	ɕɛ35	sɔt44

说明：

[*æ:t] 和 [*æt] 的区别在于其在梁子、滩散和东山方言中的表现。

4.16 *æk（e<>e<>a<>a<>a<>a<>a）

表 2.197　原始瑶语的韵母 *æk

索引	词项	江底	庙子源	罗香	梁子	滩散	东山	石口	大坪
普遍对应实例									
169	只	tɕe55	tɕe54	tɕa43	sa24	ɕa35	ta53	tɕa35	tsa44
676	女儿、姑娘	sje55	sje54	ɕa43	sa31	ɕa12	sa53	ɕa35	sa44
放宽普遍对应实例									
170	认识	tsje55	tsje54	—	sa35	sa35	ta53	tɕa35	tsa44
515	燃	tsje12	tsje21	tɕa32	—	ta32	tʰa42	tɕa22	sa22
443	薄	pje12	pje21	pwa32	fa22	fa32	—	—	pjɛ22
187	铁	ɬje55	ɬje54	gja43	gja21	gja12	ɬja53	lja35	ljɛ44
	进	pje12	pje12	pja32	—	—	pʰja42	pja22	pjɛ22
171	编（簸箕）	tsje55	tsje54	tɕa43	sa35	ɕa35	ta53	tæ35	—
476	糠	bje55	bje54	bwa32	va31	ba12	bja53	bou33	bjɛ44
818	钳子	ɬje55	ɬje54	gja43	gja21	gja12	twəi31	lja35	ljɛ44
337	黑	tɕe55	kje54	kje43	kja24	kja35	kja53	klja35	kjɛ44

说明：

（1）[*æk] 在现代方言中的塞音韵尾消失，韵母形式变得与 [*æ] 相同，二者的区别体现在声调上，前者属于促声调（调 *7、调 *8），后者属于舒声调（调 *1~ 调 *6）。

（2）[*æk] 在江底和庙子源方言中经历了 [*æk] > [e] 的演变。另外，Ratliff（2010：136）指出凡是原始苗瑶语以 [-k] 结尾，那么瑶语的调 *8 与苗语的调 *6 十分符合对应规则，并且认为苗瑶语的"铁"是借自汉语的：*l̥ik (OC) > tʰet (MC) > M *hrɛk^D。

（3）罗香方言中的 [-w-] 来自 [-j-]，用音系规则表示为：[-j-] > [-w-]/ 双唇声母 +__+/a/。

（4）"进"取自王辅世、毛宗武（1995：615）。

a 类

5.1 *a（a<>a<>a<>a<>a<>a<>a<>a）

表 2.198 原始瑶语的韵母 *a

索引	词项	江底	庙子源	罗香	梁子	滩散	东山	石口	大坪
普遍对应实例									
162	茶	tsa31	tsa31	tɕa31	ʈa33	ʈa33	ʈa31	tsa55	ta53
310	马	ma231	ma232	ma213	ma32	ma31	ma42	ma31	ma44
442	耙子	pa31	pa31	pa31	pa33	ʔpa33	pa31	ba55	pa53
524	黄瓜	kwa33	kwa33	kwa33	kwa35	kwa35	kwa33	kwa33	ka44
689	寡妇	kwa52	kwa53	kwa53	kwa545	kwa55	kwa35	kwa35	ka24
852	价钱	tɕja24	tɕa35	tɕa35	kja44	ʈa335	ka24	ka44	ka42
放宽普遍对应实例									
664	疤	pa33	pa33	—	pa35	ʔpa35	pa33	pa33	—
570	囟门	ŋa31	ŋa31	ŋa31	ŋa33	ŋa33	—	—	—
722	棍子	pja52	pa53	pla53	pja545	ʔpja55	—	—	—
297	乌鸦	a33	a332	a33	a43	a32	—	a33	—
848	话	wa13	wa11	va11	wa22	va32	—	fa31	—
441	耙(田)	pa31	pa31	pa31	pa33	ʔpa33	—	ba55	pa53
1054	稀	sa33	sa33	ɕa33	tθa31	θa13	—	sa33	ha44
687	外祖父	ta33	ta31	ta33	ta35	ʔta35	ta24	—	—
583	牙齿	ŋa31	ŋa31	ŋa31	ŋa33	ŋa33	ŋa31	—	ŋjɛ53
769	床架	tɕa24	tɕa35	tɕa55	ta44	ʈa335	ka24	ka44	—
717	五	pja33	pa33	pla33	pja35	ʔpja35	pla33	pla33	pjɛ42
410	树杈	tsʰa33	tsʰa33	ŋa55	ta31	ʈʰa13	a33	kæ55	a44
21	月亮、月份	ła24	ła35	la55	la21	la331	la24	lu44	lou22
205	借	ka52	ka53	ka53	ka545	ka55	kɔ35	ku35	kou24
903	打(铁)	ta52	ta53	ta53	ta545	ʔta55	te35	de35	da24
67	肉	o52	ɔ53	a53	a545	a55	—	—	—

说明：

（1）瑶语方言表示动作义的"耙（田）"和与之对应的工具义名词"耙子"的语音形式相同。

（2）Benedict（1987）认为苗瑶语的"五"借自藏缅语 [*b-r-ŋa]，演变过程为 [*b-r-ŋa] > [*bra] > [*pra]。

5.2 *ai（ai<>ai<>ai<>ai<>ai<>ai<>ai<>εi）

表 2.199　原始瑶语的韵母 *ai

索引	词项	江底	庙子源	罗香	梁子	滩散	东山	石口	大坪
普遍对应实例									
271	锋利（刀）	lai13	lai11	gai11	gjai22	gjai32	lai42	lai13	hεi22
109	菜	lai33	lai33	gai33	gjai35	gjai35	lai33	lai33	εi44
541	盘菜	lai33	lai33	gai33	gjai35	gjai35	lai33	lai33	εi44
811	犁	lai31	lai31	gai31	gjai33	gjai33	lai31	lai55	hεi53
949	犁（地）	lai31	lai31	gai31	gjai33	gjai33	lai31	lai55	hεi53
261	竹笋	bjai13	bai11	bje11	bjai22	bjai32	blai42	plai13	bεi22
放宽普遍对应实例									
126	瘠地	tɕai13	—	kje11	kjai22	kjai32	—	klai13	kεi22
270	穿山甲	lai13	lai11	gai11	gjai22	gjai43	—	—	—
608	飞	dai24	dai35	dai55	dai21	dai331	dai24	—	—
728	厕所	gai52	gai53	dai53	dai545	dai55	kai35	—	kai24
429	晚稻	tsai31	tsai31	tɕai31	ʈai33	ʈai33	ʈai31	tsai55	—
512	迟	tsai31	tsai31	tɕai31	ʈai33	ʈai33	ʈai31	tsai55	—
8	杀	tai24	tai35	tai35	tai44	ʔtai335	tai24	ljaŋ35	dai42
981	解（开）	tɕai52	tɕai53	tɕai53	ʈai545	ʈai55	tɕi35	kai35	—

说明：

（1）大坪方言经历了 [*ai] > [εi] 的演变。

（2）"菜"和"盘菜"应该属于同一个词根，因为二者具有相同的语音形式。表示工具义的"犁"和表示耕作义的"犁（地）"

瑶语方言历史比较研究

在瑶语各方言中使用同一个语音形式。

（3）"杀"的讨论见第4章。

（4）Ratliff（2010：139）将原始苗瑶语的"鸡"构拟为[*Kəi]，认为其来自汉语的"雞"（OC *kˤe > MC kej > Man. jī），并认为"鸡"是一个区域性词语，详见原始台语 [*kəi]（Li，1977）。

（5）Ratliff（2010：151）指出"竹笋"这个词根在除炯奈语、畲语和巴哼语外的所有苗语支方言中也有"孤儿、寡妇、鳏夫"的意思，也许"竹笋"义是基本的，而"孤儿、寡妇、鳏夫"义是派生的，理由是"竹笋"义的分布范围更广。

5.3 *a:i

表 2.200　原始瑶语的韵母 *a:i

索引	词项	江底	庙子源	罗香	梁子	滩散	东山	石口	大坪
普遍对应实例（1）：a:i◇a◇a:i◇a:i◇a:i◇a◇ai◇ai									
354	卖(柴)	ma:i13	ma11	ma:i11	ma:i22	ma:i32	ma42	mai13	mai22
303	腰	tɕa:i52	ka53	kla:i53	tla:i545	kla:i55	kla35	lai35	lai24
普遍对应实例（2）：ai◇ai◇ai◇ai◇a:i◇ai◇ai◇ai									
76	死	tai13	tai11	tai11	tai22	ʔta:i32	tai42	tai13	tai22
202	屎	gai52	gai53	dai53	dai545	da:i55	kai35	kai35	kai24
578	眼眵	gai52	gai53	dai53	dai545	da:i55	kai35	kai35	kai24
放宽普遍对应实例（1）：a:i◇a◇a:i◇a:i◇a:i◇a◇ai◇ai									
863	拜	pa:i24	pa35	pa:i35	pa:i44	ʔpa:i335	—	bai44	bai24
74	来①	ta:i31	ta31	ta:i31	ta:i33	ʔta:i33	ta31	—	tɛi53
351	有	ma:i31	ma31	ma:i31	ma:i33	na:i33	ma31	mai55	—
353	买(肉)	ma:i231	ma232	ma:i35	ma:i32	na:i31	—	mai31	mai44
872	剖(肚子)	pʰa:i24	pʰa35	pʰa:i55	pa:i21	pʰa:i331	pʰa24	pʰai44	—
295	问	na:i13	na11	na:i11	na:i22	na:i32	na42	nwei13	nɔi22
877	派	pʰa:i24	pʰa35	pʰa:i55	pa:i21	pʰa:i331	pʰɛ24	pʰai44	pai53

190

索引	词项	江底	庙子源	罗香	梁子	滩散	东山	石口	大坪
放宽普遍对应实例（1）：a:i◇a◇a:i◇a:i◇a:i◇a◇ai◇ai									
201	叫公鸡叫	ga:i24	ga35	ka:i55	kai44	ka:i44	—	kwei44	kɔi42
414	咸	dza:i31	dza31	da:i31	dai33	da:i33	dza31	tswei55	dɔi53
857	摆(设)	pja:i52	pa53	pai31	pa:i545	ʔpa:i55	—	bai44	—
1053	贵(价钱)	tɕa:i24	tɕwa35	tɕwai55	sai44	ɕa:i335	tɕwai24	tɕi44	
95	火灰	sa:i52	swa53	ɕwai53	sai43	ɕa:i42	swai35	ɕi13	sɔi24
放宽普遍对应实例（2）：ai◇ai◇ai◇ai◇a:i◇ai◇ai◇ai									
99	瘦(肉)	tɕai13	kai11	kje11	kjai22	kja:i32	—	klai13	kɛi22
470	小米	tsai33	tsai33	tɕai33	tɕi35	tʰa:i35	ʈai33	tsai33	tɕi44
878	排列	pai31	bai31	pai31	pai33	ba:i33	blɛ31	be55	bai42
1015	捆(柴)	sai33	sai33	ɕai33	tθai31	θa:i13	—	—	—
744	笮子	pai13	pai11	pai11	pai22	ʔpa:i32	pai42		
898	晚(玉米)	tsai31	tsai31	tɕai31	ʈai33	ʈa:i33	ʈai31		
920	脱(衣)	tɕai52	tɕai53	tɕai53	ʈai545	ʈa:i55	tɕi35	kai35	
203	鸡	tɕai33	tɕai33	tɕai33	ʈai35	ʈa:i35	tɕi33	kai33	kui44

注：① "来" 具体指来家以外的地方。

说明：

（1）[*a:i] 在各方言中的对应情况可以细分为两种模式：一是在江底、罗香、梁子和滩散方言中还保留着长音，石口和大坪方言中长短元音合流为 [ai]，庙子源和东山方言中演变为 [a]；二是只在滩散方言中保留着长音。

（2）"买""卖""死"的讨论见第 4 章。

（3）一个有意思的现象是，"有"和"去"的声调符合对应规则（阳调），声母在金门方言（梁子和滩散）中是 [n-]（见表 2.59），海南岛的金门方言也具有同样的声母表现形式："有"[na:i33]、"去"[niŋ33]（Shintani and Yang，1990：241）。如何解释这种声母的"出类"现象？瑶语中没有鼻音声母的前缀（陈其光，1993），所以也不能用"prefix pre-emption"（Matisoff，1997）来解释这种声母不符合对应的现象。Ratliff（2010：41）给这两个词项构拟了一个表示状态义的浊音 [*n-] 前缀。Ratliff（2010：142）指出如果苗语的"抓"有瑶语同源词，那么我们在苗瑶语层次上就有涉及同一词根的四个词来处理领有和物体转移关系：[*ʔ-mɛj]"抓"，[*n-mɛj]"有"，[*mɛj-X]"买"，[*mɛj-H]"卖"。

5.4 *au（au<>au<>au<>au<>au<>a<>ɔu<>iu）

表 2.201　原始瑶语的韵母 *au

索引	词项	江底	庙子源	罗香	梁子	滩散	东山	石口	大坪
普遍对应实例									
259	鱼	bjau231	bau232	bjau213	bjau32	bjau31	bla42	plɔu31	biu44
721	房子、家	pjau52	pau53	pjau53	pjau545	ʔpjau55	pla35	plɔu35	piu24
放宽普遍对应实例									
764	篾桌	ɬau52	—	ɭau53	lau43	lau42	—	lau35	lau24
289	断 (扁担)	nau52	nau53	nau53	nau545	nau55	—	—	—
786	久	lau31	lau31	lau31	lau33	lau22	—	—	lu53
268	窝 (鸟)	lau231	lau232	gau213	gjau32	gjau21	la42	lɔu31	—
145	路	tɕau52	kau53	kjau53	kjau545	kjau55	kla35	klɔu35	tsu24
65	妻子	au52	au53	au53	au545	au55	kau35	—	sa44
1065	只 (羊、牛、猪)	tau31	tau31	tau31	tau33	ʔtau33	tau31	dɔu55	tsa44
585	稻子	bjau31	bau31	blau31	blau33	blau22	blau31	plɔu55	bjau55
635	脚	tsau24	tsau35	θau35	tθau44	θau335	tsau24	tsɔu44	tau24
151	蛋	tɕau24	kau35	kjau35	kjau44	kjau335	klau24	klɔu44	tsu42
820	斗	tau52	tau53	tau53	tau545	ʔtau55	tau35	dɔu35	tuŋ53
422	禾苗	bjau31	bau31	blau31	blau33	blau33	blau31	plou55	bu44

索引	词项	江底	庙子源	罗香	梁子	滩散	东山	石口	大坪
				放宽普遍对应实例					
907	到	tʰau24	tʰau35	tʰau55	tau21	tʰau331	tu24	—	—
19	竹子	ɬau52	ɬau53	ɭau53	lau43	lɔu42	ɬau35	lau35	lau24
807	烟斗	tau52	tau53	doŋ31	tau545	ʔtau55	tau35	doŋ55	tuŋ53
830	鞭炮	pʰau24	pʰau35	pʰou55	pau21	ʔpʰɔu331	bɔ35	pʰeu44	pau24
26	生 (蛋)	dau13	dau11	tu43	—	—	dau42	tɔu13	du22
788	回来	—	—	lau213	lau32	lau31	lau42	—	lau44
224	后年	—	ŋ̥au33	nau213	ŋau32	ŋau31	nau42	nɔŋ33	hut44

说明：

（1）普遍对应下，东山方言经历了 [*au] > [a] 的音变；放宽普遍对应后，部分词项也有 [au] 的形式。

（2）瑶语中的"回来"专指回家，而"来"表示回到除家以外的某个地方。

（3）Haudricourt 和 Strecker（1991）论证了"稻子"从苗瑶语借入汉语的可能性，理由是苗瑶的农业比汉族的发达，王辅世（1994：67）构拟的原始苗语形式是 [*mblæᴬ]。Baxter（1992）认为这个词与汉语的"稻"有关（MC [*dauᴮ]），理由是中古汉语的 [*d-] 有时来自上古汉语的 [*bl-]。我们认为这一推断并不能成立，理由是"稻子"在苗语和瑶语中同属 A 调类，而在汉语中属于 B 调类，这种调类的不对应是不能解释的。

5.5 *aːu（aːu<>a<>aːu<>au<>aːu<>a<>au<>au）

表 2.202　原始瑶语的韵母 *aːu

索引	词项	江底	庙子源	罗香	梁子	滩散	东山	石口	大坪
				普遍对应实例					
188	量 (布)	ɬaːu33	ɬa33	gaːu33	gau31	gaːu13	ɬa33	lau33	dzau44

续表

索引	词项	江底	庙子源	罗香	梁子	滩散	东山	石口	大坪
普遍对应实例									
768	炒(菜)	tsʰa:u52	tsʰa53	ɕa:u53	tau43	tʰa:u331	tʰa35	tʰau35	hau24
520	桃子	tɕa:u31	ka31	kla:u31	tlau33	kla:u33	kla31	klɔ35	kɔu53
951	洗(碗)	dza:u24	dza35	da:u35	dau44	da:u335	dza35	tsɔ35	dɔu24
放宽普遍对应实例									
304	还(债)	tɕa:u52	ka53	—	tlau545	kla:u55	klau35	klau35	kau24
601	烤(火)	dza:u24	dza35	—	dau44	da:u335	dau24	tɔu44	du42
938	脆	fa:u52	fa53	θa:u53	tθa:u545	θa:u55	—	—	hɔu24
842	诰头	tɕa:u24	kwa35	tɕa:u35	ɬa:u44	ɬa:u335	ka24	kwa33	kau42
598	长	da:u52	da53	da:u53	da:u545	da:u55	da35	dɔu35	du24
433	禾草	ga:u52	ga53	ka:u53	gau545	ga:u53	kɔ35	kɔ35	kɔu24
405	桃树	tɕa:u31	ka31	kla:u31	tlau44	klau33	kla31	klɔ55	kɔu53
340	风	dzja:u24	dzja35	dza:u35	ɖa:u44	ɖa:u335	hja24	jau44	dzau42
213	右	bja:u13	bja11	bjau11	bjau22	bjau33	sun31	kwɔ31	bɔu22
538	锅巴	la:u231	lau232	ga:u213	gau32	ga:u331	la42	lau31	gu24
976	数(一下)	sa:u52	sau53	ɕa:u53	tθau43	θau42	sau35	sɔu44	—
3	答	tau33	tau33	—	ta:u35	tau35	dau33	dja33	du44
804	秤钩	ŋau33	ŋau33	ŋau53	ŋau35	ŋa:u35	—	—	—
547	盐	dzau52	dzau53	dau53	dau545	da:u55	dza35	tsɔu35	dzjam53
1030	饱满	tɕau31	kau31	kjau31	kjau33	kja:u33	klau31	—	—
292	舅父	nau231	nau232	nau213	nau32	na:u31	nau42	nɔu31	nuŋ44
106	石头	lai31	lau33	gau33	gjau33	gja:u35	lau33	lɔu33	dzu44
816	推铇	fwo55	pʰau31	pa:u11	pau22	ʔpa:u32	pau42	pou13	—
1045	叫(鸟)	—	—	ha:u31	hau33	hau33	hjau35	hjɔu13	—
385	洗洗手	dza:ŋ24	dza35	da:u55	da:u44	da:u44	dza35	tsɔ35	dɔu24

说明：

（1）庙子源和东山方言经历了 [*a:u] > [a] 的演变。

（2）"答"在梁子方言中保留着长元音韵母，"秤钩""盐"

"饱满""舅父"在滩散方言中保留着长元音韵母，其他词各有不同程度的保留，这与 Wang（1969）提出的词汇扩散模型正好吻合，语音的变化是突变的，而词汇的变化是渐变的，即音变是以词为单位进行的。

5.6 *am（am<>aŋ<>am<>am<>am<>an<>an<>am）

表 2.203　原始瑶语的韵母 *am

索引	词项	江底	庙子源	罗香	梁子	滩散	东山	石口	大坪
					普遍对应实例				
5	虱子	tam52	taŋ53	tam53	tam545	ʔtam55	dan35	dan35	dam24
284	冷天冷	nam24	naŋ35	nam55	nam44	nam44	nan13	nan44	nam41
					放宽普遍对应实例				
630	盲肠	tsʰa24	tsʰa35	ŋa35	tam22	tʰa331	tɕʰa13	ka35	tsa42
713	哑巴	a52	a53	am33	—	am55	a53	a35	a24
276	粮仓	lam231	laŋ232	gam213	gjam32	gjam21	lan42	—	dzum44
317	庹	tsam31	tsaŋ31	wjam31	jom33	jom33	jaŋ31	jɔn55	dzjam53

说明：

庙子源方言根据主元音的前后区分 [-n] 和 [-ŋ]，所以 [aŋ] 可以用 [an] 取代，它和东山、石口方言共同发生了 [*am] 和 [*an] 的合流现象，演变为现代方言中的 [an]。

5.7 *a:m（a:m<>aŋ<>a:m<>a:m<>a:m<>an<>ɔn<>ɔm）

表 2.204　原始瑶语的韵母 *a:m

索引	词项	江底	庙子源	罗香	梁子	滩散	东山	石口	大坪
					普遍对应实例				
605	担(柴)	da:m24	daŋ35	da:m35	da:m44	da:m35	dan24	dɔn44	dɔm42
168	淡	tsa:m52	tsaŋ53	θa:m53	tθam545	θa:m55	tsan35	tɔn31	tɔm24
371	三三月	fa:m33	faŋ33	θa:m31	tθam44	θam335	gan53	sɔn55	hɔm44
372	三初三	fa:m33	faŋ33	θa:m33	tθam35	θa:m35	san33	sɔn33	hɔm44
370	三第三	fa:m33	faŋ33	θa:m35	tθam35	θam35	san33	sɔn33	hɔm44

续表

索引	词项	江底	庙子源	罗香	梁子	滩散	东山	石口	大坪
				放宽普遍对应实例					
393	嫂	ŋa:m33	ŋaŋ33	—	ŋa:m35	ŋa:m35	ŋan33	ŋan33	ŋɛm44
456	蓝靛草	dza:m31	gaŋ31	ga:m31	ga:m33	ga:m33	—	klan55	
80	半半天	da:m31	daŋ31	da:m31	da:m33	da:m22	—	tɔn55	
926	挑(水)	da:m33	daŋ33	da:m33	da:m35	da:m35	da33		dɔm44
195	南	na:m31	naŋ31	na:m31	na:m33	na:m33	nan31	nɔn55	nan53
631	胆	ta:m52	taŋ53	ta:m53	ta:m545	ʔta:m55	tan35	dɔn35	tɛu44
378	血	dzja:m52	dzjaŋ53	ɕam53	sa:m43	ɕa:m42	san35	tɕʰan35	dzjɛm24
204	甜	ka:m33	kaŋ33	ka:m33	ka:m35	ka:m35	kan33	kwɔn33	
479	甘甘蔗	ka:m33	kaŋ33	kam33	kɔm35	kam33	kan33	kwɔn33	—

说明：

（1）庙子源方言根据主元音的前后区分 [-n] 和 [-ŋ]，所以韵母 [aŋ] 的记音形式可以用 [an] 取代；东山方言中的鼻音尾 [-m] 和 [-n] 合并：[*a:m] > [an]；大坪方言：[*a:m] > [ɔm]；石口方言则在大坪方言的基础上又向前演变一步：[*a:m] > [ɔm] > [ɔn]。

（2）"担"和"挑"的声母和韵母相同，但声调不同，前者属于调 *5，后者属于调 *1。

（3）不同条件下的"三"属于同一个词根。"甘"和"甜"也属于同一词根。

5.8 *an（an<>əŋ<>ən<>an<>an<>an<>ən<>an）

表 2.205 原始瑶语的韵母 *an

索引	词项	江底	庙子源	罗香	梁子	滩散	东山	石口	大坪
33	雪	bwan24	bwəŋ35	bwən55	van44	bɔn335	bin24	pən44	ban42
34	冰	bwan24	bwəŋ35	bwən55	—	bɔn335	bin24	—	ban42
1082	面粉	bwan52	bwəŋ53	bwən53	van545	van53	hwan35	—	—

索引	词项	江底	庙子源	罗香	梁子	滩散	东山	石口	大坪
466	粪肥	pwan24	pwəŋ35	pwən35	fan44	fɔ:n335	hwəi33	bwei55	bun42
489	打_(枪)	pwan52	pwəŋ53	pwən53	fan545	fɔn55	—	—	bun24
893	放_(置)	an33	əŋ33	an33	an35	an35	wan33	—	—

说明：

（1）庙子源方言根据主元音的前后区分 [-n] 和 [-ŋ]，所以韵母 [aŋ] 可以用 [an] 取代。

（2）"打_(枪)" 和 "面粉"：瑶语双唇声母导致 [-w-] 的产生，[-w-] 还保留在勉方言中，在标敏和藻敏方言中 [-w-] 使元音变成圆唇元音。

（3）Haudricourt 和 Strecker（1991）认为 "面粉" 是汉语借用苗瑶语的形式，王辅世（1994：72）构拟的原始苗语形式为 [*plou^{C}]。

5.9 *a:n

表 2.206 原始瑶语的韵母 *a:n

索引	词项	江底	庙子源	罗香	梁子	滩散	东山	石口	大坪
普遍对应实例（1）：a:n◇aŋ◇a:n◇an◇a:n◇an◇ən◇ɔn									
96	炭_{火炭}	tʰa:n24	tʰaŋ35	tʰa:n35	tan21	tʰa:n331	tʰan24	tʰən44	hɔn42
645	汗	ha:n13	aŋ11	ha:n11	han43	han42	hwan42	hən13	hɔn22
759	单衣	ta:n33	taŋ33	ta:n33	tan35	ʔtan335	tan33	dən33	dɔn44
普遍对应实例（2）：a:n◇aŋ◇an◇an◇a:n◇an◇ən◇an									
661	筋	tɕa:n33	tɕwaŋ33	tɕwan33	san35	ɕa:n35	twan33	tɕwən33	tsan44
658	斤	tɕa:n33	tɕwaŋ33	tɕwan33	san35	ɕan35	twan33	tɕwən33	tsan44
放宽普遍对应实例									
453	茅草	ga:n33	gaŋ33	ga:n33	ga:n35	ga:n13	gwan33	klœ33	gɔn44
801	伞	fa:n24	faŋ35	θa:n35	tθa:n44	θa:n335	san24	sun35	hɔn42

续表

索引	词项	江底	庙子源	罗香	梁子	滩散	东山	石口	大坪
				放宽普遍对应实例					
121	旱_{旱田}	ha:n231	aŋ232	ha:n213	gai31	ga:i13	gwai33	hɔn31	hɔn44
1063	万	wa:n13	waŋ11	ma:n11	ma:n22	ma:n22	wən42	veŋ13	van22
182	银	ŋa:n31	ŋwaŋ31	ŋwan31	ŋa:n33	ŋa:n33	ŋan31	ŋun55	ŋan53
953	散	dza:n24	dzaŋ35	da:n55	dan21	da:n331	dzan24	tʰən44	—
1042	难	na:n31	naŋ31	na:n31	—	na:n33	—	—	nan53
864	办_(事)	be:n13	bəŋ11	pen11	ban22	ban32	ban24	peŋ13	pan24
810	铲子	tsʰe:n52	tsʰəŋ53	ɕa:n53	tan43	tʰa:n42	tʰan35	tʰan35	han24
1033	慢	—	maŋ11	man11	ma:n22	man32	man42	man13	man22
86	背、脊背	ta:n231	taŋ232	tan213	tan32	ʔtan31	—	tan31	—
150	小母鸡	tɕa:n24	kaŋ35	ka:n35	kjan44	kjan335	—	—	—
454	牛圈	la:n31	laŋ31	ga:n31	go33	gu33	glan31	lan55	dzu53

说明：

（1）[*a:n] 的普遍对应支持实例有两组，二者的区别在于大坪方言的表现形式，即 [ɔn] 和 [an]。

（2）庙子源方言根据主元音的前后区分 [-n] 和 [-ŋ]，所以韵母 [aŋ] 可以用 [an] 取代。

（3）石口方言经历了 [*a:n] > [ən] 的演变。

5.10 *aŋ（aŋ<>aŋ<>aŋ<>aŋ<>aŋ<>aŋ<>aŋ<>aŋ）

表2.207 原始瑶语的韵母 *aŋ

索引	词项	江底	庙子源	罗香	梁子	滩散	东山	石口	大坪
				普遍对应实例					
18	凳子	taŋ24	taŋ35	taŋ35	taŋ44	ʔtaŋ335	taŋ24	daŋ44	daŋ42
214	年	ŋaŋ24	ŋaŋ35	ŋaŋ55	ŋaŋ21	ŋaŋ331	ŋaŋ24	ŋaŋ44	ŋaŋ42
318	走	jaŋ31	jaŋ31	jaŋ31	jaŋ33	jaŋ33	ŋaŋ31	jaŋ55	dzaŋ53
802	秤	dzjaŋ24	dzjaŋ35	dzaŋ55	ɖaŋ21	ɖaŋ331	ɖaŋ24	tɕʰaŋ44	dzaŋ42

索引	词项	江底	庙子源	罗香	梁子	滩散	东山	石口	大坪
放宽普遍对应实例									
670	舅母	mjaŋ31	—	mwaŋ31	maŋ33	maŋ33	mjaŋ31	mu55	mjaŋ53
9	断(线)	taŋ24	taŋ35	—	—	—	taŋ24	daŋ44	daŋ42
553	红糖	wjaŋ31	wjaŋ31	waŋ31	—	vaŋ33	—	vuŋ55	—
674	簸箕	sjaŋ33	sjaŋ33	ɕaŋ33	saŋ31	ɕaŋ13	taŋ33	—	—
190	高	ɬaŋ33	ɬaŋ33	gaŋ33	gjaŋ31	gjaŋ13	ɬaŋ33	laŋ33	dzoŋ44
179	记(住)	tɕaŋ24	tɕaŋ35	tɕaŋ35	saŋ44	ɕaŋ335	taŋ24	tɕaŋ44	kɛŋ42
757	花布	pjaŋ31	pjaŋ31	pwaŋ31	faŋ33	faŋ33	pjaŋ31	pleŋ33	pɛn44
430	谷花	pjaŋ31	pjaŋ31	pwaŋ31	faŋ33	faŋ33	pjaŋ31	buŋ55	fa44
436	花	pjaŋ31	pjaŋ31	pwaŋ31	faŋ33	faŋ33	pjaŋ31	buŋ55	pjaŋ53
483	黄	wjaŋ31	wjaŋ31	waŋ31	waŋ33	vaŋ33	waŋ31	vuŋ55	vjaŋ53
286	短	naŋ52	naŋ53	naŋ53	*niŋ545*	*niŋ55*	naŋ35	naŋ35	naŋ53
858	帮(助)	paŋ33	paŋ33	pɔŋ53	tθaŋ32	θaŋ31	paŋ33	tsjəŋ13	bɔŋ22
234	夜晚	mwan231	mwəŋ232	ȵaŋ53	—	—	ȵoŋ24	maŋ44	mɔŋ42
537	晚(晚饭)	mwaŋ24	mwəŋ35	ȵaŋ53	—	—	ȵoŋ24	maŋ44	mɔŋ42
275	村	laŋ231	—	gaŋ213	—	gjaŋ31	laŋ42	laŋ31	dzoŋ44
649	伤	sjaŋ33	sjaŋ33	ɕaŋ33	saŋ31	*ɕɔːŋ35*	ɕaŋ33	ɕɔŋ33	—
776	灯	taŋ33	taŋ33	taŋ33	tɔŋ35	*ʔtɔːŋ35*	təŋ33	doŋ33	daŋ44

说明：

（1）[*aŋ] 和 [*aːŋ] 构拟的区别在于前者没有长元音韵母，而后者在部分方言中还保留着长元音韵母。

（2）罗香方言中的"花"和"舅母"中的 [-w-] 是后起的，[-j-] > [-w-]/ 双唇辅音 +_+/a/。"花""谷花""花布"属于同一个词根。

（3）梁子和滩散方言中的声母、声调都符合对应，独有韵母不符合对应规则，原因暂时不明。

5.11 *aːŋ（aːŋ<>aŋ<>aːŋ<>aŋ<>aːŋ<>aŋ<>aŋ<>aŋ）

表2.208　原始瑶语的韵母 *aːŋ

索引	词项	江底	庙子源	罗香	梁子	滩散	东山	石口	大坪
普遍对应实例									
629	肠子	tɕaːŋ31	kaŋ31	klaːŋ31	tlaŋ33	klaːŋ33	klaŋ31	kljaŋ55	kjaŋ53
94	新新年	sjaŋ33	sjaŋ33	ɕaŋ31	saŋ31	ɕaːŋ33	sjaŋ33	ɕaŋ33	sjaŋ44
793	甑子	tsaŋ24	tsaŋ35	θaŋ35	tθaŋ44	θaːŋ335	tsaŋ24	tsaŋ44	taŋ42
放宽普遍对应实例									
595	香	daːŋ33	daŋ33	daːŋ33	daŋ35	daːŋ35	daŋ33	tɔŋ33	dɔŋ44
386	船	dzaːŋ52	dzaŋ53	daːŋ53	daŋ545	daːŋ53	dzaŋ35	tʰɔŋ35	dɔŋ24
282	蛇	naːŋ33	naŋ33	naːŋ33	naŋ35	naːŋ35	naŋ33	nu33	nɔŋ44
695	柴	tsaːŋ31	tsaŋ31	θaːŋ31	tθaŋ33	tθaːŋ22	tsaŋ31	tsuŋ55	hɔŋ53
413	字	dzaːŋ13	dzaŋ11	—	daŋ22	daŋ43	dzaŋ42	tsaŋ12	—
679	女婿	laːŋ31	laŋ31	laːŋ31	laŋ33	laːŋ33	—	—	—
301	脖子、颈	tɕaːŋ33	kaŋ33	klaːŋ33	tlaŋ35	klaːŋ35	klaŋ33	—	kan44
300	老鹰	tɕaːŋ52	kaŋ53	klaːŋ53	tlaŋ545	klaːŋ53	klaŋ35	—	kjaŋ24
51	水塘	dzaːŋ31	gaŋ31	glaːŋ31	dlaŋ13	glaːŋ33	glaŋ31	—	gɔŋ53
749	裤带	ɬaːŋ33	ɬaŋ33	ʝaːŋ33	laŋ31	laːŋ31	—	ljaŋ33	ljaŋ44
825	绳子	ɬaːŋ33	ɬaŋ33	ʝaːŋ33	laŋ31	laːŋ13	ɬaŋ33	ljaŋ33	—
30	前边	daːŋ13	daŋ11	daːŋ11	daŋ22	daŋ32	—	—	—
435	饭	ŋaːŋ24	ŋaŋ35	naːŋ55	naŋ21	naŋ331	ŋaŋ24	—	nɔŋ42
692	匠（匠人）	tsaːŋ13	tswaŋ11	θɛŋ11	tθaŋ22	tθaːŋ43	tsaŋ42	tsɔŋ13	—
959	蒸	tsaːŋ33	tswaŋ33	tɕwɔŋ33	saŋ35	ɕaŋ13	tɔ33	tsu31	tsaŋ44
356	望	maŋ13	maŋ11	—	maŋ22	maːŋ32	məŋ42	—	mɔŋ6
357	看（书）	maŋ13	maŋ11	—	maŋ22	maːŋ2	məŋ42	—	mɔŋ22
223	前年	dzjaŋ31	dzjaŋ31	dzaŋ31	ɖaŋ33	ɖaːŋ33	tɕɛ42	tɕen55	han44
199	后边	—	gaŋ33	daːŋ33	daŋ35	daːŋ35	—	—	kɔŋ44

说明：

（1）[*aŋ] 和 [*a:ŋ] 构拟的区别在于前者没有长元音韵母，而后者在部分方言中还保留着长元音韵母。

（2）庙子源、梁子和东山方言的长短元音合并。大坪方言的部分词语经历了 [*a:ŋ] > [ɔŋ] 的演变，例如"香""船""蛇""柴"。

（3）"脖子、颈"在王辅世、毛宗武（1995）给出的大坪方言中有两个形式：[kan1] 和 [kuŋ1]，并且他们指出这两个形式的韵母都不符合对应规则。暂不清楚这两个形式是变体还是印刷错误。

（4）Downer（1973：21）认为"柴"是个汉语借词（MC dzrɛ > Man, *chai*），这是一个用来说明汉语的 [-i]/[-u] 韵尾与瑶语的 [-ŋ] 韵尾存在关系的实例。

（5）Downer（1973：21）认为"字"是一个用来说明汉语的 [-i]/[-u] 韵尾与瑶语的 [-ŋ] 韵尾存在关系的实例。

（6）Haudricourt 和 Strecker（1991）认为"饭"是汉语从苗瑶语借入的，王辅世（1994：67）构拟的原始苗语形式是 [*ŋon^C]。

（7）"裤带"和"绳子"的语音形式相同，二者应该来自同一词根。

5.12 *ap（ap<>a<>ap<>ap<>ap<>an<>æ<>ap）

表 2.209　原始瑶语的韵母 *ap

索引	词项	江底	庙子源	罗香	梁子	滩散	东山	石口	大坪
78	咬（狗）	tap12	ta21	tap32	tap21	ʔtap32	tʰan42	tæ22	—
281	斗笠	lap12	la21	gap32	gjap21	gjap32	łan42	læ22	dzup22
	蜈蚣	sap55	—	ɕap43	tθap32	tθap24	sən53	—	tsap44

说明：

（1）庙子源和石口方言中的塞音韵尾 [-p] 已经消失，具体而言，庙子源方言：[*ap] > [a]；石口方言：[*ap] > [æ]。东山方言的塞音韵尾演变为鼻音韵尾：[*ap] > [an]。

（2）"蜈蚣"一词取自王辅世、毛宗武（1995：485）。

5.13 *a:p（a:p<>a<>a:p<>a:p<>a:p<>an<>æ<>ap）

表 2.210　原始瑶语的韵母 *a:p

索引	词项	江底	庙子源	罗香	梁子	滩散	东山	石口	大坪
562	腊肉	la:p12	la21	la:p32	—	la:p32	łan42	plæ55	lap22
79	穿(鞋)	ta:p12	ta21	ta:p32	ta:p42	ʔta:p32	—	—	—
66	鸭	a:p55	a54	a:p43	a:p24	a:p35	an53	æ22	ap4
774	蜡(蜡烛)	la:p12	la21	la:p32	la:p42	lap32	łan42	lɔ55	lap22
148	剪(断)	tɕap55	ka54	kap43	kjap54	kja:p35	klan53	kle35	kɛp44

说明：

与 [*ap] 相同，庙子源和石口方言中的塞音韵尾 [-p] 已经消失，具体而言，庙子源方言：[*a:p] > [a]；石口方言：[*a:p] > [æ]。东山方言的塞音韵尾演变为鼻音韵尾：[*a:p] > [an]。

5.14 *at（at<>a<>at<>at<>at<>an<>æ<>at）

表 2.211　原始瑶语的韵母 *at

索引	词项	江底	庙子源	罗香	梁子	滩散	东山	石口	大坪
247	近	fat55	fa54	θat43	tθat54	θat35	—	—	—
835	笔	pat55	pa54	pat43	pat54	ʔpat35	—	bæ35	bit44
603	织(布)	dat55	da54	dat43	dat54	dat35	dan53	tæ35	dat44
1058	笑	tɕat55	ka54	kjat54	kjet54	kjet55	klan53	klæ35	tut44

说明：

与 [*ap]、[*a:p] 类似，庙子源和石口方言中的塞音韵尾 [-t] 已经消失，具体而言，庙子源方言：[*at] > [a]；石口方言：[*at] > [æ]。东山方言的塞音韵尾演变为鼻音韵尾：[*at] > [an]。

5.15 *a:t（a:t<>a<>a:t<>a:t<>a:t<>an<>æ<>at）

表 2.212　原始瑶语的韵母 *a:t

索引	词项	江底	庙子源	罗香	梁子	滩散	东山	石口	大坪
13	翅膀	da:t55	da54	da:t43	da:t24	da:t55	—	tæ33	dɔt44
1027	渴(口)	ga:t55	ga54	ga:t43	ga:t31	ga:t12	gwai33	—	gɔt44
263	辣	bja:t12	ba21	bla:t32	bja:t42	bja:t32	blan42	plæ22	bjɛt22
750	袜子	ma:t12	ma21	ma:t32	ma:t42	ma:t32	ɱun42	mæ22	mat22
207	割(肉)	ka:t55	ka53	ka:t43	ka:t24	kwan42	kwan53	kwə33	kɔt44

说明：

与 [*at] 相同，庙子源和石口方言中的塞音韵尾 [-t] 已经消失，具体而言，庙子源方言：[*a:t] > [a]；石口方言：[*a:t] > [æ]。东山方言的塞音韵尾演变为鼻音韵尾：[*a:t] > [an]。

5.16 *ak（a<>a<>a<>a<>a<>a<>a<>a）

表 2.213.1　原始瑶语的韵母 *ak

索引	词项	江底	庙子源	罗香	梁子	滩散	东山	石口	大坪
				普遍对应实例					
743	木梳	tsa55	tsa54	tɕa43	ʈa24	ʈa35	ʈa53	tsa35	ta44
				放宽普遍对应实例					
1043	直	tsa12	tsa21	tɕa32	ʈa22	ʈa32	—	—	—
484	芝麻	sa55	sa54	ɕa43	tθa31	θa12	—	—	tsa44
287	吞	na55	na54	na43	na24	na35	na53	na35	—

说明：

（1）[*ak] 在现代方言中的塞音韵尾 [-k] 消失，韵母形式变得和 [*a] 相同，二者的区别仅体现在声调上，前者属于促声调（调 *7、调 *8），后者属于舒声调（调 *1~ 调 *6）。

（2）[*ak] 的构拟还有另外一种证据，主要依据梁子和滩散方言的韵母形式，即 [ak]（见表 2.213.2）。

表 2.213.2　原始瑶语的韵母 *ak

索引	词项	江底	庙子源	罗香	梁子	滩散	东山	石口	大坪
836	墨	ma:t12	ma21	ma32	mak21	mak32	mɔ42	ma32	ma22
821	墨斗	ma:t12	mɛ21	ma32	mak21	mak32	mɔ42	ma22	ma22
501	卜(萝卜)	pa12	pa21	po32	bak21	bak32	pʰɔ42	pa31	pou22

5.17 *a:k（o<>ɔ<>ɔ:k<>a:k<>ak<>ɔ<>ɔ<>ɔu）

表 2.214　原始瑶语的韵母 *a:k

索引	词项	江底	庙子源	罗香	梁子	滩散	东山	石口	大坪
690	学生	ho12	hɔ21	hɔ:k32	ha:k42	hak32	hɔ42	hɔ31	hou22

说明：

[*a:k] 只是一个暂时的构拟，构拟依据来自梁子和滩散方言的韵母表现。

o 类

6.1 *o（u<>u<>o<>u<>u <>u<>u<>ɔu）

表 2.215　原始瑶语的韵母 *o

索引	词项	江底	庙子源	罗香	梁子	滩散	东山	石口	大坪
					普遍对应实例				
164	灶	dzu24	dzu35	do55	du44	du44	tsu13	tsu44	tɔu42

索引	词项	江底	庙子源	罗香	梁子	滩散	东山	石口	大坪
普遍对应实例									
824	大	ɬu33	lu232	lo33	lu31	lu13	ɬu33	lu13	lɔu44
放宽普遍对应实例									
11	深	du33	du33	do33	do35	do35	du33	du33	—
27	苎麻	du13	du11	do11	do22	do32	du42	tu13	—
1038	老	ku24	ku35	ko35	ko44	ko335	ku24	ku44	ku42
1028	呕吐	—	u53	ou53	o545	o55	—	u35	—
77	乌龟	tu13	tu11	to11	to22	ʔtu32	—	—	—
1055	远	ku33	ku33	ko33	ko35	ku35	ku33	ku33	kɔu44
302	狗	tɕu52	ku53	klo53	tlo545	klu55	klu35	klu35	ku24
1056	厚	hu231	u232	ho213	hu32	hu31	hau42	hɔu31	hu44
846	鼓	dzu231	dzu32	dzo213	dʑu32	dʑu31	du42	tsu31	
952	洗（衣）	dzu24	dzu35	do55	du21	du35	dzu24	tʰu44	du42

说明：

（1）Ratliff（2010：130）认为瑶语 [*o] 和 [*u] 韵母的不同在于藻敏方言的大坪代表点，即：

$$M\ [*o] > 藻敏（大坪）/-ɔu/$$

$$M\ [*u] > 藻敏（大坪）/-u/$$

不过从 [*o]（u<>u<>o<>u<>u <>u<>u<>ɔu）和 [*u]（o<>ə<>u<>u<>u<>u<>u<>u）各自普遍对应的情况来看，事情并非如此简单。事实上，元音高化是类型学中很常见的音变现象，即 [*o] > [u] > [ɔu]。相反，我们则认为 [*o] 和 [*u] 的区别在于罗香方言的表现形式，罗香现代方言中 [o] 和 [u] 的对立也许反映了比较古老的形式。

（2）根据 Ratliff（2010：131），白苗"大"的语音形式为 /lɔ2/，声调和声母的不同也许可以归结为一个去浊化前缀的作用，它使"生长"的声母清音化：[*hlj-] 产生高域 1 调，[*lj-] 产生低域 2 调。

（3）"老"指老人的"老"，而非指"旧"义的"老"（王辅世、毛宗武，1995：327–328）。

6.4 *ou（u<>u<>ou<>ou<>ɔu<>ɔ<>eu<>au）

表 2.216　原始瑶语的韵母 *ou

索引	词项	江底	庙子源	罗香	梁子	滩散	东山	石口	大坪
942	捞（水草）	ɬu55	ɬu54	gou213	gjou32	gjɔu31	ɬɔ42	leu35	lau24
747	帽子	mwo13	mau35	mou11	mou22	mɔu32	mau35	mu13	mu22
696	水槽	tsu31	tsu31	θou31	dðau33	—	tsu31	tsu55	—
298	猫头鹰	ku52	ku53	kou53	ko545	ku55	kau35	—	ku42
593	喉咙	hu31	u31	hou31	hu33	hu33	hau31	hɔu55	—
455	猪圈	la:n31	gu31	gou31	go33	gu33	glu31	lan55	dzu53
718	五第五	ŋǹ231	ń232	ŋou213	ŋou32	ŋɔu31	uŋ42	ǹ31	ǹ44
719	五五月	ŋǹ231	ń33	ŋou213	ŋou32	ŋɔu31	uŋ42	ǹ31	ǹ44
720	五初五	ŋǹ231	ń232	ŋou213	ŋou32	ŋɔu31	uŋ42	ǹ31	ǹ44

说明：

表示序数的"五"在不同条件下的形式属于同一个词根。

6.10 *oŋ（oŋ<>oŋ<>oŋ<>ɔŋ<>ɔŋ<>ɔŋ<>oŋ<>oŋ/uŋ）

表 2.217　原始瑶语的韵母 *oŋ

索引	词项	江底	庙子源	罗香	梁子	滩散	东山	石口	大坪
				普遍对应实例					
198	中间	doŋ24	doŋ35	toŋ35	tɤŋ44	ʔtɔŋ35	toŋ24	dɛŋ33	dɔŋ44

索引	词项	江底	庙子源	罗香	梁子	滩散	东山	石口	大坪
普遍对应实例									
602	戴(戴帽)	doŋ24	doŋ35	doŋ55	dɔŋ44	dɔŋ44	dɔŋ13	tɔŋ44	dɔŋ42
97	桶	tʰoŋ52	tʰoŋ53	tʰoŋ53	tɔŋ43	tʰɔŋ42	dɔŋ35	tʰɔŋ35	tuŋ42
1085	要(要钱)	loŋ13	noŋ11	loŋ11	lɔŋ22	nɔŋ43	nɔŋ42	lɔŋ12	nuŋ22
放宽普遍对应实例									
194	东	toŋ33	təŋ33	toŋ33	tɔŋ35	ʔtɔŋ35	tɔŋ33	dɔŋ33	duŋ44
914	顶(着包袱)	doŋ24	doŋ35	—	dɔŋ44	dɔŋ335	dɔŋ24	tɔŋ44	dɔŋ42
833	枪	tsʰoŋ24	tsʰoŋ35	ɕwaŋ55	tɔŋ21	tʰɔŋ331	tʰɔŋ24	tɕʰɔŋ44	tsuŋ24
108	好(人)	loŋ24	noŋ35	gwəŋ35	gɔŋ44	gɔŋ335	lɔŋ24	lɔŋ44	dzɔŋ42
954	放松	foŋ33	foŋ33	θoŋ33	—	—	sɔŋ33	—	huŋ44
401	棕树	tsoŋ33	tsoŋ33	θoŋ53	—	θɛi35	tsɔŋ33	tsɔŋ33	tuŋ22
838	笔筒	doŋ31	doŋ31	doŋ31	dɔŋ33	dɔŋ33	dɔŋ31	dɔŋ55	—
812	犁弓	koŋ33	koŋ33	koŋ33	kɔŋ35	kɔŋ35	koŋ33	kɔŋ33	kuŋ44
407	桐子树	toŋ31	toŋ31	toŋ31	tɔŋ35	ʔtoŋ33	tuŋ42	dɔŋ55	tuŋ53

说明：

（1）[*oŋ]（oŋ<>oŋ<>oŋ<>ɔŋ<>ɔŋ<>ɔŋ<>ɔŋ<>ɔŋ/uŋ） 和 [*oːŋ]（oŋ<>oŋ<>oŋ<>ɔŋ<>oːŋ<>ɔŋ<>ɔŋ<>uŋ）的 构 拟 正 好 反映了元音长短不同在音系中的对立。坚持普遍对应的条件，[*oŋ] 在大坪方言中有 [ɔŋ]/[uŋ] 两种变异形式。[*oŋ] 和下文 [*ɔŋ]（aŋ<>əŋ<>əŋ<>ɔŋ<>ɔŋ<>ɔŋ<>ɔŋ<>uŋ）拟音的不同在于江底、罗香和庙子源三个方言中的韵母表现形式。

（2）"要(要钱)"的声母 [n-] 和 [l-] 在不同方言间交替使用，具体原因暂时不明。

6.11 *o:ŋ（oŋ<>oŋ<>oŋ<>ɔŋ<>ɔ:ŋ<>ɔŋ<>ɔŋ<>uŋ）

表 2.218 原始瑶语的韵母 *o:ŋ

索引	词项	江底	庙子源	罗香	梁子	滩散	东山	石口	大坪
普遍对应实例									
82	铜	toŋ31	toŋ31	toŋ31	toŋ33	ʔtɔ:ŋ33	toŋ31	doŋ55	tuŋ53
399	松树	tsoŋ31	tsoŋ31	θoŋ31	dðoŋ33	θɔ:ŋ33	tsoŋ31	tsjoŋ55	huŋ53
827	鸟笼	loŋ31	loŋ31	loŋ31	loŋ33	lɔ:ŋ33	loŋ31	loŋ55	luŋ53
放宽普遍对应实例									
305	水牛	ŋoŋ31	ŋuŋ31	ŋoŋ31	ŋoŋ33	ŋɔ:ŋ33	ŋuŋ31	ŋoŋ55	ŋ̍53
844	钟	tsoŋ33	tsoŋ33	tɕwoŋ33	hɛŋ31	tɔ:ŋ35	tɔŋ33	tɕoŋ33	tsuŋ44

说明：

（1）[*o:ŋ]（oŋ<>oŋ<>oŋ<>ɔŋ<>ɔ:ŋ<>ɔŋ<>ɔŋ<>uŋ）和 [*ɔ:ŋ]（o:ŋ<>ɔŋ<>ɔŋ<>ɔŋ<>ɔ:ŋ<>ɔ<>oŋ<>ŋɔ）分别属于不同的对应组，并且罗香方言中的词项"铜"（[toŋ31]）和"糖"（[toŋ31]）存在二者的最小对立，因此我们将它们构拟为两组不同的韵母。[*o:ŋ]（oŋ<>oŋ<>oŋ<>ɔŋ<>ɔ:ŋ<>ɔŋ<>ɔŋ<>uŋ）和 [*oŋ]（oŋ<>oŋ<>oŋ<>ɔŋ<>ɔŋ<>ɔŋ<>ɔŋ<>ɔŋ/uŋ）的不同仅在于有无长短元音。

（2）长元音只保留在滩散方言中，在其他方言中已经消失。

6.12 *op

表 2.219 原始瑶语的韵母 *op

索引	词项	江底	庙子源	罗香	梁子	滩散	东山	石口	大坪
	皮	dop55	dəu54	dup43	dop54	dup55	din53	tɛ35	dip44

说明：

"皮"取自王辅世、毛宗武（1995：624），其声母在苗语中表现为清塞音，瑶语中则为浊塞音，王辅世、毛宗武（1995：367）认为瑶语现代方言中的浊塞音声母是受壮侗语影响的结果。Ratliff（2010：147）则认为该词是苗瑶语词，并且采用构拟一个 [*N-] 前缀的方式来解释苗语支和瑶语支声母的不一致现象，即"皮" [*N-top]。

6.13 *o:p

表 2.220　原始瑶语的韵母 *o:p

索引	词项	江底	庙子源	罗香	梁子	滩散	东山	石口	大坪
	鸽子	kop55	ko:p54	kop43	kɔk54	kɔp55	—	—	ku44

说明：

"鸽子"取自王辅世、毛宗武（1995：610），庙子源被大坪替代，滩散被览金替代。

6.14 *ot（ot<>ə<>ot<>ɔt<>tɕ<>an<>ɛ<>）

表 2.221　原始瑶语的韵母 *ot

索引	词项	江底	庙子源	罗香	梁子	滩散	东山	石口	大坪
	洞眼	kʰot55	kʰwə54	kʰot43	kɔt32	kɔt55	kʰwan53	kʰɛ35	—
	擦擦桌子	sot55	su54	ɕot43	tθɔt54	—	—	—	—

说明：

这两个词项取自王辅世、毛宗武（1995：649）。Ratliff（2010：147）认为它们都是汉语借词：

*[s][r][o]t (OC) > srwœt (MC) 刷 *shua* 'to brush' > M *sot^D 'to wipe'

kʰwot (MC) 堀 *ku* 'hole' > M *kʰot^D

6.16 *ok（u<>u<>o<>ɔ<>ɔ<>ɔ<>u ）

表 2.222　原始瑶语的韵母 *ok

索引	词项	江底	庙子源	罗香	梁子	滩散	东山	石口	大坪
普遍对应实例									
609	手指	du55	du54	do43	dɔ24	dɔ35	dɔ53	tɔ35	tau24
1059	六	tɕu55	ku53	kwo43	kjɔ24	kjɔ35	klɔ53	klɔ35	tɔu44
放宽普遍对应实例									
957	缩(短)	su55	su54	ɕo43	tθɔ31	θɔ13	—	—	—
1057	浑(水)	dzu12	gu21	glo32	dlɔ22	glɔ32	—	—	—
638	脚趾	du55	du54	do43	dɔ35	dɔ35	dɔ53	tɔ35	—
347	少	tsu12	tsu21	θɔ32	tθɔ22	θɔ32	tsʰɔ42	tsɔ22	hu8
989	缺少	tsu12	tsu21	θɔ32	tθɔ22	θɔ32	tsʰɔ42	tsɔ22	hu22

说明：

（1）[-k] 韵尾在瑶语现代方言的部分词中已经消失，构拟它的证据来自声调的表现形式。根据瑶语和苗语的语音对应事实，瑶语的调 *8 和苗语的调 *6 合并，瑶语的调 *7 和苗语的调 *5 合并。

（2）[*ok] 和下文中 [*ɔk]（o<>ɔ<>ɔ<>ɔ<>ɔ<>ɔ<>ɔ<>u）的区别在于江底、庙子源和罗香三个方言的韵母表现形式，这也是本书将它们构拟为两组声母的依据。

（3）Benedict（1987）认为"六"借自藏缅语 [*k-ruk]。

（4）"手指"和"脚趾"应该属于同一词根；"少"和"缺少"也是同一词根。

ɔ 类

7.1 *ɔ (o<>ɔ<>ɔ<>ɔ<>ɔ<>ɔ<>ɔ<>ɔu)

表 2.223　原始瑶语的韵母 *ɔ

索引	词项	江底	庙子源	罗香	梁子	滩散	东山	石口	大坪
845	锣	lo31	lɔ31	lɔ31	lɔ33	lɔ33	lɔ31	—	lɔu53

说明：

（1）[*ɔ] 和 [*ɔk] 在现代方言中的韵母表现形式相同，不同的是二者的声调，前者属于舒声调（调 *1~ 调 *6），后者属于促声调（调 *7、调 *8）。

（2）从音系配整的角度看，[*ɔ] 应该还有很多支持实例。遗憾的是，目前我们只找到了"锣"。

7.2 *ɔ:i (o:i<>a<>ɔi<>ɔi<>ɔ:i<>ai<>ei<>ai)

表 2.224　原始瑶语的韵母 *ɔ:i

索引	词项	江底	庙子源	罗香	梁子	滩散	东山	石口	大坪
				普遍对应实例					
25	白薯	do:i31	dwa31	dɔi31	dɔi33	dɔ:i33	dwai31	twei55	dai53
17	碓	to:i24	twa35	tɔi35	tɔi44	ʔtɔ:i335	twai24	di44	dui42
	天	ŋɔi33	ŋwa33	ŋɔi33	nɔi31	nɔ:i31	ŋwai33	nwei33	nai44
				放宽普遍对应实例					
465	艾子	ŋo:i13	ŋwa11	ŋɔi11	—	ŋɔ:i32	—	ŋai35	ŋɛi22
49	海	kʰo:i52	kʰwa53	kʰɔi53	kɔi43	kʰɔ:i42	kʰwai35	kai35	hɔi24
113	开(门)	kʰo:i33	gwa33	kʰɔi33	kɔi31	kʰɔ:i13	kʰwai33	kʰwei33	—

说明：

"天"取自王辅世、毛宗武（1995：571），出现环境有"今天""明天"的"天"，而不是"天地"的"天"。另外，除东山方言外，其他各地方言还可以用"天"这一词根来表示"太阳"（王辅世、毛宗武，1995：371）。

7.4 *ɔu（o<>ə<>u<>u<>u<>au<>ɔu<>u）

表 2.225　原始瑶语的韵母 *ɔu

索引	词项	江底	庙子源	罗香	梁子	滩散	东山	石口	大坪
普遍对应实例									
369	三	pwo33	pwə33	pu33	pu35	ʔpu355	pau33	bɔu33	bu42
495	烧(山)	pwo52	pwə53	pu53	pu545	ʔpu55	pau35	bɔu35	bu24
594	手	pwo231	pwə232	pu213	pu32	ʔpu31	pau42	pɔu31	pu44
放宽普遍对应实例									
627	乳房	ŋo24	ŋə35	nu35	nu545	nu55	nɛ24	ni44	nin24
491	我们	bwo33	bwə33	—	bu35	bu35			bu44
359	兄弟	mwo231	mwə11	mai213	—	—	mau42	mɔu31	mu44
39	名字	bwo24	bwə35	bu35		bu335	bau24	pou44	bu42
47	告诉	bwo24	bwə35	bu35	bu44	bu:i335	bu24	bɔu44	bɔu42
45	灰灰色	bwo52	bwə53	bu31	bu43	bu42	bau35	—	—
756	灰灰布	bwo52	bwə53	bu53	bu43	bu42	bu35	—	—

说明：

（1）[*ɔu]（o<>ə<>u<>u<>u<>au<>ɔu<>u）和 [*u]（o<>ə<>u<>u<>u<>u<>u<>u）的区分在于东山和石口两个方言的差异，因为这两个方言中还保留着复元音韵母。

（2）江底方言发生的演变为 [*ɔu] > [o]；庙子源方言则变为央元音 [ə]，即 [*ɔu] > [ə]。

（3）"三"被认定为苗瑶语的本土词，Ratliff（2010：215）构拟的原始苗瑶语形式是 [*pjɔu]。

（4）不同条件下的"灰"属于同一词根。

7.5 *iɔu

表 2.226　原始瑶语的韵母 *iɔu

索引	词项	江底	庙子源	罗香	梁子	滩散	东山	石口	大坪
		普遍对应实例（1）：ou◇əu◇eu◇ou◇ɔu◇au◇uɔ◇iu							
368	蚂蚁	dzjou52	dzjəu53	ɕeu53	sou43	ɕɔu42	sau35	tɕʰɔu35	dziu24
975	收	sjou33	sjəu33	ɕeu33	sou31	ɕɔu13	sau33	ɕɔu33	siu44
		普遍对应实例（2）：u◇əu◇eu◇ou◇ɔu◇au◇ɔu◇u							
419	菌子	tɕou33	tɕəu33	tɕeu33	sou35	ɕɔu35	tau33	tɕɔu33	ku44
		普遍对应实例（3）：ou◇əu◇ou◇ou◇ɔu◇əu◇u							
72	火	tou231	təu232	tou213	tou32	ʔtɔu31	təu42	teu31	tu44
497	斧头	pou52	pəu53	pou53	pou545	ʔpɔu55	bəu35	peu35	pu24
789	风箱	lou31	ləu31	lou31	lou33	lɔu33	ləu31	leu55	lu53
		普遍对应实例（4）：ou◇əu◇ou◇ou◇ɔu◇əu◇iu◇u							
153	桥	tɕou31	tɕəu31	tɕou31	tɔu33	tɔu33	təu31	tɕiu55	ku53
471	煮	tsou52	tsəu53	tɕou53	tɔu545	tɔu55	təu35	tɕiu35	tsu24
		普遍对应实例（5）：ou◇əu◇eu◇ou◇ɔu◇au◇ɔu◇ɛu							
375	果子	pjou52	pjəu53	pjeu53	pjou545	ʔpjɔu55	pjau35	bjɔu35	bɛu24
678	漂浮	bjou31	bjəu31	bjeu31	bjou33	bjɔu33	bjau31	pjɔu55	bɛu53
		放宽普遍对应实例							
502	籽(茶籽)	pjou52	tsai53	pjeu53	pjou545	ʔpjɔu55	pjau35	bjɔu35	tɛi24
215	肠子	ŋou52	ŋəu53	ŋeu53	ŋou545	ŋɔu53	—	ŋɔu35	—
279	流(水)	ljou13	ljəu11	gjeu11	gjou22	gjɔu32	—	ljɔu13	—
367	烟(火烟)	sjou24	sjəu35	ɕeu55	sou21	ɕɔu311	—	ɕɔu44	—
803	磨(刀)	dzjou24	dzəu35	dzeu55	ɖou21	ɖɔu31	ɖau24	—	dziu42
545	植物油	jou31	jəu31	jeu31	jou33	jɔu33	jau31	jɔu55	—
985	救(人)	dzou24	jəu35	jeu35	ɖou44	ɖɔu335	ɖau24	keu44	gɛu42
503	油(茶油)	jou31	jəu31	jeu31	jou33	jɔu33	jou31	jɔu55	dziu53
962	站	sou52	səu53	ɕou53	—	—	səu35	ɕiu35	fu24

索引	词项	江底	庙子源	罗香	梁子	滩散	东山	石口	大坪
放宽普遍对应实例									
841	香炉	lou31	ləu31	lou31	wan545	van55	ləu31	—	lu53
325	公(公狗)	kou52	kəu53	kou53	ko545	kɔu55	kɔŋ33	kɔŋ33	kuŋ44
306	公(公牛)	kou52	kəu53	kou53	kou545	kɔŋ35	kɔŋ33	kɔŋ33	kuŋ44
668	篪子	tsou52	tsəu53	tɕou53	tou545	tɔu55	—	—	—
983	锯(木头)	dzou24	jəu35	jou55	dou44	dʑɔu335	—	—	—
482	芋头	hou13	əu11	hou11	hou22	hɔu32	—	heu13	vu22
851	数目	sou24	səu35	ɕou55	tθou21	θou331	sau24	sɔu44	hu42
233	大后天	tsou13	tsəu11	tɕou11	tou22	tɔu32	təu42	—	—
767	床	tsʰou24	tsʰəu35	ɕou55	tou21	tʰɔu331	tʰəu24	—	fu42
700	主人	tsjou52	tsjəu53	tɕou53	tou545	tɔu55	təu35	tɕɔu35	tsiu24
166	坟墓	tsou52	tsəu53	θou53	tθou545	θɔu53	tsəu35	tseu35	—
781	筷子	tsou13	tsəu11	tɕou11	tou22	tɔu32	təu42	tseu13	tau22
819	锯子	dzou24	jəu35	jou35	dou44	dʑɔu335	dəu24	tɕiu44	ki42
181	句(话)	tɕou24	tɕəu35	tɕou35	tou44	tɔu335	təu24	tɕiu44	kui42
1018	箍(桶)	kʰou33	kəu33	kʰu33	—	kʰɔu42	kəu33	kʰɔ35	ku44
806	桶箍	kʰou33	kəu33	kʰu33	kui31	kʰɔu31	kəu33	klɔ35	ku44
324	兔子	tʰou24	tʰu35	tou55	tu21	tʰɔu331	tʰəu53	tʰeu44	tu42
943	留(饭)	—	ljəu31	gjeu31	gjou33	gjɔu33	ljau31	ljɔu55	ljaŋ53
225	大后年	—	tsəu11	tɕou11	tou22	tɔu32	təu42	dœn55	—

说明：

（1）[*iɔu] 在现代方言中的表现形式比较复杂，坚持普遍对应的条件可以得到五种不同的对应组。

（2）"风箱"指的是一个圆柱体里面有个泵的装置（Lemoine，1972：130–131）。

7.6 *ɔm（om<>oŋ<>om<>ɔm<>ɔm<>an<>ɔn<>ɔn）

表 2.227　原始瑶语的韵母 *ɔm

索引	词项	江底	庙子源	罗香	梁子	滩散	东山	石口	大坪
683	盖(锅)	kom53	goŋ35	kom53	kɔm545	kam55	—	kwɔn35	kɔn44
64	肿	om24	oŋ35	om35	ɔm44	ɔm335	an33	ɔn44	—
517	柑子	kom31	kaŋ33	kɔm33	kam33	kam35	kan33	kwɔn33	kɔm44

说明：

Ratliff（2010：163）指出，"盖"和"盖(用瓦)"似乎是 Tai-Kadai 的最近借用形式。Li（1977）构拟了一些具有相同意义的形式："盖，遮蔽" *xr[um]B1；"盖，保护" *ɣ[um]B2；"掩饰、隐瞒、遮盖" *homC1。Thongkum（1993：204）给出的勉和金门方言的形式分别为 Mien/gom3/ 和 Mun/gəm3/。

7.7 *ɔ:m（o:m<>oŋ<>ɔm<>ɔm<>ɔ:m<>ɔ<>ɔ<>ɔm）

表 2.228　原始瑶语的韵母 *ɔ:m

索引	词项	江底	庙子源	罗香	梁子	滩散	东山	石口	大坪
916	叼(着烟)	go:m33	goŋ33	gɔm33	—	gjɔ:m35	gan33	han55	ham53
421	含(水)	go:m33	goŋ33	gɔm33	gjɔm35	gjɔ:m35	gan33	—	—
293	树叶	no:m31	noŋ31	nɔm31	nɔm33	nɔ:m33	nan31	neŋ55	num53
285	个(瓶子)	no:m33	nɔŋ33	nɔm33	nɔm35	nɔ35	nɔ33	nɔ33	na44
556	热(热水)	tɕo:m33	koŋ33	kɔm33	kjɔm35	kjɔm35	klan33	klɶn33	tsam44
383	早晨	do:m33	doŋ33	dɔm33	dɔm35	dɔm33	djau35	twɔn33	dɔm44
1072	粒(米)	no:m33	nɔŋ33	nɔm33	nɔm35	nɔm35	nɔ33	nɔ33	—
551	茶叶	—	nɔŋ31	ŋɯŋ53	nɔm33	nɔ:m33	nan31	neŋ55	

说明：

（1）庙子源方言前后鼻音的出现是有条件限制的，前元音后为 [-n]，后元音后为 [-ŋ]。

（2）江底和滩散方言中还保留着长元音，在其他方言中已消失。

（3）东山和石口方言中的 [-m] 在某些词中与 [-n] 合并，在另一些词中 [-m] 尾则消失。

7.9 *ɔ:n（o:n<>aŋ<>ɔ:ŋ<>ɔn<>ɔ:n<>an<>ən<>an）

表 2.229　原始瑶语的韵母 *ɔ:n

索引	词项	江底	庙子源	罗香	梁子	滩散	东山	石口	大坪
4	儿子	to:n33	twaŋ33	—	tɔn35	tɔ:n35	twan33	dən33	dan44
591	舌根	ko:n33	kwaŋ33	kɔ:ŋ35	kɔn35	—	kwan33	kwan33	kan44

说明：

（1）庙子源方言前后鼻音的出现是有条件限制的，前元音后为 [-n]，后元音后为 [-ŋ]。

（2）[*ɔ:n] 和 [*ɔ:m] 在现代方言中的表现比较一致，江底、罗香和滩散方言中还保留着长元音，在其他方言中已消失。

7.10 *ɔŋ（aŋ<>əŋ<>əŋ<>ɔŋ<>ɔŋ<>ɔŋ<>ɔŋ<>uŋ）

表 2.230　原始瑶语的韵母 *ɔŋ

索引	词项	江底	庙子源	罗香	梁子	滩散	东山	石口	大坪
			普遍对应实例						
178	冷 (天气)	tɕwaŋ52	tɕwəŋ53	tɕwəŋ53	sɔŋ545	ɕɔŋ55	tɔŋ35	tɕɔŋ35	kuŋ24
244	被子	swaŋ24	swəŋ35	ɕwəŋ55	tθɔŋ21	θɔŋ331	sɔŋ24	ɕɔŋ44	suŋ42
468	种 (玉米)	tswaŋ24	tswəŋ35	tɕwəŋ35	sɔŋ44	ɕɔŋ335	tɔŋ24	tɕɔŋ44	tsuŋ42
			放宽普遍对应实例						
677	媳妇	bwaŋ231	bwəŋ232	bwəŋ213	bɔŋ32	bɔŋ31	bɔŋ42	paŋ31	——
487	满	pwaŋ52	pwəŋ53	pwəŋ53	pɔŋ545	ʔpɔŋ55	pɔŋ35	baŋ35	baŋ24

说明：

[*ɔŋ] 的演变情形：[*ɔŋ] > [aŋ]（江底）；[*ɔŋ] > [əŋ]（庙子源、罗香）；[*ɔŋ] > [uŋ]（大坪）。

7.11 *ɔ:ŋ（o:ŋ<>ɔŋ<>ɔŋ<>ɔŋ<>ɔ:ŋ<>ɔ<>oŋ<>ɔŋ）

表 2.231　原始瑶语的韵母 *ɔ:ŋ

索引	词项	江底	庙子源	罗香	梁子	滩散	东山	石口	大坪
普遍对应实例									
36	霜	so:ŋ33	sɔŋ33	ɕɔŋ33	tθɔŋ31	θɔ:ŋ13	sɔ33	sjɔŋ33	sɔŋ44
977	说	ko:ŋ52	kɔŋ53	kɔŋ53	kɔŋ545	kɔ:ŋ55	tɔ35	klɔŋ35	kɔŋ24
146	角牛角	tɕo:ŋ33	kɔŋ33	kɔŋ33	kjɔŋ35	kjɔ:ŋ35	klɔ33	klɔŋ13	kɔu44
729	屋角	ko55	kɔ54	kɔŋ33	kjɔŋ35	kjɔ:ŋ35	klɔ33	klɔŋ33	kɔu44
放宽普遍对应实例									
552	糖	to:ŋ31	tɔŋ31	tɔŋ31	tɔŋ33	ʔtɔŋ33	taŋ31	duŋ55	tɔŋ53
328	公鸡	ko:ŋ24	kɔŋ35	kɔŋ31	kɔŋ33	kɔŋ33	kɔŋ33	kɔŋ33	bjɛ24

说明：

（1）[*ɔ:ŋ]（o:ŋ<>ɔŋ<>ɔŋ<>ɔŋ<>ɔ:ŋ<>ɔ<>oŋ<>ɔŋ） 和 [*o:ŋ]（oŋ<>oŋ<>oŋ<>ɔŋ<>ɔ:ŋ<>ɔŋ<>ɔŋ<>uŋ）分别属于不同的对应组，且罗香方言中的词项"糖"（[tɔŋ31]）和"铜"（[toŋ31]）还存在最小对立，因此本书将它们构拟为两组不同的声母。

（2）比较 [*ɔ:ŋ] 和 [*ɔŋ]，不难发现 [-w-] 介音可以使不圆唇元音变为圆唇元音，具体来讲，[-w-] 介音使低元音高化、央元音低化，即江底：[waŋ] > [oŋ]，庙子源、罗香：[wəŋ] > [ɔŋ]。

（3）长元音残留在江底和滩散方言中，在其他方言中已消失。

（4）"角牛角"和"屋角"属于同一个词根，只是由于语素在词中的表现形式不同，所以提取出来的语素在江底和庙子源方言中有些差异，但是这种差异并不影响构拟，相反，从江底方言的两个词项来看，它们恰好反映了舌面后声母腭化的状态。

7.14 *ɔt（at<>a<>ɔtɕ<>iɕ<>ɔ:i<>a<>ɛ<>ɛt）

表 2.232　原始瑶语的韵母 *ɔt

索引	词项	江底	庙子源	罗香	梁子	滩散	东山	石口	大坪
619	手指骨节	ŋat55	ŋa54	ŋɔtɕ43	ŋiɕ35	ŋɔ:i35	tʰja53	kɛ35	tɛt44
644	骨节	ŋat55	dzi54	ŋɔt43	ŋiɕ31	ŋɔ:i35	tʰja53	kæ35	tɔu24

说明：

这两个词项属于同一个词根，构拟的证据来自罗香方言的韵母形式和各方言的声调表现（*D）。

7.16 *ɔk（o<>ɔ<>ɔ<>ɔ<>ɔ<>ɔ<>ɔ<>uɕ）

表 2.233　原始瑶语的韵母 *ɔk

索引	词项	江底	庙子源	罗香	梁子	滩散	东山	石口	大坪
35	电子	po12	pɔ21	plɔ32	pjau22	ʔpjɔ335	pʰɔ42	plɔu55	pɔu22
290	鸟	no12	nɔ21	nu32	nɔ22	nɔ32	ŋɔ42	nɔ22	nɔu22

说明：

（1）[-k] 韵尾在瑶语部分词中已经消失，构拟的证据来自声调的表现形式。根据瑶语和苗语的对应，瑶语的调 *8 和苗语的调 *6 合并，瑶语的调 *7 和苗语的调 *5 合并。

（2）[*ɔk] 和前文 [*ok] 的区别在于江底、庙子源和罗香三个方言的韵母表现形式，这也是本书将它们构拟为两组声母的依据。

7.17 *ɔ:k（u<>u<>ok<>ɔ:k<>ɔ:k<>u<>u<>u）

表 2.234　原始瑶语的韵母 *ɔ:k

索引	词项	江底	庙子源	罗香	梁子	滩散	东山	石口	大坪
1049	毒（蛇）	tu12	tu21	tok32	dɔ:k21	dɔ:k32	du42	tu22	tɔp24
919	毒（死）	tu12	tu21	tok32	dɔ:k42	dɔ:k32	du42	tu22	tu22

说明：

不同条件下的"毒"属于同一词根，构拟的证据来自罗香、梁子和滩散方言的韵母形式和各方言的声调表现（*D）。

u 类

8.1 *u（o<>ə<>u<>u<>u<>u<>u<>u）

表 2.235　原始瑶语的韵母 *u

索引	词项	江底	庙子源	罗香	梁子	滩散	东山	石口	大坪
				普遍对应实例					
420	粑粑	dzwo52	dzwə53	ju53	du545	du55	du35	tɕu35	gu24
438	孵	pwo13	pwə11	pu11	pu22	ʔpu32	pu42	pu13	pu22
157	九（九月）	tɕwo52	tɕwə53	tɕu53	tu545	tu55	tu35	tɕu35	ku24
158	九（初九）	tɕwo52	tɕwə53	tɕu53	tu545	tu55	tu35	tɕu35	ku24
	九	dwo31	dwə31	du31	du33	du22	ju31	tɕu55	ku53
				放宽普遍对应实例					
37	雷	bwo231	bu31	bu33	bu33	bu33	—	bu44	bjau44
361	回（家）	—	—	mu213	mu32	mu31	mu42	—	mu44
543	酒糟	tsu33	tsu33	θo33	—	—	tsu33	tsu33	—
965	涨（水）	lu13	—	lo33	lu31	lu13	—	lɔu44	
	牛圈	—	—	gju31	go33	gu22	glu31	—	dzu53

219

说明：

（1）[*u]（o<>ə<>u<>u<>u<>u<>u）和 [*uᴄ]（o<>ə<>u<>u<>u<>au<>ɔu<>u）的区别在于东山和石口两个方言。

（2）江底方言发生的演变为：[*u] > [o]；庙子源方言则变为央元音 [ə]，即 [*u] > [ə]。

（3）Haudricourt 和 Strecker（1991）认为"粑粑"是汉语借用苗瑶语的形式，王辅世（1994：65）构拟的原始苗语形式是 [*ɲcɔuᴮ]，并认为这个苗瑶语词项可能是汉语"炬"（MC *gjwoᴮ）的来源。

（4）"九" 取自王辅世、毛宗武（1995：575），Ratliff（2010：153）认为苗瑶语的"九"来自藏缅语 [*gəw]（Matisoff，2003）。表 2.235 中不同条件下表示序数义的"九"属于同一词根。

（5）"牛圈"取自王辅世、毛宗武（1995：575），东山方言的形式取自 Solnit（1982）。

8.3 *u:i

表2.236　原始瑶语的韵母 *u:i

索引	词项	江底	庙子源	罗香	梁子	滩散	东山	石口	大坪
普遍对应实例（1）：u:i<>ui<>ui<>ui<>u:i<>əi<>ei<>ai									
42	响	bu:i33	bui33	bui33	bui31	bu:i13	bəi33	bwei33	bai44
43	蝙蝠	bu:i33	bui33	bui33	bui31	bu:i13	bəi33	bwei33	bai44
普遍对应实例（2）：u:i<>ui<>ui<>ui<>u:i<>əi<>i<>i									
241	酸	su:i33	sui33	ɕui33	tθui31	θu:i13	swəi33	ɕi33	si44
245	线	su:i24	sui35	ɕui55	tθui21	θu:i331	sui24	ɕi44	si42
放宽普遍对应实例									
880	赔偿	pu:i31	pui31	pui31	—	—	pəi31	—	pui53

索引	词项	江底	庙子源	罗香	梁子	滩散	东山	石口	大坪
放宽普遍对应实例									
899	喂（小孩）	u:i24	ui35	ui55	ui44	u:i335	—	—	—
129	陡	tɕɤu:i231	tɕɤui232	tɕɤui213	tui32	tu:i31	—	—	ki22
511	大腿	tsu:i31	tsui31	tɕui31	tui33	tu:i33	—	—	si53
173	石灰	hu:i33	hui33	hui33	hui31	hu:i13	kʰwəi33	—	fui44
110	衣服	lu:i33	lui33	gui33	gui35	gu:i35	lwəi33	ve33	—
	鼻	bju:i13	bu12	pa11	—	—	bli42	pli22	—

说明：

（1）[*u:i] 的普遍对应支持实例有两组，它们的区别在于东山和大坪方言的表现形式。

（2）"响"和"蝙蝠"在瑶语各方言中语音形式相同。

（3）"鼻"取自王辅世、毛宗武（1995：620），江底方言中的"鼻"指动物鼻子。

8.4 *iu（iu<>iu<>iu<>iu<>iu<>iu<>iu<>iu）

表 2.237　原始瑶语的韵母 *iu

索引	词项	江底	庙子源	罗香	梁子	滩散	东山	石口	大坪
普遍对应实例									
16	酒	tiu52	tiu53	tiu53	tiu545	ʔtiu55	diu35	diu35	diu24
909	吊（颈）	diu24	diu35	diu35	diu44	diu335	diu24	tiu44	diu42
910	调（兵）	tiu13	tiu11	tiu11	diu22	ʔtiu32	diu24	tiu44	diu42
966	照（镜子）	tsiu24	tsiu35	tɕiu35	siu44	tiu335	tɕiu24	tɕiu44	tsiu42
放宽普遍对应实例									
923	跳	tʰiu24	tʰiu35	tʰiu55	dau33	tʰiu331	diu24	diu44	dɛu44
1073	条（量词）	tiu31	tiu31	tiu31	tiu33	—	tiu31	—	tiu53

8.5 *i:u（iu<>iu<>eu<>eu<>i:u<>au<>iu<>ɛu）

表2.238　原始瑶语的韵母 *i:u

索引	词项	江底	庙子源	罗香	梁子	滩散	东山	石口	大坪
808	剪刀	dʑiu52	dʑiu53	jeu53	ɖeu545	ɖi:u55	gjau35	kjlɔu35	gɛu24
834	火药	fiu33	fiu33	θjeu53	tθiu35	θi:u35	ɕau33	siu33	—

说明：

长元音的构拟依据是滩散方言的表现形式。

8.6 *um（om<>oŋ<>um<>um<>um<>in<>œn<>um）

表2.239　原始瑶语的韵母 *um

索引	词项	江底	庙子源	罗香	梁子	滩散	东山	石口	大坪
	簸簸米	ŋom24	ŋoŋ35	ŋum35	ŋom21	ŋum31	ŋən13	nœn44	num42
	染	ŋom13	ŋuŋ11	ŋum11	ŋum22	ŋum43	ŋin42	ŋœn12	ŋam22

说明：

这两个词项取自王辅世、毛宗武（1995：518–519）。

8.8 *un（un<>uŋ<>un<>un<>un<>un<>un<>in）

表2.240　原始瑶语的韵母 *un

索引	词项	江底	庙子源	罗香	梁子	滩散	东山	石口	大坪
普遍对应实例									
561	肥肥肉	tɕun13	kuŋ11	kun11	kun22	kun32	klin42	klun13	tin22
650	病、痛	mun33	muŋ33	mun33	mun35	mun35	mun33	mun33	man44
107	嫩	lun24	luŋ35	θun35	gun44	gun335	lun13	ljun44	in42
放宽普遍对应实例									
817	铁锤	dzun24	tsaŋ232	θun55	tθun21	θun335	tsun24	—	tsjɛ53
956	算	fun24	fuŋ35	—	tθuŋ44	θun335	sun24	sun44	
766	穿（针）	tsʰun24	tsʰuŋ35	ɕwən33	sen21	ɕun13	tʰwən33	tɕʰen33	tsui44
973	串（辣椒）	tsʰun24	tsʰuŋ55	ɕwət33	sen31	ɕun13	tʰwən33	tɕʰen33	tsui44

续表

索引	词项	江底	庙子源	罗香	梁子	滩散	东山	石口	大坪
放宽普遍对应实例									
946	乱	lun13	luŋ11	lun11	—	lun32	lun42	lun55	—
680	孙子	fun33	fuŋ33	θun33	tθun35	θun35	swən33	—	hun44
726	砖	tsun33	tsuŋ33	tɕun33	ʈun35	tun13	ʈwən33	tɕwən33	tsin44
530	蒜	fun24	tsʰuŋ35	θun55	tun21	tʰun331	kʰəu33	soŋ44	hon24
519	圆	tɕun31	guŋ31	klun31	tlun33	klun33	klin31	kleŋ55	—

说明：

（1）东山方言中"肥"的韵母不符合对应规则，大坪方言中"病、痛"的韵母不符合对应规则。

（2）大坪方言发生了 [*un] > [in] 的演变。

8.10.1 *uŋ

表 2.241.1　原始瑶语的韵母 *uŋ

索引	词项	江底	庙子源	罗香	梁子	滩散	东山	石口	大坪
普遍对应实例（1）：uŋ◇uŋ◇uŋ◇uŋ◇uŋ◇ə◇oŋ◇oŋ									
499	放(走)	puŋ24	puŋ35	puŋ35	puŋ44	ʔpuŋ335	pə24	boŋ44	boŋ42
840	棍儿香	huŋ33	huŋ33	huŋ33	huŋ31	huŋ13	hwə33	foŋ33	voŋ44
普遍对应实例（2）：uŋ◇uŋ◇uŋ◇uŋ◇uŋ◇ə◇oŋ◇iŋ									
87	猪	tuŋ231	tuŋ232	tuŋ213	tuŋ32	ʔtuŋ31	twə42	tjoŋ31	tiŋ44
120	两(度量)	luŋ231	luŋ232	guŋ213	guŋ32	guŋ31	lwə42	loŋ31	liŋ44
252	双(筷子、袜子)	suŋ33	suŋ33	ɕuŋ33	tθuŋ31	θuŋ13	swə33	sjoŋ33	hiŋ44
339	蚯蚓	dzuŋ33	dzuŋ53	duŋ31	duŋ33	duŋ33	hwjə33	joŋ3	dziŋ44
590	雨	bjuŋ13	buŋ11	bluŋ11	buŋ22	buŋ32	blə42	pljoŋ13	biŋ22
641	骨头	buŋ52	buŋ53	θuŋ53	tθuŋ545	θuŋ55	swə35	sjoŋ35	hiŋ24
放宽普遍对应实例									
673	伸(懒腰)	suŋ33	suŋ33	ɕuŋ33	tθuŋ21	θuŋ13	—	—	—

索引	词项	江底	庙子源	罗香	梁子	滩散	东山	石口	大坪
放宽普遍对应实例									
272	龙	tɕuŋ33	kuŋ33	kuŋ33	kuŋ35	kuŋ35	—	kljɔŋ33	—
534	姜	suŋ33	suŋ33	ɕuŋ33	tθuŋ31	θuŋ13	—	tɕɔŋ33	kɔŋ44
708	皇帝	huŋ31	uŋ31	huŋ31	huŋ33	huŋ33	—	vɔŋ55	vɔŋ53
1077	丈	tsuŋ231	tsuŋ232	tɕuŋ35	ʈuŋ43	ʈuŋ42	twə42	tsjɔŋ31	—
*847	歌	dzuŋ33	dzuŋ33	dzuŋ33	ɖuŋ35	ɖuŋ35	dwə33	vei55	tsiŋ44
321	养（养鸡）	—	—	juŋ213	juŋ32	juŋ21	wjə42	jɔŋ21	dziŋ44
31	虹	tɕuŋ33	kɔŋ35	guŋ31	kuŋ33	kuŋ33	klə33	—	tuŋ53
1074	窝（蚂蚁）	puŋ31	puŋ31	—	puŋ33	ʔpuŋ335	pə31	—	—
1067	把（刀）	tsuŋ33	tsuŋ35	—	tuŋ35	tuŋ35	twə24	tsjɔŋ33	—
355	蝇子	muŋ231	muŋ232	mwəŋ213	—	—	mə42	mɔŋ31	mɔŋ44
606	聋	duŋ33	duŋ33	goŋ31	doŋ35	duŋ35	dwə33	djɔŋ33	dɔŋ44

说明：

（1）普遍对应支持实例下的 [*uŋ] 在瑶语各方言中有两组对应模式，二者的唯一区别在于大坪方言的两种表现形式：[ɔŋ] 和 [iŋ]。

（2）东山方言经历了 [*uŋ] > [ə] 的演变。

8.10.2 *uŋ（aŋ<>əŋ<>oŋ<>uŋ<>uŋ<>ɔŋ<>aŋ<>aŋ）

表 2.241.2 原始瑶语的韵母 *uŋ

索引	词项	江底	庙子源	罗香	梁子	滩散	东山	石口	大坪
360	扁担	mwaŋ231	mwəŋ232	mɔŋ213	muŋ32	muŋ31	mɔŋ42	maŋ31	—
930	听	mwaŋ24	mwəŋ35	mɔŋ55	muŋ21	muŋ331	mɔŋ24	maŋ44	maŋ42

说明：

"扁担"和"听"这两个词项在现代瑶语方言中的表现形

式多样，主元音种类有 [a、ə、o、u、ɔ] 五种表现，我们根据梁子和滩散方言的表现形式暂时将其放在此处。

8.11 *u:ŋ（uŋ<>uŋ<>uŋ<>u:ŋ<>u:ŋ<>ə<>ɔŋ<>iŋ）

表 2.242　原始瑶语的韵母 *u:ŋ

索引	词项	江底	庙子源	罗香	梁子	滩散	东山	石口	大坪
普遍对应实例									
242	送	fun24	fuŋ35	θoŋ35	tθuŋ44	θu:ŋ335	swə24	sjɔŋ44	hiŋ42
311	羊	juŋ31	juŋ31	juŋ31	ju:ŋ33	ju:ŋ33	wjə31	jɔŋ55	dziŋ53
654	胀	tsuŋ24	tsuŋ35	tɕuŋ35	ʈu:ŋ44	ʈu:ŋ335	ʈwə24	tsjɔŋ44	tiŋ42
放宽普遍对应实例									
412	根树根	dzuŋ31	dzuŋ31	duŋ31	duŋ33	du:ŋ22	—	—	—
1	天	luŋ31	luŋ31	guŋ31	guŋ33	gu:ŋ33	lwə31		*vaŋ53*

说明：

（1）[*u:ŋ] 和 [*uŋ] 的不同在于有无长元音，同 [*uŋ] 一致的是，东山方言经历了 [*u:ŋ] > [ə] 的演变，大坪方言：[*u:ŋ] > [iŋ]。

（2）Ratliff（2010：165）给"天"（sky/heaven）构拟了三个形式：一是 [*wεŋ]，依据方言有苗语养蒿话 /vε2/，巴哼话 /võ2/，瑶语藻敏方言 /vaŋ2/；二是 [*NGεuŋ]，依据方言有苗语复员方言 /NqwaŋA/，炯奈话 /ŋkuŋ2/，巴哼话 /ŋwɔ2/，瑶语勉方言 /guŋ2/，瑶语金门方言 /gu:ŋ2/；三是 [*ndεuŋ]，依据方言有苗语白苗话 /ntu2/，苗语宗地方言 /ntoŋ2/。

8.14 *ut（ut<>u<>ut<>ut<>ut<>un<>ε<>ut）

表 2.243　原始瑶语的韵母 *ut

索引	词项	江底	庙子源	罗香	梁子	滩散	东山	石口	大坪
588	糯米	bjut12	bu21	blut32	blɔt21	blɔt32	blan42	plε22	but22

续表

索引	词项	江底	庙子源	罗香	梁子	滩散	东山	石口	大坪
	鼻涕	bjut12	bu12	but32	blot21	blut33	blun42	—	bit22
	脱(逃脱)	dut55	du54	dut54	dut32	dut24	dun53	—	—

说明：

（1）[*ut] 在庙子源方言中丢失塞音韵尾：[*ut] > [u]；东山方言中的塞音韵尾和同部位的鼻音韵尾合流：[*ut] > [un]。

（2）"鼻涕"和"脱(逃脱)"取自王辅世、毛宗武（1995：625），庙子源方言被湘江方言替代，滩散方言被览金方言替代，罗香方言的"脱"被长坪方言替代。

8.15 *u:t（ut<>u<>ut<>u:t<>u:t<>in<>ɛ<>ut）

表 2.244　原始瑶语的韵母 *u:t

索引	词项	江底	庙子源	罗香	梁子	滩散	东山	石口	大坪
2	滑(路)	—	—	gut32	gɔ:t42	gɔt32	gwan42	kwɛ31	gut22
	肚脐	nut55	nu54	dut43	du:t24	du:t24	din53	—	—

说明：

（1）[*u:t] 和 [*ut] 的区别在于长元音的有无。[*u:t] 在庙子源方言中丢失塞音韵尾：[*u:t] > [u]；东山方言中塞音韵尾和同部位的鼻音韵尾合流。

（2）"肚脐"取自王辅世、毛宗武（1995：648）。

8.16 *uk（u<>əu<>u<>u<>u<>u<>ɔ<>iu）

表 2.245　原始瑶语的韵母 *uk

索引	词项	江底	庙子源	罗香	梁子	滩散	东山	石口	大坪
				普遍对应实例					
582	刀	dzu12	dzəu21	dzu32	du22	du32	du42	tɕɔ55	dziu22

续表

索引	词项	江底	庙子源	罗香	梁子	滩散	东山	石口	大坪
				普遍对应实例					
694	凿子	tsu12	tsəu21	θu32	tθu22	θu32	tsʰu42	tsjɔ55	hiu22
				放宽普遍对应实例					
461	篾条	dzu55	dzəu54	dʑu43	ɖu24	ɖu55	ɖu53	—	dziu44
248	草鞋	su55	səu54	ɕu43	tθu31	θu12	tu53	tɕɔ33	kɔu44
15	得(到)	tu55	tau54	tu43	tu24	ʔtu35	tu53	—	—
428	稻谷	tsʰu55	tsʰəu54	ɕu43	—	tʰu12	tʰu53	ɕɔ33	siu44
319	溶化	ju12	jəu12	ju32	ju22	ju43	—	—	—
967	穿(衣)	tsu55	tsəu54	tɕu43	tu24	tu35	tu53	—	—
875	破(烂)	hu52	hu53	—	hu43	ho42	hu35	—	vu24
948	烂	hu52	hu53	ho53	—	—	hu35	—	vu24
417	壳(笋壳)	kʰo55	kʰɔ54	kʰu43	ku31	kʰu13	gli24	kʰɔ33	fɔu44
564	蛋壳	kʰo55	kʰɔ54	kʰu43	ku31	kʰu13	gli24	kʰɔ33	fɔu44
516	熟熟肉、熟悉	tswo12	tswə21	tɕwo32	—	ɕu32	tʰɔ42	tɕɔ22	
775	烛蜡烛	tswo55	dwə54	tɕwo43	so35	ɕu35	tɔ53	tɕɔ35	tsu44
1060	六第六	lwo12	lwə21	gwo32	gu22	gu32	ɬjɔ42	ljɔ31	ljɛ22
1062	六初六	lwo12	lwə21	gwo32	gu22	gu32	ɬjɔ42	ljɔ31	ljɛ22
1061	六六月	lwo12	lwə21	gwo32	gu22	gu32	ɬjɔ42	ljɔŋ13	liaŋ22

说明：

（1）[*uk] 在现代方言中的塞音韵尾消失，韵母形式变得和 [*u] 相似，二者的不同体现在声调上，前者属于促声调（调 *7、调 *8），后者属于舒声调（调 *1~调 *6）。

（2）庙子源和大坪方言中的元音发生了复音化的音变。

2.4.3 韵类小结

根据 2.4.2 小节的比较结果，我们可以从普遍对应和放宽普遍对应两个向度得到从原始瑶语到现代方言的韵母变化情形。

表 2.246　原始瑶语到现代方言的韵母演变

普遍对应韵母演变	涉及方言	放宽普遍对应韵母演变	涉及方言
*i > e	江底、庙子源	*aːŋ > ɔŋ	石口、大坪
*-m > -n	庙子源、东山、石口	*æ > e	江底、庙子源
-p/-t > -n	东山	*aːn > ən	石口
*ai > ɛi	大坪	*aːp > an	东山
*æːŋ > iŋ	石口	*aːu > a	庙子源、东山
*æ > e	江底、庙子源	*aŋ > ɛ	大坪
*ɛ > a	石口、大坪	*at > an	东山
*u > ə	庙子源		
*u > o	江底		
*ɔu > ə	庙子源		
*ɔu > o	江底		
*ɔŋ > aŋ	江底		
*ɔŋ > əŋ	庙子源、罗香		
*uŋ > ə	东山		

3 瑶语方言分群

根据第 1 章的讨论，在确定瑶语方言的分布范围和构拟原始语后，接下来的工作就是对瑶语内部诸方言展开谱系分类研究。谱系分类是历史比较语言学的工作重点，其目标：一是还原从祖语到现代语言的历史演变过程，二是明确亲属语言间的亲疏远近关系。

目前学界常用的语言亲缘分群方法有两种：一是独特的共享创新（unique shared innovation）；二是词源统计法（lexicostatistics）。

独特的共享创新这一方法源于生物学上的谱系分类，其基本假设认为独特的共享创新不是在两种语言或方言间各自独立平行发展的结果，亦不是相互之间借贷的产物。因此，一组共享此类创新特征的语言就来源于一个共同的直接祖先。该方法的使用前提是已有的原始语言构拟形式，否则我们无法区分创新特征和遗存特征。另外，特征是否属于创新特征的判断还需要结合概率方面的考察。根据类型学的研究，有些创新特征在语言中平行发展的概率很高，那么这些音变就不大适合被选取作为创新特征，例如，腭化（Campbell，1998：115–122）、人称标记（LaPolla，2001：243–245；其指出汉语受阿尔泰语影响后，第一人称复数产生包括式和排除式两种）。从语言结构上看，语音、语义、词汇及词句法等方面的创新特征都可以作为亲缘分群的标准。囿于本书研究，本节主要以语音创新特征为瑶语方言亲缘分群的依据。

词源统计法也被称作同源词保留率，它最早由 Swadesh（1952、1955）提出，其假定语言演变的速率恒定，即任何语言中基本词汇的衰变率是恒定的，通过比较基本同源词汇的丢失率来测算亲属语言的分化时间深度。Wang（1997）以侗台语的 100 个核心词为基础，探讨了如何根据核心词中的同源相似来绘制反映语言亲缘关系远近的树图，其具体做法有三个步骤：一是先列出语言间两两共享的同源词比率，构成相似矩阵；二是将相似矩阵转换为距离矩阵，这一步可以通过取每个相似数字（s）的负对数获得距离值（d）实现，即 d=-logs；三是根据 Saitou 和 Nei（1987）的距离邻接法（Neighbor-Joining）生成树图。陈保亚、何方（2002）基于多年的田野调查和观察证据，认为核心词比语法和语音更稳定，并且 100 个核心词的借用率很低、衰变率基本均匀。因此，按照核心词中关系词的比例确定同源语言亲缘关系的远近是具有可行性的。运用核心词进行谱系分类的基本思想是：同源语言间共享 100 个核心词的比例越大，就说明它们之间的亲缘关系越近。Wang（2006）、汪锋（2012，2013）运用这两种方法分别对白语和彝语的方言进行亲缘分群，结果显示不同的方法得到的结果不同，并且这些结果也可以得到不同的解释。

本节利用独特的共享创新和词源统计这两种方法分别考察瑶语诸方言间的谱系树图。

3.1　基于创新特征的分群

　　1.2.1.3 小节扼要介绍了前人利用创新特征进行瑶语方言分群的尝试，不过，囿于选点或材料，他们并没有给出一个较为合理的分群方案。基于 2.2 小节、2.3 小节、2.4 小节原始瑶语声调、声母和韵母的构拟，我们寻找出 19 项创新特征进行瑶语方言的谱系分类研究。表 3.1 中的 1~4 项是声调特征，5~13 项是声母特征，14~19 项是韵母特征。这些创新特征在瑶语现代八个方言点中的表现如表 3.1 所示。注意，表 3.1 中 "*" 代表构拟的原始瑶语的音类，"0" 表示的是遗存特征，"1" 表示的是创新特征。另外，考虑到世界语言类型中清响音和浊响音合流是一种普遍音变现象，所以我们在选取创新特征时没有采用 Purnell（1970：137）、Thongkum（1993：170）、Aumann 和 Sidwell（2004）所依据的清浊响音合流与否这一音变。

　　基于创新特征进行谱系分类的算法和程序有很多种，本节参照汪锋（2006、2012、2013）的操作方法，使用 Phylip 软件包中的一个最俭省程序 Penny 来运算，这个程序基于 Camin-Sokal 算法，不允许逆向变化，也就是说，若 "0" 代表遗存，"1" 代表创新，该算法允许 0 → 1 的变化，但禁止 1 → 0，所有的特征项暂时设定为同样的权重。注意，汪锋（2012：89）指出："恰当地设定语言特征项的权重十分重要，但在能清楚地衡量它们之前，只能将它们平等对待。" 1.2.1.3 小节中使用创新特征进行瑶语方言分群的学者中，Purnell（1970）和 Thongkum（1993）认为清响音和浊响音的合流非常重要，而 Aumann 和 Sidwell（2004）则认为卷舌音的演变十分重要，清浊响音的合流是次要的。鉴于各家存在诸多争议，此处暂时不设定各项创新特征的权重。

表 3.1　瑶语 19 项创新特征

创新特征	江底	庙子源	罗香	梁子	滩散	东山	石口	大坪
1. 调 *1 声母送气分化	0	0	0	1	1	0	0	0
2. 调 *3 声母送气分化	0	0	0	1	1	0	0	0
3. 调 *5 声母送气分化	0	0	1	1	1	0	0	0
4. 调 *7 声母送气分化	0	0	0	1	1	0	0	0
5. *p- > b-	0	0	0	0	0	0	1	1
6. *t- > d-	0	0	0	0	0	0	1	1
7. *s- > f-	1	1	0	0	0	0	0	0
8. *ʔr-/*hr-/*r- > l-	1	1	0	0	0	1	1	0
9. *ʔr-/*hr-/*r- > g-	0	0	1	1	1	0	0	0
10. *ʔr-/*hr-/*r- > dz-	0	0	0	0	0	0	0	1
11. *ʔr- > g-	0	0	1	1	1	0	0	0
12. *ʔg- > d-	0	0	1	1	1	0	0	0
13. *ts- > θ-	0	0	1	0	1	0	0	0
14. *æ > e	1	1	0	0	0	0	0	0
15. *ɛ > a	0	0	0	0	0	0	1	1
16. *i > e	1	1	0	0	0	0	0	0
17. *ɔŋ > əŋ	0	1	1	0	0	0	0	0
18. *a:ŋ > ɔŋ	0	0	0	0	0	0	1	1
19. *a:u > a	0	1	0	0	0	1	0	0

　　经过一次穷尽运算后，Penny 输出了 3 个基本树型。比较这三种的树型，可以发现无论树型结构如何变化，三种可能树型所辖的三大支及其内部分支是相同的，所不同的只是三大支的相对节点位置。简便起见，我们用 A 代表（（梁子，滩散）罗香）一支，B 代表（大坪，石口）一支，C 代表（（江底，庙子源）东山）一支。对树 I 而言，谱系结构为（A（B，C））；对树 II 而言，谱系结构为（B（A，C））；对树 III 而

言，谱系结构为（（A，B）C）。基于此，我们可以得到它们的最严格综合树Ⅳ。

　　基于最严格综合树Ⅳ，再结合目前所掌握的材料，一种可能的解释就是瑶语方言在最初先分化出三大支，这一认识不同于传统历史语言学中的谱系二分学说，至于这三支在时间层次上的相对位置，还需要更多的材料进行论证。在经历最初的三分后，罗香又从（（梁子，滩散）罗香）一支中率先分化出来，东山则从（（江底，庙子源）东山）一支中分化出来。这一分类结果既不同于根据结构类型所得的四分说（勉、金门、标敏、藻敏），亦不同于 Auman 和 Sidwell（2004）根据创新特征得到的二分说（Mien-Min、Mun-Dzao）。本书给出的谱系分类打破了基于结构类型标准所得到的结果，具体而言，在结构类型标准中，属于勉方言的罗香则和梁子、滩散的关系较近，原属于标敏方言的石口则和原属于藻敏方言的大坪聚为一类，原属于标敏方言的东山则和原属于勉方言的庙子源、江底聚为一类。Auman 和 Sidwell（2004）的二分同样也不彻底，例如，Mun-Dzao（金门 - 藻敏）中包含结构分类下的勉方言、金门方言和藻敏方言。根据上述讨论，我们可以得到以下两点结论：一是以结构类型作为方言的划分标准在历史语言学中是没有谱系分类意义的；二是创新特征的选取和数量将直接决定谱系分类的准确度和可信度。

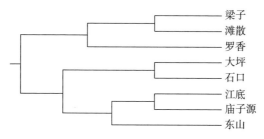

图 3.1　基于创新特征法的瑶语方言谱系树（树Ⅰ）

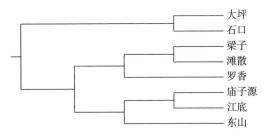

图 3.2　基于创新特征法的瑶语方言谱系树（树Ⅱ）

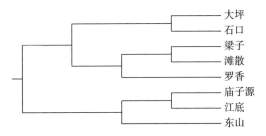

图 3.3　基于创新特征法的瑶语方言谱系树（树Ⅲ）

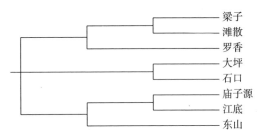

图 3.4　基于创新特征法的瑶语方言谱系树（树Ⅳ）

　　当然，看到从原始瑶语分化出三支的树图时，另一种可能的解释就是我们所选取的 19 个语音创新特征对于瑶语方言的谱系分类来说信息量还是不够的，以致树图未能聚敛为二分结构。汪锋、王士元（2005）在利用语义创新特征给汉语方言分群时也遇到了此类问题。在这种情况下，我们还需要通过更加深入细致的研究找出更多的创新特征，以利于呈现瑶语亲缘分群的真实面貌。

3.2 基于共享核心词的分群

我们认为要想弄清楚瑶语方言的谱系树图，关键还是要从方言入手，通过自下而上的严格语音比较进而确定每个方言在瑶语中的地位和谱系关系。鉴于目前学界对瑶语的谱系分类还没有一个公认的结构，谨慎起见，我们将 2.1 小节中的 8 个方言点全部纳入考察范围，根据这 8 个方言点的材料，在坚持严格语音对应的基础上利用同源词保留率绘制瑶语方言的谱系树图。

利用基本词汇测算亲属语言之间的谱系关系，Wang（1993，1997）和陈保亚、何方（2002）等做过这方面的探讨。我们根据建立的瑶语方言比较数据库，在建立语音对应后，找出各方言间 100 个核心词两两之间共享的数量。在选词上，Wang, F. 和 Wang, William S-Y（2004）提出了一条词法限制，即如果在所考察的所有语言或方言中，某词项都体现为复合词形式，该项就应该在计算时删除。如果某词项在所考察的语言或方言中有两个形式，那么该项就需要算作两个，例如，"虱子"在瑶语各方言中分为"虱子"和"头虱"两个词项，因此，在计算时，词项总数需要增加一个。综合考虑以上各种因素，本书考察的实际范围是 96 个词项（见附录 3）。

表 3.2　瑶语八个方言两两间 100 个核心词共享数量

	江底	庙子源	罗香	梁子	滩散	东山	石口	大坪
江底	**96**	87	83	81	81	76	70	76
庙子源	87	**96**	83	82	82	76	71	77
罗香	83	83	**96**	82	·82	78	73	75
梁子	81	82	82	**96**	86	77	72	75
滩散	81	82	82	86	**96**	78	73	75

	江底	庙子源	罗香	梁子	滩散	东山	石口	大坪
东山	76	76	78	77	78	**96**	73	75
石口	70	71	73	72	73	73	**96**	70
大坪	76	77	75	75	75	75	70	**96**

表 3.2 显示的是瑶语 8 个方言点两两之间所共享的同源词数量，同源词数量越多，表示两者之间的亲缘关系就越近，反之则较远。表 3.3 是由表 3.2 转化而来的相似矩阵。

表 3.3　瑶语八个方言核心词保留率的相似矩阵

	江底	庙子源	罗香	梁子	滩散	东山	石口	大坪
江底	100	90.63	86.46	84.38	84.38	79.17	72.92	79.17
庙子源	90.63	100	86.46	85.42	85.42	79.17	73.96	80.21
罗香	86.46	86.46	100	85.42	85.42	81.25	76.04	78.13
梁子	84.38	85.42	85.42	100	89.58	80.21	75.00	78.13
滩散	84.38	85.42	85.42	89.58	100	81.25	76.04	78.13
东山	79.17	79.17	81.25	80.21	81.25	100	76.04	78.13
石口	72.92	73.96	76.04	75.00	76.04	76.04	100	72.92
大坪	79.17	80.21	78.13	78.13	78.13	78.13	72.92	100

根据表 3.3 中的相似矩阵，我们就可以将它转换为距离矩阵（见表 3.4）。

表 3.4　瑶语八个方言核心词保留率的距离矩阵

	江底	庙子源	罗香	梁子	滩散	东山	石口	大坪
江底	0	0.09	0.14	0.16	0.16	0.21	0.27	0.21
庙子源	0.09	0	0.14	0.15	0.15	0.21	0.26	0.20
罗香	0.14	0.14	0	0.15	0.15	0.19	0.24	0.22

	江底	庙子源	罗香	梁子	滩散	东山	石口	大坪
梁子	0.16	0.15	0.15	0	0.10	0.20	0.25	0.22
滩散	0.16	0.15	0.15	0.10	0	0.19	0.24	0.22
东山	0.21	0.21	0.19	0.20	0.19	0	0.24	0.22
石口	0.27	0.26	0.24	0.25	0.24	0.24	0	0.27
大坪	0.21	0.20	0.22	0.22	0.22	0.22	0.27	0

　　基于距离矩阵，将其输入 Mega 软件包中[①]，运行 Neighbor-joining 算法，然后根据中点法确定树根，即先计算两两方言之间的距离，根的位置在相距最远的两个方言的中点上，就可以得到瑶语 8 个代表点的谱系树（见图 3.5）。

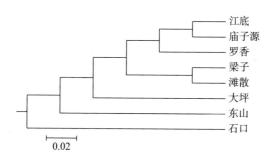

　　　　　　　　0.02

图 3.5　基于距离法的瑶语方言谱系树

　　图 3.5 的基本含义是：在瑶语方言分化的过程中，在第一个节点上，石口方言最先分化出来；在第二个节点上，东山方言分化出来；在第三个节点上，大坪方言分化出来；在第四个节点上，有两个小群：一是梁子和滩散；二是罗香、江底和庙子源。

---

　　① Mega 软件包的详情见 http://www.megasoftware.net/。

与前人对瑶语方言的划分相比（1.3 小节），基于距离法给出的树图的不同体现在以下几个方面。

（1）瑶语方言并非前人所说的三分（勉－金门方言、标敏方言、藻敏方言）或四分（勉方言、金门方言、标敏方言、藻敏方言），而是首先分化为两大群：石口方言和其他方言。

（2）标敏方言（石口、东山）在树图中的节点位置比较高，即它最早分化出来。

（3）藻敏方言（大坪）的分化年代晚于标敏方言，但早于勉方言和金门方言。

（4）勉方言的各个土语（罗香、江底、庙子源）虽同属一个方言，但内部分化时间不一，罗香相对较早。

3.3 小 结

3.1 小节和 3.2 小节采用两种不同的方法进行瑶语亲缘分群所得的结果并不相同，词源统计法所得结果与传统的结构类型分类标准有很多是一致的，所不同的是结构类型标准将瑶语方言平列出四大支，而词源统计对八个方言间的距离存在先后顺序。相同的是两种分类方法都将江底、庙子源、罗香划为一支（勉方言），梁子和滩散划为一支（金门方言）。所不同的是石口、东山和大坪三个方言点的相对节点位置。根据词源统计法的结果，石口方言和东山方言（标敏方言）最早从原始瑶语中分化出来，接着是大坪方言（藻敏方言）。根据结构类型标准，石口方言、东山方言（标敏方言）与大坪方言（藻敏方言）是并列的两支。这一结果促使我们追问词源统计法进行亲缘分类所依据的两个假设是否可信，因为距离法反映的只是从原始语分化到现代方言的快慢关系，也就是说，树图上距离较近的两种语言只是由于共同存古的成分比较多，才会聚类在一支上。另外，采用创新特征标准所得的结果与词源统计法有很大不同，两相比较，创新特征应该更能体现群体分化的过程。有意思的是，汪锋（2013：15–16）运用创新特征和词源统计法在进行白语亲缘分群时所得到的结果也不一致，词源统计法所得的结果与现代方言的地理分布较吻合，根据创新特征绘制的树图与历史迁徙、祖先传说等历史图景更为契合。基于这一认识，我们也更加倾向于使用创新特征来呈现瑶语方言的历史分化图景。

除了以上两种方法外，Krishnamurti 等（1983）在 Wang（1969）"词汇扩散"理论框架下通过达罗毗荼语系中南部 6 种语言的 63 个同源词提出根据未变的同源词来进行亲缘分群，该方法的主要内容是根据同源词已变、变化中和未变三种不同状态确定一种独立变化所需要的最小俭省值，俭省值越小，树图就越符合历史演化。根据这一思路，文章考察了"舌尖音位移"这一不规则变化在所给同源词中的表现形式，如果只发生一步变化，所得最佳树图与传统采用词源统计法得出的结果就一致。然而语言事实远非假想的那么简单，语言中这一音变在原来基础上又向前发生了一次演变，然而所得的最佳树图与只有一次音变的结果并不一致。最后文章作者在解释这一矛盾时也没有给出明确的答案。我们认为在使用这一方法时，应该考虑以下几个问题：一是不同音变条件所产生的最佳树图是否一致？如果不一致，如何协调各个音变条件之间的权重？二是 Krishnamurti 等（1983）只给出了同一音变发生一次和两次的最佳树图，那么在所考察的语言中，有无发生两次以上的音变？如果有，所得到的结果是否还能与前期的工作吻合？三是该方法还没有得到其他语言事实的验证，所以其可信度仍有待考察。

基于以上分析，我们不禁要问：什么样的谱系分类方法才是可信的？采用创新特征法进行分群面临如何选择特征、选择多少特征以及特征权重等问题，采用词源统计面临同源词分化速率是否恒定的问题。由于语言演化过程的复杂性，这一问题目前还没有令人满意的答案。

4 原始瑶语的基本词汇

4.1 数词系统

瑶语现代方言的数词系统有两组：一组是表示数目概念的，称为基数词；一组是表示次序的，称为序数词。这两个系统的语音形式和用法不同：基数词一般用来表示十以内的计算；序数词表示月份、次第和星期等，前面一般需要添加 [tei6]。注意，[tei6] 在各方言之间同属一个调类，但是调值不同，为了便于表示，此处采用原始调类表示声调。此外，瑶语方言的"一、二、三、四、五、六、七、八、九"区分基数词和序数词的语音形式，"十"的基数和序数同形。再者，基数词一般都是同源词，序数词一般则用汉语借词。舒化龙、肖淑琴（1984）指出瑶语序数词与它现在所接近的汉语方言的序数词不同，显然是瑶语早期借入的汉语序数词，从这种现象可以看出瑶语借用汉语词历史悠久。同时，作者通过分析序数词"三"和"四"，认为这两个词项的声母 [f-] 与中古汉语的心母对应，进而得出序数词在中古时期就已经从汉语借入的结论。基于这种认识，再加上 1.4 小节中所采用的研究方法，我们也将符合语音对应规则的序数词构拟到原始语中。

表 4.1　瑶语方言的基数词

索引	词项	原始瑶语	江底	庙子源	罗香	梁子	滩散	东山	石口	大坪
53	一	—	—	i21	—	a33	a33	i33	i35	a44
57	二	*ʔe1	i33	i33	vi33	i35	i35	wəi33	vi33	vi42
369	三	*pwɔu1	pwo33	pwə33	pu33	po35	ʔpu355	pau33	bɔu33	bu42
885	四	*plei1	pjei33	pei33	pje33	pjei35	ʔpjɛi35	pləi33	pli33	pɛi42
717	五	*pla1	pja33	pa33	pla33	pja35	ʔpja35	pla33	pla33	pjɛ42
1059	六	*klok7	tɕu55	ku53	kwo43	kjɔ24	kjɔ35	klɔ53	klɔ35	tou44
506	七	*ɲi6	sje13	sje11	ŋi11	ŋi22	ŋi32	ni42	ŋi13	ŋi22
314	八	*jeit8	ɕet12	hje21	jat32	jɛt21	jɛ:t32	hjɛn42	jæ32	dzat22
156	九	*ndu2	dwo31	dwə31	du31	du31	du33	iu31	tɕu55	ku53
132	十	*dzjæp8	tsjop12	tsje21	ɕep32	sap21	ɕap32	tʰan42	tɕæ22	sjɛp22
494	百	*pɛk7	pɛ55	pɛ54	pɛ43	pɛ35	ʔpɛ35	pɛ53	ba35	ba44
642	千	*tsʰin1	tsʰin33	tsʰiŋ33	θin3	tin31	tʰin13	tɕʰɛn33	tsʰjen33	hun44

表 4.2　瑶语方言的序数词

索引	词项	原始瑶语	江底	庙子源	罗香	梁子	滩散	东山	石口	大坪
54	一	*ʔje:t7	jet55	je54	jet43	jɛt54	jɛ:t35	in53	jɛ35	dzɔt44
58	二	*nei6	ŋei13	ŋei11	ŋei11	ŋei22	ŋɛi32	ŋi42	ŋe13	ŋi22
372	三	*sa:m1	fa:m33	faŋ33	θa:m33	tθam35	θam35	san33	sɔn33	hɔm44
888	四	*sei5	fei24	fei35	θei35	tθei44	θɛi335	səi24	si44	hɛi42
720	五	*ŋou4	ŋŋ231	ń232	ŋou213	ŋou32	ŋou31	uŋ42	ŋ31	ń44
1062	六	*rjuk8	lwo12	lwə21	gwo32	gu22	gu32	łjɔ42	ljɔ31	ljɛ22
508	七	*tsʰje:t7	tsʰjet55	tsʰje54	tjet43	tjɛt54	kʰjɛ:t12	tsʰan53	tsʰæ35	hut44
316	八	*pe:t7	pet55	pei54	pet43	pe:t24	ʔpi:t35	pən53	be33	bɛt44
158	九	*kwju3	tɕwo52	tɕwə53	tɕu53	tu545	tu55	tu35	tɕu35	ku24
134	十	*dzjæp8	tsjop12	tsje21	ɕep32	sap21	ɕap32	tʰan42	tɕæ22	sjɛp22

　　基于语音对应事实，我们构拟了表 4.1 和表 4.2 中词项

的原始瑶语形式。基数词"一"在现代方言中没有形成严格的语音对应，所以表 4.1 中暂时没有给出其构拟形式。Ratliff（2010：214–215）认为基本词汇中的数词只有"二"和"三"是苗瑶语本土词；其他词则借自汉语和藏缅语；"一"有可能是苗瑶语本土词，也有可能借自上古汉语；"十"借自上古汉语或者藏缅语；"百"和"千"借自中古汉语（见表 4.3）。遗憾的是，作者只是采取语音音值相似的标准判定借用源头，并没有给出充分的证据来论证苗瑶语为什么会借用其他语言的数词。事实上，在历史语言学中，判定同源词和借词（尤其是古老借词）是一项极具挑战性的工作，正是由于这种困难的存在，学界一般采用"关系词"来表示两种语言间音近义通的词。关系词有可能是同源词，也有可能是借词，借词还需要考虑借用的方向性问题。因此，我们认为在没有建立严格语音对应和系统比较基础之前，最好还是不要贸然给词的来源进行定性。

表 4.3 原始苗瑶语数词的构拟形式及其可能来源

	原始苗瑶语	借用源头形式	借用源头
一	*ʔi	*ʔi[t]	上古汉语（一）
二	*ʔui	—	—
三	*pjou	—	—
四	*plei	*-ləy	藏缅语
五	*pra	*-ŋja	藏缅语
六	*kruk	*k-ruk	藏缅语
七	*ŋjiC（原始苗语） *djuŋ（原始苗瑶语）	*ni	藏缅语
八	*jat	*-rjat	藏缅语
九	*N-ɹuə	*gəw	藏缅语
十	*gjuɐp	*g(j)ip *[g][i]p	藏缅语或上古汉语（十）

	原始苗瑶语	借用源头形式	借用源头
百	*pæk	*pæk	中古汉语（百）
千	*tsʰjen	*tsʰen	中古汉语（千）

4.2　农耕词汇

表 4.4　瑶语方言的农耕词

索引	词项	原始瑶语	江底	庙子源	罗香	梁子	滩散	东山	石口	大坪
1082	面粉	*ʔbwan3	bwan52	bwən53	bwən53	van545	van53	hwan35	—	—
422	禾苗	*mblau2	bjau31	bau31	blau31	blau33	blau33	blau31	plou55	bu44
585	稻子	*mblau2	bjau31	bau31	blau31	blau33	blau22	blau31	plou55	bjau55
588	糯米	*mblut8	bjut12	bu21	blut32	blɔt21	blɔt32	blan42	plɛ22	but22
435	饭	*hna:ŋ5	ŋa:ŋ24	ŋaŋ35	na:ŋ55	naŋ21	naŋ331	ŋaŋ24	—	nɔŋ42
115	田（水田）	*rji:ŋ2	li:ŋ31	liŋ31	giŋ31	giŋ33	gi:ŋ33	lje31	ljaŋ55	ljaŋ53
420	粑粑	*ʔdzwu3	dzwo52	dzwə53	ju53	ɖu545	ɖu55	ɖu35	tɕu35	gu24
	镰刀	*rjim2	lim31	liŋ31	lim213	—	—	ljɛn31	ljen55	dzjam53
353	买	*ma:i4	ma:i231	ma232	ma:i35	ma:i32	ma:i31	—	mai31	mai44
354	卖	*ma:i6	ma:i13	ma11	ma:i11	ma:i22	ma:i32	ma42	mai13	mai22

　　基于语音对应事实，我们构拟了表 4.4 中词项的原始瑶语形式。"买"和"卖"的讨论见 4.5.1 小节。"镰刀"这个词项取自王辅世、毛宗武（1995：388），其在庙子源方言中的语音形式被湘江方言所取代。"粑粑"的原始苗语形式是 [*ɲcɔuᴮ]（王辅世，1994：65），这个苗瑶语词项可能是汉语"炬"（MC [*gjwoᴮ]）的来源。"田"在原始苗瑶语中区分"水田"和"旱田"，而在上古汉语中则不区分，王辅世（1994：76）构拟的

原始苗语形式是 [*lin^A]。王辅世（1994：67）认为"饭"是汉语从苗瑶语借入的，构拟的原始苗语形式是 [*ŋonᶜ]。"面粉"的原始苗语形式是 [*plouᶜ]（王辅世，1994：72）。"禾苗"的语义是"秧"，王辅世、毛宗武（1995：282）给出的瑶语方言的表现形式如下：江底 [ja:ŋ1]、罗香 [jwaŋ1]、梁子 [jaŋ1]、东山 [jɔ1]；从表 4.4 中"禾苗"的语音形式来看，我们认为它和"稻子"同属于一个词。"稻子"的原始苗语形式是 [*mblæ^A]（王辅世，1994：67），Baxter（1992）认为这个词和汉语的"稻"有关（MC [*dauᴮ]），理由是中古汉语的 [*d-] 有时来自上古汉语的 [*bl-]。我们认为这一推断并不能成立，理由是"稻子"在苗语和瑶语中同属 A 调类，而在汉语中属 B 调类，这种调类的不对应是无法解释的。

Haudricourt 和 Strecker（1991）认为汉语从苗瑶语中借入了某些特定文化上的重要词语，证据是汉族原来是游牧民族，而苗瑶先民是农耕民族。从地理上来讲，汉族、藏缅语族和阿尔泰民族生活在亚洲内陆，以放牧为生；而苗瑶先民则生活在近海地区，以农业为生。从语言上来看，苗瑶语的"田"有"旱田"和"水田"之分，收获作物工具用的"镰刀"，水稻种植的不同阶段的词，"面粉""粑粑"，"买"和"卖"等农业和商业词，在现代方言中都能形成严整的语音对应，因此这些词都可以构拟到原始苗瑶语中。

4.3 金属词汇

表 4.5 瑶语方言的金属词

索引	词项	原始瑶语	江底	庙子源	罗香	梁子	滩散	东山	石口	大坪
177	金	*kjem1	tɕom33	tɕəŋ33	tɕem33	sam35	ɕam35	tan33	tɕan33	kɛm33

续表

索引	词项	原始瑶语	江底	庙子源	罗香	梁子	滩散	东山	石口	大坪
82	铜	*do:ŋ2	toŋ31	toŋ31	toŋ31	toŋ33	ʔtɔ:ŋ33	toŋ31	doŋ55	tuŋ53
187	铁	*hrjæk7	ɬje55	ɬje54	gja43	gja21	gja12	ɬja53	lja35	ljɛ44
182	银	*ŋwa:n2	ŋa:n31	ŋwaŋ31	ŋwan31	ŋa:n33	ŋa:n33	ŋan31	ŋun55	ŋan53
106	石头①	*ʔrja:u1	lai31	lau33	gau33	gjau35	gja:u35	lau33	lɔu33	dzu44

注：① “石头”属于石器时代的产物，暂时将它放在此处。

4.4 家畜词汇

表 4.6 瑶语方言的家畜词

索引	词项	原始瑶语	江底	庙子源	罗香	梁子	滩散	东山	石口	大坪
203	鸡	*kja:i1	tɕai33	tɕai33	tɕai33	tai35	ta:i35	tɕi33	kai33	kui44
87	猪	*duŋ4	tuŋ231	tuŋ232	tuŋ213	tuŋ32	ʔtuŋ31	twə42	tjoŋ31	tiŋ44
302	狗	*klo3	tɕu52	ku53	klo53	tlo545	klu55	klu35	klu35	ku24
311	羊	*ju:ŋ2	juŋ31	juŋ31	juŋ31	ju:ŋ33	ju:ŋ33	wjə31	jɔŋ55	dziŋ53
305	水牛	*ŋo:ŋ2	ŋoŋ31	ŋuŋ31	ŋoŋ31	ŋɔŋ33	ŋɔ:ŋ33	ŋuŋ31	ŋɔŋ55	ŋ̍53

4.5 构词

4.5.1 变调构词

表 4.7 瑶语方言的变调构词

索引	词项	原始瑶语	江底	庙子源	罗香	梁子	滩散	东山	石口	大坪
353	买	*ma:iB	ma:i231	ma232	ma:i35	ma:i32	ma:i31	—	mai31	mai44
354	卖	*ma:iC	ma:i13	ma11	ma:i11	ma:i22	ma:i32	ma42	mai13	mai22

根据本书的构拟，“买”和“卖”二者靠声调的不同来区分。从古调类来看，前者是第 4 调（B 调），后者是第 6 调

（C 调）。孙玉文（2015：648）认为汉语中的二者属于使动构词。Downer（1959）将"买"的变调构词归入"滋生词是表致使的"一类中，并认为原始词词义为"买"，滋生词词义为"卖"。周法高（1962）将其归入"主动被动关系之转变"一类。Haudricourt 和 Strecker（1991）认为应该将"买"和"卖"同等对待，二者的不同在于声调。王辅世（1994：72）构拟的原始苗语形式是："买"[*mai^B]，"卖"[*mai^C]。他们认为"买"和"卖"是苗瑶语自己的词，并且汉语的"买"（MC [*mai^B]）和"卖"（MC [*mai^C]）是从苗瑶语借入的，理由是汉语的"买""卖"和其他词没有关联，而苗瑶语的"买"和"卖"是从动词"有"衍生出来的（见表 4.8）。

表 4.8　苗瑶语的"有"、"买"和"卖"

	有	买（"拥有"）	卖（"使有"）
古苗语	*mai^A	*mai^B	*mai^C
先进	mua$^{31}_{(2)}$	mua$^{21}_{(4)}$	mua$^{13}_{(6)}$
复员	ma$^{31}_{(A)}$	ma$^{55}_{(B)}$	ma$^{24}_{(C)}$
布努	moŋ^2	—	moŋ^6
勉	ma:i^2	ma:i^4	ma:i^6
标敏	ma^2	—	ma^6

　　笔者认为"卖"的 C 调是由"买"的 B 调派生而来的。一个有意思的现象是，"有"和"去"这两个词项除在梁子和滩散两个方言中的声母形式是 [n-] 外（见表 2.59），它们的声调符合对应规则（阳调），鉴于这种情形，如何解释这种声母的"出类"现象？由于瑶语中没有鼻音声母的前缀（陈其光，1993），所以也不能用"prefix pre-emption"（Matisoff，1997）

来解释这种声母不符合对应的现象。Ratliff（2010：41）给这两个词项构拟了一个表示状态义的浊音 [*n-] 前缀。Ratliff（2010：142）指出如果苗语的"抓"有瑶语同源词，那么我们在苗瑶语层次上就有涉及同一词根的四个词来处理领有和物体转移关系：[*ʔ-mɛj]"抓"，[*n-mɛj]"有"，[*mɛj-X]"买"，[*mɛj-H]"卖"。

4.5.2　声韵混合构词

表 4.9　瑶语方言的声韵混合构词

索引	词项	原始瑶语	江底	庙子源	罗香	梁子	滩散	东山	石口	大坪
8	杀	*tai⁵	tai24	tai35	tai35	tai44	ʔtai335	tai24	—	dai42
76	死	*da:i⁶	tai13	tai11	tai11	tai22	ʔta:i32	tai42	tai13	tai22

根据本书的构拟，"杀"和"死"的区别在于声母的清浊和韵母元音的长短："杀"为清声母 [*t-]；"死"为浊声母 [*d-]。Ratliff（2010：210）将这种差别归结为在原始语中存在一个表致使的清音前缀或表状态的浊音前缀，或二者同时存在，其论证依据来自南岛语的形式："杀"[*pa-aCay]；"死"[*ma-aCay]。

4.5.3　韵调混合构词

表 4.10　瑶语方言的韵调混合构词

索引	词项	原始瑶语	江底	庙子源	罗香	梁子	滩散	东山	石口	大坪
687	外祖父	*ta¹	ta33	ta31	ta33	ta35	ʔta35	ta24	—	—
688	外祖母	*ti³	—	—	ti53	ti545	ʔti55	ti35	di22	dɛi24

"外祖父"和"外祖母"这二者在所有瑶语方言中都具有

相同的声母形式，然则声调和韵母不同，前者为调 *1，后者为调 *3，韵母 [a]~[i] 交替。

4.5.4　其他

除了上述提到的通过改变音节成分构造的词项外，瑶语还有部分词汇是通过语义演变的模式来进行构词的，具体可以细分为以下几个小类。

一是表示工具义的名词和由工具所产生的动作义的动词在瑶语各方言中使用同一个语音形式。例如"耙子"和"耙(田)"，"犁"和"犁(地)"，"锯子"和"锯"。

二是表示动作义的动词以及由动作所引发的结果的词同形。例如"箍(桶)"和"桶箍"，"梦"和"梦见"。

三是表示材料义的名称和由材料所制作的物品的语音形式相同。例如"绳子"和"裤带"，"铁"和"钳子"。

四是同一语义场下的次类同形。例如"病"和"痛"，"房子"和"家"。

5 结 语

语音对应是历史比较的基础。只有建立严格的语音对应，后续工作才能展开，例如，同源词与借词的分辨，原始形式的重构，语言亲属关系的认定以及下层分群等。

Li（1937）将汉藏语系划分为汉语、藏缅语族、侗台语族和苗瑶语族。相比于其他三个语族，苗瑶语的研究较为薄弱。在苗瑶语族内部，相对于苗语支语言，瑶语的研究更为薄弱。

面对纵向分化与横向接触交织而成的现代瑶语方言，本书基于严格的语音对应事实，通过涵盖类型和地域差异的八个现代方言之间的比较，重构了原始瑶语的音系（声母、韵母和声调系统）。与前人研究相比，本书的一大特色是严格坚持语音对应事实，区分普遍对应和非普遍对应的实例，在此基础上为重构的原始形式做了分级限制，重构形式的分级不仅能直接决定重构的时间深度，同时也能更加准确地还原语言原本面貌的真实状态。书中将符合普遍对应和完全对应的重构形式定为一级，这些词项的时间深度毫无疑问可以追溯到原始瑶语中。同时，我们给出了放宽普遍对应和完全对应条件下的构拟形式，以及根据对瑶语方言音变规律的了解所推导出的构拟形式。相对于放宽语音对应所得的构拟形式而言，推导出的构拟形式的信度和效度要低很多。日后随着材料的扩充和完善，这些形式或许能得到更多对应实例的支持。另外一点需要说明的是，囿于材料，书中重构的某些音类可能存在问题，待日后再进行补充修正。

在原始瑶语基础之上，我们找出了 19 项语音创新特征，对瑶语方言做了亲缘分类。基于最严格的综合树，在目前的证据下得到瑶语方言三分的结论，至于这三大群方言是否还可以做进一步归并，还需要日后研究。另外，使用创新特征法与词源统计法对瑶语方言进行谱系分类时所得的结果并不一致，词源统计的结果与基于结构类型标准所得到的结果比较一致。本书认为根据创新特征法所得到的树图更能体现瑶语分化演变的轨迹。

在瑶语研究基础之上，我们还比较了原始瑶语和原始闽语之间的六组塞音声母，为解决闽北方言音韵史中的弱化声母和第九调提供了一个新视角，同时也从中窥探了瑶语和汉语之间的关系。

语言的谱系分类一直是历史比较语言学的工作重点，但是，时至今日，汉藏语系谱系分类一直未能达成共识，之所以产生如此大的分歧，一方面是因为其语言众多、地区分布广、内部差异大，另一方面则是因为目前的系属研究是建立在以印欧语系为基础的谱系树模型之上，但这一模型是否适合汉藏语的实际仍待考察。① 鉴于汉藏语的谱系分类争议，张琨告诫学界"现在最好是大家不要争辩系属的划分问题，都好好地、扎扎实实地做点研究，象李方桂先生那样把所有的泰语做出一份

---

① Dixon（1997）根据对澳大利亚土著语言的研究，提出了重建年代久远语言变化的"裂变 - 聚变"模型。van Driem（1997）通过对藏缅语族语言的研究，提出了"落叶模式"，认为"我们目前只能识别低层次的语群，就像在森林中看到地上散落的片片树叶，而高层次语群的系属关系则像落叶来源的枝干，在目前的条件下还不能解决"。

系统来……把各个语族都搞清楚了,然后再来说这些语言的系属划分问题"。

　　笔者认为这种工作思路对汉藏语的研究具有切实意义,本书也正是在这种思想的指导下展开工作的。本项研究不仅有助于澄清瑶语方言的演变,同时还对瑶语历史源流研究有着重要的意义。此外,这项工作也为日后的瑶语和汉语的比较研究打下了坚实基础。

附录 1 原始瑶语词汇

索引	词项	原始瑶语	江底	庙子源	罗香	梁子	滩散	东山	石口	大坪
1	天	ru:ŋ2	luŋ31	luŋ31	guŋ31	guŋ33	gu:ŋ33	lwə31	—	vaŋ53
2	滑 路~	ŋgwu:t8	—	—	gut32	gɔ:t42	gɔt32	gwan42	kwɛ31	gut22
3	答	ta:u1	tau33	tau33	—	ta:u35	tau35	dau33	dja33	du44
4	儿子	twɔ:n1	to:n33	twaŋ33	—	tɔn35	tɔ:n35	twan33	dən33	dan44
5	虱子	tam3	tam52	taŋ53	tam53	tam545	ʔtam55	dan35	dan35	dam24
7	尾巴	twei3	twei52	twei53	twei53	tei545	ʔtɛi55	dwai35	de35	dui24
8	杀	tai5	tai24	tai35	tai35	tai44	ʔtai335	tai24	ljaŋ35	dai42
9	断 线~	taŋ5	taŋ24	taŋ35	—	—	—	taŋ24	daŋ44	daŋ42
11	深	ʔdo1	du33	du33	do33	do35	do35	du33	du33	—
13	翅膀	ʔda:t7	da:t55	da54	da:t43	da:t24	da:t55	—	tæ33	dɔt44
15	得 ~到	tuk7	tu55	tau54	tu43	tu24	ʔtu35	tu53	—	—
16	酒	tiu3	tiu52	tiu53	tiu53	tiu545	ʔtiu55	tiu35	diu35	diu24
17	碓	twɔ:i5	tɔ:i24	twa35	tɔi35	tɔi44	ʔtɔ:i335	twai24	di44	dui42
18	凳子	taŋ5	taŋ24	taŋ35	taŋ35	taŋ44	ʔtaŋ335	taŋ24	daŋ44	daŋ42
19	竹子	hlau3	ɬau52	ɬau53	ʝau53	lau43	lɔu42	ɬau35	lau35	lau24
21	月亮 月份	hla5	ɬa24	ɬa35	la55	la21	la331	la24	lu44	lɔu22
25	白薯	dwɔ:i2	do:i31	dwa31	dɔi31	dɔi33	dɔ:i33	dwai31	twei55	dai53
26	生 ~蛋	ndau6	dau13	dau11	tu43	—	—	dau42	tɔu13	du22

253

索引	词项	原始瑶语	江底	庙子源	罗香	梁子	滩散	东山	石口	大坪
27	苎麻	ndo6	du13	du11	do11	do22	do32	du42	tu13	—
30	前边	nda:ŋ6	da:ŋ13	daŋ11	da:ŋ11	daŋ22	daŋ32	—	—	—
31	虹	gljuŋ1	tɕuŋ33	koŋ35	guŋ31	kuŋ33	kuŋ33	kləʔ33	—	tuŋ53
33	雪	ʔbwan5	bwan24	bwəŋ35	bwən55	van44	bɔn335	bin24	pən44	ban42
34	冰	ʔbwan5	bwan24	bwəŋ35	bwən55	—	bɔn335	bin24	—	ban42
35	雹子	bɔk8	po12	pɔ21	plɔ32	pjau22	ʔpjɔ335	phɔ42	plou55	pɔu22
36	霜	shɔ:ŋ1	so:ŋ33	soŋ33	ɕoŋ33	tθoŋ31	θo:ŋ13	sɔ33	sjoŋ33	soŋ44
37	雷	ʔbwu4	bwo231	bu31	bu33	bu33	bu33	—	bu44	bjau44
38	梦	ʔbei5	bei24	bei35	—	bei44	bɛi335	bəi24	pi44	bɛi42
39	名字	ʔbwɔu5	bwo24	bwə35	bu35	—	bu335	bau24	pou44	bu42
40	沸	ʔbwei5	bwei24	bwei35	bwei55	vei44	vei44	—	pwei44	bui42
41	开~水	ʔbwei5	bwei24	bwei35	bwei35	vei44	bɛi335	—	pwei44	bui42
42	响	bhu:i1	bu:i33	bui33	bui33	bui31	bu:i13	bəi33	bwei33	bai44
43	蝙蝠	bhu:i1	bu:i33	bui35	bui33	bui31	bui13	bəi33	bwei33	bai44
44	猴子	ʔbi:ŋ1	bi:ŋ33	biŋ31	biŋ33	biŋ35	biŋ35	—	—	bjaŋ44
45	灰色	bhwɔu3	bwo52	bwə53	bu31	bu43	bu42	bau35	—	—
47	告诉	ʔbwɔu5	bwo24	bwə35	bu35	bu44	bu:i335	bu24	bou44	bɔu42
49	海	khwɔ:i3	kho:i52	khwa53	khɔi53	kɔi43	khɔ:i42	khwai35	kai35	hɔi24
51	水塘	ŋgla:ŋ2	dza:ŋ31	gaŋ31	gla:ŋ31	dlaŋ13	gla:ŋ33	glaŋ31	—	goŋ53
54	一初~	ʔje:t7	jet55	je54	jet43	jɛt54	jɛ:t35	in53	jɛ35	dzɔt44
55	一第~	ʔje:t7	jet55	je54	jet43	jɛt54	jɛ:t35	—	jɛ35	—
56	正月	ɟe 2	tsi31	tsi31	tɕi31	si33	ti335	tɕjɛ24	tɕaŋ55	tsjaŋ44
57	二	ʔe 1	i33	i33	vi33	i35	i35	wəi33	vi33	vi42
58	二初~	ɲei6	ŋei13	ŋei11	ŋei11	ŋei22	ŋɛi32	ŋi42	ŋe13	ŋi22
59	二~月	ɲei6	ŋei13	ŋi11	ŋei11	ŋei22	ŋɛi32	ŋi31	ŋe13	ŋiŋ53
60	二第~	ɲei6	ŋei13	ŋei11	ŋei11	ŋei22	ŋɛi32	ŋi42	ŋe13	ŋi22

续表

索引	词项	原始瑶语	江底	庙子源	罗香	梁子	滩散	东山	石口	大坪
61	苦	ʔi:m1	i:m33	iŋ33	im33	im35	im35	in33	iŋ33	jɛm44
64	肿	ʔɔm5	om24	oŋ35	om35	ɔm44	ɔm335	an33	ɔn44	—
65	妻子	ʔau3	au52	au53	au53	au545	au55	kau35	—	sa44
66	鸭	ʔa:p7	a:p55	a54	a:p43	a:p24	a:p35	an53	æ22	ap4
67	肉	ʔa3	o52	ɔ53	a53	a545	a55	—	—	—
68	井水~	tsi:ŋ3	tsi:ŋ52	tsiŋ53	θiŋ53	tθi:ŋ545	θiŋ55	tɛɛ35	tsjaŋ35	tɛŋ24
72	火	diou4	tou231	təu232	tou213	tou32	ʔtou31	təu42	teu31	tu44
74	来	da:i2	ta:i31	ta31	ta:i31	ta:i33	ʔta:i33	ta31	—	tɛi53
76	死	da:i6	tai13	tai11	tai11	tai22	ʔta:i32	tai42	tai13	tai22
77	乌龟	do6	tu13	tu11	to11	to22	ʔtu32	—	—	—
78	咬狗~	dap8	tap12	ta21	tap32	tap21	ʔtap32	than42	tæ22	—
79	穿~鞋	da:p8	ta:p12	ta21	ta:p32	ta:p42	ʔta:p32	—	—	—
80	半~天	nda:m2	da:m31	daŋ31	da:m31	da:m33	da:m22	—	tœn55	—
81	蹄马~	dei2	tei31	tei31	tei31	tei33	ʔtɛi33	təi31	di55	tɛi53
82	铜	do:ŋ2	toŋ31	toŋ31	tɔŋ31	toŋ33	ʔtɔ:ŋ33	tɔŋ31	dɔŋ55	tuŋ53
86	背脊~	da:n4	ta:n231	taŋ232	tan213	tan32	ʔtan31	—	tan31	—
87	猪	duŋ4	tuŋ231	tuŋ232	tuŋ213	tuŋ32	ʔtuŋ31	twə42	tjɔŋ31	tiŋ44
89	袋子	di6	—	—	ti11	ti22	ʔti32	ti42	te13	tɔi22
90	地旱~	dei6	dei13	tei11	tei11	—	tei43	təi42	ti12	ti22
91	苗火~	mble:t8	bjet12	bje21	bjap32	bjet21	bjɛ:t32	blin42	pje31	bɛt22
92	火星子	si:ŋ1	fi:ŋ33	fiŋ33	θiŋ33	tθiŋ35	θiŋ35	ɛɛ33	sjaŋ33	—
93	饿	shjæ1	sje33	sje33	ɕa33	sa31	sa31	—	ɕa33	—
94	新~年	shja:ŋ1	sjaŋ33	sjaŋ33	ɕaŋ31	saŋ31	ɕa:ŋ33	sjaŋ33	ɕaŋ33	sjaŋ44
95	火灰	shja:i3	sa:i52	swa53	ɕwai53	sai43	ɕa:i42	swai35	ɕi13	sɔi24
96	炭火~	tha:n5	tha:n24	thaŋ35	tha:n35	tan21	tha:n331	than24	thən44	hɔn42

255

索引	词项	原始瑶语	江底	庙子源	罗香	梁子	滩散	东山	石口	大坪
97	桶	thoŋ3	thoŋ52	thoŋ53	thoŋ53	toŋ43	thoŋ42	doŋ35	thoŋ35	tuŋ42
98	山	gle:m2	tɕi:m31	koŋ31	kem31	kje:m33	ki:m33	dən31	kleŋ55	kui42
99	瘦~肉	gla:i6	tɕai13	kai11	kje11	kjai22	kja:i32	—	klai13	kɛi22
101	土~山	hne1	dau33	—	ni11	ni31	ni13	ɲi33	teu35	nɛi44
105	崖	ʔbɛ:ŋ5	bɛ:ŋ24	—	bɛŋ35	—	bɛ:ŋ335	bɛ35	heŋ35	bɛŋ42
106	石头	ʔrja:u2	lai31	lau33	gau33	gjau35	gja:u35	lau33	lou33	dzu44
107	嫩	ʔrun5	lun24	luŋ35	θun35	gun44	gun335	lun13	ljun44	in42
108	好~人	ʔroŋ5	loŋ24	noŋ35	gwəŋ35	goŋ44	goŋ335	loŋ24	loŋ44	dzoŋ42
109	菜	ʔrjai1	lai33	lai33	gai33	gjai35	gjai35	lai33	lai33	ɛi44
110	衣服	ʔru:i1	lu:i33	lui33	gui33	gui35	gu:i35	lwəi33	ve33	—
113	开~门	khwɔ:i1	khɔ:i33	gwa33	khɔi33	kɔi31	khɔ:i13	khwai33	khwei33	
114	地~洞	hne1	dau33	dau33	ni11	ni31	ni13	ɲi33	ŋe33	—
115	田水~	rji:ŋ2	li:ŋ31	liŋ31	giŋ31	giŋ33	gi:ŋ33	lje31	ljaŋ55	ljaŋ53
120	两度量	ruŋ4	luŋ231	luŋ232	guŋ213	guŋ32	guŋ31	lwə42	loŋ31	liŋ44
121	旱~田	fia:n4	ha:n231	aŋ232	ha:n213	gai31	ga:i13	gwai33	hən31	hɔn44
126	瘠地	glai6	tɕai13	—	kje11	kjai22	kjai32	—	klai13	kɛi22
128	生地	shjɛ:ŋ1	sjaŋ33	sɛŋ31	ɕɛŋ31	saŋ31	θɛ:ŋ33	se33	seŋ33	sjaŋ44
129	陡	gju:i4	tɕu:i231	tɕui232	tɕui213	tui32	tu:i31	—	—	ki22
132	十	dzjæp8	tsjop12	tsje21	ɕep32	sap21	ɕap32	than42	tɕæ22	sjɛp22
133	十~月	dzjæp8	tsjop12	tsje21	ɕep32	sap21	ɕap32	than42	tɕæ22	sjɛp22
134	十初~	dzjæp8	tsjop12	tsje21	ɕep32	sap21	ɕap32	than42	tɕæ22	sjɛp22
135	泥	hni1	nje33	ŋe33	ni11	ni31	ni13	ɲi33	ŋe33	nɛi44
145	路	klau3	tɕau52	kau53	kjau53	kjau545	kjau55	kla35	klou35	tsu24
146	角牛~	klɔ:ŋ1	tɕo:ŋ33	koŋ33	kɔŋ33	kjɔŋ35	kjɔ:ŋ35	klɔ33	kloŋ13	kɔu44
147	虫	klɛ:ŋ1	tɕɛ:ŋ33	kɛŋ33	kɛŋ33	kjɛŋ35	kɛ:ŋ35	klɛ33	klaŋ33	tsaŋ44
148	剪~断	kla:p7	tɕap55	ka54	kap43	kjap54	kja:p35	klan53	kle35	kɛp44

续表

索引	词项	原始瑶语	江底	庙子源	罗香	梁子	滩散	东山	石口	大坪
150	小母鸡	kla:n5	tɕa:n24	kaŋ35	ka:n35	kjan44	kjan335	—	—	—
151	蛋	klau5	tɕau24	kau35	kjau35	kjau44	kjau335	klau24	klɔu44	tsu42
152	蜗牛	kwlei3	tɕwei52	kwei53	kwei33	kwei545	kwɛi35	kjau35	kle33	—
153	桥	gjiɔu2	tɕou31	tɕəu31	tɕou31	tou33	tɔu33	tɐu31	tɕiu55	ku53
157	九~月	kwju3	tɕwo52	tɕwə53	tɕu43	tu545	tu56	tu35	tɕyn55	kuŋ44
158	九初~	kwju3	tɕwo52	tɕwə53	tɕu53	tu545	tu55	tu35	tɕu35	ku24
161	骑~马	gjei2	tɕei31	tɕei31	tɕei31	tɕei33	tɛi33	tɕi31	ki13	ki53
162	茶	ʝa2	tsa31	tsa31	tɕa31	ta33	ta33	ta31	tsa55	ta53
164	灶	ʔdzo5	dzu24	dzu35	do55	du44	du44	tsu13	tsu44	tɔu42
165	接~起	tsi:p7	tsip55	dzi54	—	tθip54	θi:p35	tɕin53	tsɛ35	tɛp44
166	坟墓	tsiɔu3	tsou52	tsəu53	θou53	tθou545	θɔu53	tsɐu35	tseu35	—
167	烤~干	cik7	tsi55	tsei54	—	si35	ti35	tɕi53	tɕa33	tsaŋ44
168	淡	tsa:m3	tsa:m52	tsaŋ53	θa:m53	tθam545	θa:m55	tsan35	tɕɐn31	tɔm24
169	只鞋、筷子	kjæk7	tɕe55	tɕe54	tɕa43	sa24	ɕa35	ta53	tɕa35	tsa44
170	认识	tsjæk7	tsje55	tsje54	—	sa35	sa35	ta53	tɕa35	tsa44
171	编~簸箕	tsjæk7	tsje55	tsje54	tɕa43	sa35	ɕa35	ta53	tæ35	—
173	石灰	hu:i1	hu:i33	hui33	hui33	hui31	hu:i13	khwəi33	—	fui44
174	玻璃	kwji:ŋ5	tɕi:ŋ24	—	tɕiŋ35	—	kɛŋ335	tɕin24	tɕiŋ33	kɛŋ24
175	抬~水	kjɛ:ŋ1	tɕɛ:ŋ33	tɕɛŋ33	tɕɛŋ33	tɛ:ŋ35	tɛ:ŋ35	kjɛ33	—	kaŋ44
177	金	kjem1	tɕom33	tɕəŋ33	tɕem33	sam35	ɕam35	tan33	tɕan33	kɛm33
178	冷天气~	kwjoŋ3	tɕwaŋ52	tɕwəŋ53	tɕwəŋ53	soŋ545	ɕoŋ55	toŋ35	tɕoŋ35	kuŋ24
179	记~住	kjaŋ5	tɕaŋ24	tɕaŋ35	tɕaŋ35	saŋ44	ɕaŋ335	taŋ24	tɕaŋ44	kɛŋ42
181	句~话	kjiɔu5	tɕou24	tɕəu35	tɕou35	tou44	tɔu335	tɐu24	tɕiu44	kui42
182	银	ɲwa:n2	ŋa:n31	ŋwaŋ31	ŋwan31	ŋa:n33	ŋa:n33	ŋan31	ŋun55	ŋan53

索引	词项	原始瑶语	江底	庙子源	罗香	梁子	滩散	东山	石口	大坪
184	偷	nim6	nim13	niŋ11	nim11	nim22	nim32	—	niŋ13	ŋɛm22
186	吃	ɲen6	ŋen13	ŋəŋ11	ŋen11	ŋin22	ɲin32	ɲin42	ŋen13	ŋan22
187	铁	hrjæk7	lje55	lje54	gja43	gja21	gja12	lja53	lja35	lje44
188	量~布	hra:u1	ła:u33	ła33	ga:u33	gau31	ga:u13	ła33	lau33	dzau44
190	高	hrjaŋ1	łaŋ33	łaŋ33	gaŋ33	gjaŋ31	gjaŋ13	łaŋ33	laŋ33	dzɔŋ44
194	东	toŋ1	toŋ33	təŋ33	toŋ33	tɔŋ35	ʔtoŋ35	toŋ33	doŋ33	duŋ44
195	南	na:m2	na:m31	naŋ31	na:m31	na:m33	na:m33	nan31	nœn55	nan53
197	北	pak7	pa55	pa54	pwo43	po24	ʔpu35	pɔ53	ba35	bjɛ44
198	中间	ʔdoŋ5	doŋ24	doŋ35	toŋ35	tɔŋ44	ʔtoŋ35	tɔŋ24	doŋ33	dɔŋ44
199	后边	ʔga:ŋ1	—	gaŋ33	da:ŋ33	daŋ35	da:ŋ35	—	—	kɔŋ44
201	叫公鸡~	kwa:i5	ga:i24	ga35	ka:i55	kai44	ka:i44	—	kwei44	kɔi42
202	屎	ʔga:i3	gai52	gai53	dai53	dai545	da:i55	kai35	kai35	kai24
203	鸡	kja:i1	tɕai33	tɕai33	tɕai33	tai35	ta:i35	tɕi33	kai33	kui44
204	甜	kwa:m1	ka:m33	kaŋ33	ka:m33	ka:m35	ka:m35	kan33	kwɔn33	—
205	借	ka3	ka52	ka53	ka53	ka545	ka55	kɔ35	ku35	kɔu24
207	割~肉	kwa:t7	ka:t55	ka53	ka:t43	ka:t24	kwan42	kwan53	kwə33	kɔt44
209	下边	ʔdji3	dje52	dje53	di53	di545	di55	ti35	di35	di24
213	右	mbla:u6	bja:u13	bja11	bjau11	bjau22	bjau33	sun31	kwɔ31	bɔu22
214	年	hɲaŋ5	ŋaŋ24	ŋaŋ35	ŋaŋ55	ŋaŋ21	ŋaŋ331	ŋaŋ24	ŋaŋ44	ŋaŋ42
215	肠子	hɲiou3	ŋou52	ŋəu53	ŋeu53	ŋou545	ŋɔu53	—	ŋɔu35	
217	背~小孩	ʔɲæ5	ŋe24	ŋe35	ŋa35	ŋa44	ŋa335	ŋa35	—	—
220	今年	nei2	ni:ŋ31	ń31	ŋ31	ŋei545	nɛi42	ń31	ni31	ni44
223	前年	ndzja:ŋ2	dzjaŋ31	dzjaŋ31	dzaŋ31	djaŋ33	da:ŋ33	tɕɛ42	tɕen55	han44
224	后年	nau4	—	ŋau33	nau213	ŋau32	ŋau31	nau42	nɔŋ33	hut44
225	大后年	ɲiou6	—	tsəu11	tɕou11	tou22	tɔu32	təu42	dœn55	—

续表

索引	词项	原始瑶语	江底	庙子源	罗香	梁子	滩散	东山	石口	大坪
226	过年	kwjei5	kwje24	kje35	kwɔi55	kui44	ku:i335	kwa24	kwei44	—
227	几、多少	tsjæ5	tsje24	tɕe35	tɕa55	sa44	ɕa35	ta35	tɕa44	—
228	今天	nei2	ni:ŋ31	ń31	ŋ̀11	nei545	nɛi42	ń31	ni33	ni44
231	前天	ɲæ2	ŋe31	ŋəŋ31	ŋa31	ŋja44	ŋa335	ŋ̥a53	ŋa33	han44
233	大后天	ɟiou6	tsou13	tsəu11	tɕou11	tou22	tɔu32	tɔu42	—	—
234	夜晚	hmwaŋ4	mwan231	mwəŋ232	ɱaŋ53	—	—	ɱɔŋ24	maŋ44	mɔŋ42
236	藤子	hmei1	ɱei33	mei232	ŋei213	mei31	mɛi13	ɱəi33	mi33	mɛi44
237	动物油	hmei1	ɱei33	ɱei33	ɱei33	mei31	mɛi13	ɱəi33	mi33	mi44
239	米象	hmei3	ɱei52	ɱei53	ɱei53	mei43	mɛi42	ɱi35	mi35	mɛi24
241	酸	shwu:i1	su:i33	sui33	ɕui33	tθui31	θu:i13	swəi33	ɕi33	si44
242	送	swu:ŋ5	fun24	fuŋ35	θoŋ35	tθuŋ44	θu:ŋ335	swə24	sjɔŋ44	hiŋ42
243	胃	shi1	—	—	ɕi33	tθi31	θi13	—	ɕe33	sɛi44
244	被子	shɔŋ5	swaŋ24	swəŋ35	ɕwəŋ55	tθɔŋ21	θɔŋ331	sɔŋ24	ɕɔŋ44	suŋ42
245	线	shu:i5	su:i24	sui35	ɕui55	tθui21	θu:i331	sui24	ɕi44	si42
247	近	sat7	fat55	fa54	θat43	tθat54	θat35	—	—	—
248	草鞋	shuk7	su55	səu54	ɕu43	tθu31	θu12	tu53	tɕɔ33	kɔu44
250	心、心脏	sim1	fim33	—	θim33	tθim35	θim35	ɕɛn33	sjen33	—
251	针	shim1	sim33	siŋ33	ɕim33	tθim31	θim33	tɕɛn33	tɕen33	tsum44
252	双(筷子、袜子)	shwuŋ1	suŋ33	suŋ33	ɕuŋ33	tθuŋ31	θuŋ13	swə33	sjɔŋ33	hiŋ44
253	声音	shi:ŋ1	si:ŋ33	siŋ33	ɕiŋ33	tθin31	θi:ŋ13	ɕɛ33	—	hi44
254	醒(酒~)	si:ŋ3	fi:ŋ52	fiŋ53	—	tθiŋ545	θiŋ55	ɕɛ24	sjaŋ35	
256	红	shik7	si55	sei54	ɕi43	tθi31	θi12	ɕi53	—	sjɛ44

索引	词项	原始瑶语	江底	庙子源	罗香	梁子	滩散	东山	石口	大坪
259	鱼	mblau4	bjau231	bau232	bjau213	bjau32	bjau31	bla42	plou31	biu44
261	竹笋	mblai6	bjai13	bai11	bje11	bjai22	bjai32	blai42	plai13	bɛi22
263	辣	mbla:t8	bja:t12	ba21	bla:t32	bja:t42	bja:t32	blan42	plæ22	bjɛt22
266	螺蛳	kwlei1	tɕwei33	kwei33	kwei33	gwei35	kwɛi35	kli33	kle33	ki44
268	窝鸟~	rjau4	lau231	lau232	gau213	gjau32	gjau21	la42	lou31	—
270	穿山甲	rjai6	lai13	lai11	gai11	gjai22	gjai43	—	—	—
271	锋利	rjai6	lai13	lai11	gai11	gjai22	gjai32	lai42	lai13	hɛi22
272	龙	kljuŋ1	tɕuŋ33	kuŋ33	kuŋ33	kuŋ35	kuŋ35	—	kljɔŋ33	—
275	村	rjaŋ4	laŋ231	tshəŋ33	gaŋ213	tun31	gjaŋ31	laŋ42	laŋ31	dzɔŋ44
276	粮仓	rjam4	lam231	laŋ232	gam213	gjam32	gjam21	lan42	—	dzum44
277	双~鞋	rɛ:ŋ6	lɛ:ŋ13	lɛŋ11	—	gɛŋ22	gɛ:ŋ32	le42	—	dzaŋ22
278	淋~湿	ʔrjem3	ljom52	ljəŋ31	gjem31	gjam33	gja:m33	—	ljen55	dzum24
279	流~水	rjiou6	ljou13	ljəu11	gjeu11	gjou22	gjɔu32	—	ljou13	—
281	斗笠	rjap8	lap12	la21	gap32	gjap21	gjap32	łan42	læ22	dzup22
282	蛇	ʔna:ŋ1	na:ŋ33	na:ŋ33	naŋ33	naŋ35	na:ŋ35	naŋ33	nu33	nɔŋ44
284	冷天~	ʔnam5	nam24	naŋ35	nam55	nam44	nam44	nan13	nan44	nam41
285	个瓶子	ʔnɔ:m1	no:m33	nɔŋ33	nɔm33	nɔm35	nɔ35	nɔ33	nɔ33	na44
286	短	ʔnaŋ3	naŋ52	naŋ53	naŋ53	niŋ545	niŋ55	naŋ35	naŋ35	naŋ44
287	吞	ʔnak7	na55	na54	na43	na24	na35	na53	na35	—
289	断扁担	ʔnau3	nau52	nau53	nau53	nau545	nau55	—	—	—
290	鸟	nɔk8	no12	nɔ21	nu32	nɔ22	nɔ32	ŋɔ42	nɔ22	nɔu22
291	他	nen2	nen31	nəŋ31	nan31	nan33	nan33	nin31	—	—
292	舅父	na:u4	nau231	nau232	nau213	nau32	na:u31	nau42	nou31	nuŋ44
293	树叶	nɔ:m2	no:m31	nɔŋ31	nɔm31	nɔm33	nɔ:m33	nan31	neŋ55	num53
295	问	na:i6	na:i13	na11	na:i11	na:i22	na:i32	na42	nwei13	nɔi22

索引	词项	原始瑶语	江底	庙子源	罗香	梁子	滩散	东山	石口	大坪
297	乌鸦	ʔa1	a33	a332	a33	a43	a32	—	a33	—
298	猫头鹰	kou3	ku52	ku53	kou53	ko545	ku55	kau35	—	ku42
299	燕子	ʔin5	ɕin24	iŋ35	in35	in44	in335	in35	—	ɛn24
300	老鹰	kla:ŋ3	tɕa:ŋ52	kaŋ53	kla:ŋ53	tlaŋ545	kla:ŋ53	klaŋ35	—	kjaŋ24
301	脖子、颈	kla:ŋ1	tɕa:ŋ33	kaŋ33	kla:ŋ33	tlaŋ35	kla:ŋ35	klaŋ33	—	kan44
302	狗	klo3	tɕu52	ku53	klo53	tlo545	klu55	klu35	klu35	ku24
303	腰	kla:i3	tɕa:i52	ka53	kla:i53	tla:i545	kla:i55	kla35	lai35	lai24
304	还 ~债	kla:u3	tɕa:u52	ka53	—	tlau545	kla:u55	klau35	klau35	kau24
305	水牛	ŋo:ŋ3	ŋoŋ31	ŋuŋ31	ŋoŋ31	ŋɔŋ33	ŋɔ:ŋ33	ŋuŋ31	ŋɔŋ55	ŋ̍53
306	公牛	kiou3	kou52	kəu53	kou53	kou545	kɔŋ35	kɔŋ33	kɔŋ33	kuŋ44
307	母牛	ɲei4	ŋei231	ŋei232	ŋei213	ɲei32	ŋɛi31		ŋan22	pjɛ53
310	马	ma4	ma231	ma232	ma213	ma32	ma31	ma42	ma31	ma44
311	羊	ju:ŋ2	juŋ31	juŋ31	juŋ31	ju:ŋ33	ju:ŋ33	wjə31	jɔŋ55	dziŋ53
314	八	je:t8	ɕet12	hje21	jat32	jɛt21	jɛ:t32	hjɛn42	jæ32	dzat22
315	八 ~月	pe:t7	pet55	pei54	pet43	pent24	ʔpi:t35	pən53	beŋ55	bɛŋ44
316	八 初~	pe:t7	pet55	pei54	pet43	pe:t24	ʔpi:t35	pən53	be33	bɛt44
317	庹	jam2	tsam31	tsaŋ31	wjam31	jom33	jom33	jaŋ31	jɔŋ55	dzjam53
318	走	jaŋ2	jaŋ31	jaŋ31	jaŋ31	jaŋ33	jaŋ33	ŋaŋ31	jaŋ55	dzaŋ53
319	溶化	juk8	ju12	jəu12	ju32	ju22	ju43	—	—	—
321	养 ~鸡	juŋ4	—	—	juŋ213	juŋ32	juŋ21	wjə42	jɔŋ21	dziŋ44
324	兔子	thiou5	thou24	thu35	tou55	tu21	thu331	thəu53	theu44	tu42
325	公狗	kiou3	kou52	kəu53	kou53	ko545	kɔu55	kɔŋ33	kɔŋ33	kuŋ44
326	母狗	ɲei4	ŋei231	ŋei232	ŋei213	ɲei32	ŋɛi31	kau35	ŋan22	pjɛ53
327	野狗	jæ2	ɕe31	ɕe31	jai31	gja21	ja31	ja53	ja31	dzjɛ53

261

索引	词项	原始瑶语	江底	庙子源	罗香	梁子	滩散	东山	石口	大坪
328	公鸡	kɔ:ŋ5	ko:ŋ24	kɔŋ35	kɔŋ31	kɔŋ33	kɔŋ33	kɔŋ33	kɔŋ33	bjɛ24
329	母鸡	ɲei4	ŋei231	ŋei232	ŋei213	ŋei32	ŋɛi31	kau35	ŋan22	pjɛ53
330	野鸭	jæ2	ɕe31	ɕe31	je31	je44	ki:m33	ja53	ja31	dzjɛ53
332	野猪	jæ2	ɕe31	ɕe31	jai31	gja21	ja33	ja53	ja31	dzjɛ53
337	黑	kljæk7	tɕe55	kje54	kje43	kja24	kja35	kja53	klja35	kjɛ44
339	蚯蚓	ʔdzuŋ1	dzuŋ33	dzuŋ53	duŋ31	duŋ33	duŋ31	hwjə33	jɔŋ3	dziŋ44
340	风	ʔdzja:u5	dzja:u24	dzja35	dzau35	ɖa:u44	ɖa:u335	hja24	jau44	dzau42
346	刺猪	ndzei6	dzei13	dzei11	dei11	—	dɛi32	—	tsi12	hɛi22
347	少	dzɔk8	tsu12	tsu21	θɔ32	tθɔ22	θɔ32	tshɔ42	tsɔ22	hu8
348	你	mwei2	mwei31	mwei31	mwei31	mei33	mɛi33	məi31	—	mui53
350	眼睛	mwei6	mwei13	mwei11	mwei11	mei22	mɛi32	mi53	mai13	mai53
351	有	ma:i2	ma:i31	ma31	ma:i31	na:i33	na:i33	ma31	mai55	—
352	去	mi:ŋ2	mi:ŋ31	miŋ31	miŋ31	niŋ33	niŋ33	—	—	mi53
353	买~肉	ma:i4	ma:i231	ma232	ma:i35	ma:i32	ma:i31	—	mai31	mai44
354	卖~柴	ma:i6	ma:i13	ma11	ma:i11	ma:i22	ma:i32	ma42	mai13	mai22
355	蝇子	muŋ4	muŋ231	muŋ232	mwəŋ213	—	—	mə42	mɔŋ31	mɔŋ44
356	望	ma:ŋ6	maŋ13	maŋ11	—	maŋ22	ma:ŋ32	mə42	—	mɔŋ6
357	看~书	ma:ŋ6	maŋ13	maŋ11	—	maŋ22	ma:ŋ2	mə42	—	mɔŋ22
358	蜜蜂	mwei4	mwei231	mwei232	mwei232	mei32	mɛi31	mi42	mi31	mui44
359	兄弟	mwɔu4	mwo231	mwə11	mai213	—	—	mau42	mɔu31	mu44
360	扁担	mwuŋ4	mwaŋ231	mwəŋ232	mɔŋ213	muŋ32	muŋ31	mɔŋ42	maŋ31	—
361	回~家	mu4	—	—	mu213	mu32	mu31	mu42	—	mu44
367	烟火~	shjiɔu5	sjou24	sjəu35	ɕeu55	sou21	ɕɔu311	—	ɕɔu44	—
368	蚂蚁	ȵhiɔu3	dzjou52	dzjəu53	ɕeu53	sou43	ɕɔu42	sau35	tɕhɔu35	dziu22
369	三	pwɔu1	pwo33	pwə33	pu33	po35	ʔpu355	pau33	bɔu33	bu42
370	三第~	sa:m1	fa:m33	faŋ33	θa:m33	tθam35	θam35	san33	sɔn33	hum44

索引	词项	原始瑶语	江底	庙子源	罗香	梁子	滩散	东山	石口	大坪
371	三~月	sa:m1	fa:m33	faŋ33	θa:m31	tθam44	θam335	gan53	sɔn55	hɔm44
372	三初~	sa:m1	fa:m33	faŋ33	θa:m33	tθam35	θam35	san33	sɔn33	hɔm44
373	臭虫	pji1	pje33	pje33	pi33	pi35	ʔpi35	pi33	beŋ33	bɛi44
375	果子	pjiɔu3	pjou52	pjəu53	pjeu53	pjou545	ʔpjɔu55	pjau35	bjou35	bɛu24
378	血	ɟha:m3	dzja:m52	dzjaŋ53	ɕam53	sa:m43	ɕa:m42	san35	tɕhan35	dzjɛm24
379	害怕	dzhjæ5	dzje24	dzje35	dza55	ɖa21	ɖa31	ɖa24	—	dzjɛ42
382	家畜	shɛ:ŋ1	sɛ:ŋ33	—	ɕɛŋ33	tθɛŋ31	θɛ:ŋ13	sɛ33	—	hɛŋ44
383	早晨	ʔdwɔ:m1	do:m33	dɔŋ33	dɔm33	dɔm35	dɔm35	djau35	twɔn33	dɔm44
385	洗~手	ʔdza:u5	dza:ŋ24	dza35	da:u55	da:u44	da:u42	dza35	tsɔ35	dɔu24
386	船	ʔdza:ŋ3	dza:ŋ52	dzaŋ53	da:ŋ53	daŋ545	da:ŋ53	dzaŋ35	thɔŋ35	dɔŋ24
390	那	ʔwæ3	wo52	wo53	wa53	wa545	va55	wə35	a35	vɛi42
391	碗	ʔwjæn3	wjen52	wjəŋ53	van53	wan545	van55	wan35	ən35	vjɛn24
392	挖	ʔwe:t7	—	wei54	vet43	ve:t24	vɛ:t35	un53	ve35	vɛt44
393	嫂	ʔŋa:m1	ŋa:m33	ŋaŋ33	—	ŋa:m35	ŋa:m35	ŋan33	ŋan33	ŋɛm44
394	哭	ʔŋæm3	ŋom52	ŋəŋ53	njem53	ŋim545	ŋin55	ŋan35	ŋan35	ŋɛm24
399	松树	dzo:ŋ2	tsoŋ31	tsoŋ31	θoŋ31	dðoŋ33	θɔ:ŋ33	tsoŋ31	tsjoŋ55	huŋ53
401	棕树	tsoŋ1	soŋ33	tsoŋ33	θoŋ53	—	θɛi35	tsoŋ33	tsɔŋ33	tuŋ22
404	漆树	tshje:t7	tshjet55	tshje54	θjet43	tjet32	khjɛ:t12	tshan53	tshæ35	tat44
405	桃树	gla:u2	tɕa:u31	ka31	kla:u31	tlau44	klau33	kla31	klɔ55	kɔu53
407	桐子树	doŋ2	toŋ31	toŋ31	toŋ31	tɔŋ35	ʔtoŋ33	tuŋ42	dɔŋ55	tuŋ53
408	空心树	ʔgjoŋ5	khuŋ24	goŋ33	goŋ33	guŋ43	gun31	klɔŋ33	khɔŋ33	luŋ53
409	树梢	twei3	twei52	twei53	twei53	dɛŋ35	θim35	diu24	de35	dui24
410	树杈	tsha1	tsha33	tsha33	ŋa55	ɬa31	tha13	a33	kæ55	a44
412	根树~	ndzu:ŋ2	dzuŋ31	dzuŋ31	duŋ31	duŋ33	du:ŋ22	—	—	—

索引	词项	原始瑶语	江底	庙子源	罗香	梁子	滩散	东山	石口	大坪
413	字	ndza:ŋ6	dza:ŋ13	dzaŋ11	—	daŋ22	daŋ43	dzaŋ42	tsaŋ12	—
414	咸	ndza:i2	dza:i31	dza31	da:i31	dai33	da:i33	dza31	tswei55	dɔi53
417	壳笋~	khuk7	khɔ55	khɔ54	khu43	ku31	khu13	gli24	khɔ33	fɔu44
418	苎麻	ndo6	du13	du11	do11	do22	du32	du42	tu13	—
419	菌子	kjiɔu1	tɕou33	tɕəu33	tɕeu33	sou35	ɕou35	ʈau33	tɕou33	ku44
420	粑粑	ʔdzu3	dzwo52	dzwɔ53	ju53	ɖu545	ɖu55	ɖu35	ʈɕu35	gu24
421	含~水	ʔgjɔ:m1	gɔ:m33	gɔŋ33	gɔm33	gjɔm35	gjɔ:m35	gan33	—	—
422	禾苗	mblau2	bjau31	bau31	blau31	blau33	blau33	blau31	plou55	bu44
423	在~家	ʔjem1	jom33	jəŋ33	jem33	jam35	—	—	jen33	—
424	我	ʔjæ1	je33	je33	ja33	ja35	ja35	—	—	—
428	稻谷	chuk7	tshu55	tshəu54	ɕu43	—	thu12	ʈhu53	ɕɔ33	siu44
429	晚稻	ȵai2	tsai31	tsai31	tɕai31	ʈai33	ʈai33	ʈai31	tsai55	—
430	谷花	bjaŋ2	pjaŋ31	pjaŋ31	pwaŋ31	faŋ33	faŋ33	pjaŋ31	buŋ55	fa44
433	禾草	ʔgwa:u3	ga:u52	ga53	ka:u53	gau545	ga:u53	kɔ35	kɔ35	kɔu24
435	饭	hna:ŋ5	n̠a:ŋ24	ȵaŋ35	na:ŋ55	naŋ21	naŋ331	ȵaŋ24	—	nɔŋ42
436	花	bjaŋ2	pjaŋ31	pjaŋ31	pwaŋ31	faŋ33	faŋ33	pjaŋ31	buŋ55	pjaŋ53
438	孵	bwu6	pwo13	pwəl11	pu11	pu22	ʔpu32	pu42	pu13	pu22
440	平~地	bɛ:ŋ2	pɛ:ŋ31	pɛŋ31	pɛŋ31	pɛŋ33	ʔpɛ:ŋ33	pɛ42	biŋ55	pɛŋ53
441	耙~田	ba2	pa31	pa31	pa31	pa33	ʔpa33	—	ba55	pa53
442	耙子	ba2	pa31	pa31	pa31	pa33	ʔpa33	pa31	ba55	pa53
443	薄	bjæk8	pje12	pje21	pwa32	fa22	fa32	—	—	pjɛ22
444	白	bɛk8	pɛ12	pje21	pɛ32	pɛ22	ʔpa32	phɛ42	ba55	pa53
445	花蕊	sim1	fim33	fiŋ33	θim33	tθim35	θim13	—	sjen33	hum44
446	脚印	hmjæn3	mjen52	mjəŋ53	m̥wan53	man43	man42	m̥jɛn35	—	—
449	草	hmjæ3	mje52	mje53	m̥wa53	ma43	ma42	m̥ja35	mu35	mjɛ24
450	鬼	hmjæn3	mjen52	mjəŋ53	m̥wan53	man43	ma:n42	m̥jɛn35	mwɔn35	mjɛn24

索引	词项	原始瑶语	江底	庙子源	罗香	梁子	滩散	东山	石口	大坪
452	嫩芽	ɲa2	ŋa31	ŋa31	djaŋ35	ŋa33	ŋa33	ŋa31	ŋa55	ŋjɛ53
453	茅草	ʔgwa:n1	ga:n33	gaŋ33	ga:n33	ga:n35	ga:n13	gwan33	klœ33	gon44
454	牛圈	ra:n2	la:n31	laŋ31	ga:n31	go33	gu33	glan31	lan55	dzu53
455	猪圈	rou2	la:n31	gu31	gou31	go33	gu33	glu31	lan55	dzu53
456	蓝靛草	ŋgla:m2	dza:m31	gaŋ31	ga:m31	ga:m33	ga:m33	—	klan55	—
461	篾条	ʔɟuk7	dzu55	dzəu54	dʑu43	du24	du55	ɖu53	—	dziu44
462	刺儿	ʔɟim3	dʑim52	dziŋ53	jim53	ɖjm545	ɖjm55	dzin35	siŋ44	—
465	艾子	ŋɔ:i6	ŋɔ:i13	ŋwa11	ŋɔi11	—	ŋɔ:i32	—	ŋai35	ŋɛi22
466	粪肥	pwan5	pwan24	pwəŋ35	pwən35	fan44	fɔ:n335	hwəi33	bwei55	bun42
468	种~玉米	cwɔŋ5	tswaŋ24	tswəŋ35	tɕwəŋ35	sɔŋ44	ɕɔŋ335	tɔŋ24	tɕɔŋ44	tsuŋ42
470	小米	ca:i1	tsai33	tsai33	tɕai33	tɕei35	tha:i35	ȶai33	tsai33	tɕi44
471	煮	ciou3	tsou52	tsəu53	tɕou53	tou545	tɕou55	ȶəu35	tɕiu35	tsu24
472	纸	cei3	tsei52	tsei53	tɕei53	ȶei545	tɕɛi55	ȶəi35	tɕi35	tsi24
476	糠	bhjæk7	bje55	bje54	bwa32	va31	ba12	bja53	bɔu33	bjɛ44
478	拍~手	ʔbɛk7	bɛ55	bɛ54	bɛ43	bai21	bɛ331	bɛ53	—	—
479	甘~蔗	kwa:m1	ka:m33	kaŋ33	kam33	kɔm35	kam33	kan33	kwɔn33	—
480	蔗甘~	tsjæ5	tsje24	tsje35	tɕa35	sa44	ɕa335	kjɛ35	tɕai44	—
482	芋头	fiiou6	hou13	əu11	hou11	hou22	hɔu32	—	heu13	vu22
483	黄	wjaŋ2	wjaŋ31	wjaŋ31	waŋ31	waŋ33	vaŋ33	waŋ31	vuŋ55	vjaŋ53
484	芝麻	shak7	sa55	sa54	ɕa43	tθa31	θa12	—	—	tsa44
485	知道	pei1	pei33	pei33	pei33	pei35	ʔpɛi35	pəi33	bi33	bɛi44
487	满	pwɔn3	pwɔŋ52	pwəŋ53	pwən53	pɔŋ545	ʔpɔŋ55	pɔŋ35	baŋ35	baŋ24
489	打~枪	pwan3	pwan52	pwəŋ53	pwən53	fan545	fɔn55	—	—	bun24
490	睡	pwei5	pwei24	pwei35	pwei35	fei44	fɛi335	—	bi44	bui42
491	我们	ʔbwɔu1	bwo33	bwə33	—	bu35	bu35	—	—	bu44

265

索引	词项	原始瑶语	江底	庙子源	罗香	梁子	滩散	东山	石口	大坪
494	百	pɛk7	pɛ55	pɛ54	pɛ43	pɛ35	ʔpɛ35	pɛ53	ba35	ba44
495	烧~山	pwɔu3	pwo52	pwə53	pu53	pu545	ʔpu55	pau35	bɔu35	bu24
497	斧头	piɔu3	pou52	pəu53	pou53	pou545	ʔpou55	bəu35	peu35	pu24
498	藏~物	pi:ŋ5	pi:ŋ24	piŋ35	piŋ35	piŋ44	ʔpi:ŋ335	pjɛ35	—	bɔŋ42
499	放~走	puŋ5	puŋ24	puŋ35	puŋ35	puŋ44	ʔpuŋ335	pə24	bɔŋ44	bɔŋ42
501	卜~萝	bak8	pa12	pa21	po32	bak21	bak32	phɔ42	pa31	pɔu22
502	籽茶~	pjiɔu3	pjou52	tsai53	pjeu53	pjou545	ʔpjou55	pjau35	bjou35	tɛi24
503	油茶~	jiɔu2	jou31	jəu31	jeu31	jou33	jɔu33	jou31	jou55	dziu53
506	七	ɲi6	—	—	ŋi11	ŋi22	ŋi32	ni42	ŋi13	ŋi22
507	七~月	tshje:t7	tshjet55	tshje54	θjet43	tjɛt32	khjɛt12	tshan53	tshan55	huŋ44
508	七初~	tshje:t7	tshjet55	tshje54	tjet43	tjɛt54	khjɛ:t12	tshan53	tshæ35	hut44
511	大腿	ɟu:i2	tsu:i31	tsui31	tɕui31	tui33	tu:i33	—	—	si53
512	迟	ɟai2	tsai31	tsai31	tɕai31	tai33	tai33	tai31	tsai55	—
513	是	ɟei4	tsei231	tsei232	tɕei213	tɕei32	tɛi31	tɕi42	tɕi31	sɛi44
515	燃	dzjæk8	tsje12	tsje21	tɕa32	—	ta32	tha42	tɕa22	sa22
516	熟~肉、熟悉	ɟwuk8	tswo12	tswə21	tɕwo32	—	ɕu32	thɔ42	tɕɔ22	—
517	柑子	kwɔm2	kom31	kaŋ33	kɔm33	kam33	kam35	kan33	kwɔn33	kɔm44
519	圆	glun2	tɕun31	guŋ31	klun31	tlun33	klun33	klin31	kleŋ55	—
520	桃子	gla:u2	tɕa:u31	ka31	kla:u31	tlau33	kla:u33	kla31	klɔ35	kɔu53
521	青菜	ʔmɛ:ŋ1	mɛŋ33	mɛŋ33	mɛŋ33	mɛŋ35	mɛ:ŋ35	mɛ33	miŋ33	mɛŋ44
524	黄瓜	kwa1	kwa33	kwa33	kwa33	kwa35	kwa35	kwa33	kwa33	ka44
526	过~河	kwjei5	kwje24	kje35	kwɔi35	kui44	ku:i335	kwa24	kwei44	kɛi42
530	蒜	shun5	fun24	tshuŋ35	θun55	tun21	thun331	khəu33	sɔŋ44	hɔn24
533	痒	shje:t7	sjet55	sje54	ɕet43	sɛt32	ɕɛ:t12	hin53	tɕɛ35	kɛt44
534	姜	shuŋ1	suŋ33	suŋ33	ɕuŋ33	tθuŋ31	θuŋ13	—	tɕɔŋ33	kɔŋ44

续表

索引	词项	原始瑶语	江底	庙子源	罗香	梁子	滩散	东山	石口	大坪
535	草药	hmjæ3	mje52	tsu53	ŋwa53	mɛŋ35	ma42	ŋja35	mu35	mjɛ24
537	晚~饭	hmwaŋ5	ŋwaŋ24	mwəŋ35	ŋaŋ53	—	—	ŋɔŋ24	maŋ44	mɔŋ42
538	锅巴	ra:u4	la:u231	lau232	ga:u213	gau32	ga:u331	la42	lau31	gu24
540	剩饭	ȵæŋ6	tseŋ13	tsəŋ11	jaŋ11	jaŋ22	jaŋ331	jaŋ42	tsaŋ13	sɛŋ24
541	盘菜	ʔrjai1	lai33	lai33	gai33	gjai35	gjai35	lai33	lai33	ɛi44
542	汤	thɔ:ŋ1	tho:ŋ33	thəŋ33	thɔŋ33	—	—	thaŋ33	thɔŋ33	hɔŋ44
543	酒糟	tsu1	tsu33	tsu33	θo33	—	—	tsu33	tsu33	—
545	植物油	jiɔu2	jou31	jəu31	jeu31	jou33	jou33	jau31	jɔu55	—
546	油渣	ca1	tsa33	tsa33	—	ta43	ta35	ta33	—	tsap44
547	盐	ʔdza:u3	dzau52	dzau53	dau53	dau545	da:u55	dza35	tsɔu35	dzjam53
551	茶叶	nɔ:m2	—	nɔŋ31	ȵɛŋ53	nɔm33	nɔ:m33	nan31	nɛŋ55	—
552	糖	dɔ:ŋ2	to:ŋ31	tɔŋ31	tɔŋ31	tɔŋ33	ʔtɔŋ33	taŋ31	duŋ55	tɔŋ53
553	红糖	wjaŋ2	wjaŋ31	wjaŋ31	waŋ31	—	vaŋ33	—	vuŋ55	—
554	蜜糖	mwei4	mwei231	mwei232	mwei213	mei32	mɛi31	mi42	mɔu35	mui44
555	饼子	pi:ŋ2	pi:ŋ31	piŋ53	piŋ53	pɛŋ545	ʔpɛ:ŋ55	pjɛ35	bjaŋ35	—
556	热~水	klɔ:m1	tɛo:m33	kɔŋ33	kɔm33	kjɔm35	kjɔm35	klan33	klœn33	tsam44
560	门	glɛ:ŋ2	tɛɛ:ŋ31	kɛŋ31	kɛŋ31	kjɛŋ33	kɛ:ŋ33	klɛ31	tsiŋ55	—
561	肥~肉	glun6	tɛun13	kuŋ11	kun11	kun22	kun32	klin42	klun13	tin22
562	腊肉	la:p8	la:p12	la21	la:p32	—	la:p32	łan42	plæ55	lap22
563	蛋黄	maŋ2	maŋ31	maŋ31	waŋ31	muŋ33	vaŋ33	məi31	vuŋ55	mɔŋ53
564	蛋壳	khuk7	kho55	khɔ54	khu43	ku21	khu13	gli24	khɔ33	fɔu44
565	身体	shin1	sin33	siŋ33	ɛin33	tθin31	θin13	ɛɛn33	ɛen33	—
566	头	plei3	—	—	pje53	pjei545	ʔpjɛ:55	pli35	pli35	pɛi24
570	囟门	ȵa2	ŋa31	ŋa31	ŋa31	ȵa33	ȵa33	—	—	—
571	头发	plei1	pjei33	pei33	pje33	pjei545	ʔpjɛi35	pli35	pli33	pɛi44

索引	词项	原始瑶语	江底	庙子源	罗香	梁子	滩散	东山	石口	大坪
572	毛	plei1	pjei33	pei33	pje33	pjei35	ʔpjɛi35	pli33	pli33	pɛi44
573	辫子	mbin4	bin231	biŋ232	bin213	bin32	bin31	—	—	bjɛn22
577	眉毛	plei1	pjei33	pei33	—	pjei35	ʔpjɛi35	pli33	pli33	pɛi44
578	眼睑	ʔga:i3	gai52	gai53	dai53	dai545	da:i55	kai35	kai35	kai24
581	浇~水	ȵɳem2	dzuŋ31	dzuŋ31	gjem31	gjam33	gja:m33	—	ljen55	dzum53
582	刀	ȵɳuk8	dzu12	dzəu21	dzu32	ɖu22	ɖu32	ɖu42	tɕɔ55	dziu22
583	牙齿	ȵa2	ŋa31	ŋa31	ŋa31	ŋa33	ŋa33	ŋa31	—	njɛ53
584	舌	mble:t8	bjet12	bje21	bjet31	bjɛt21	bjɛ:t32	blin42	pjɛ22	bɛt22
585	稻子	mblau2	bjau31	bau31	blau31	blau33	blau22	blau31	plou55	bjau55
588	糯米	mblut8	bjut12	bu21	blut21	blɔt21	blɔt32	blan42	plɛ22	but22
590	雨	mbluŋ6	bjuŋ13	buŋ11	bluŋ11	buŋ22	buŋ32	blə42	pljɔŋ13	biŋ22
591	舌根	kwɔ:n1	ko:n33	kwaŋ33	kɔ:ŋ35	kɔn35	—	kwan33	kwan33	kan44
593	喉咙	fiou2	hu31	u31	hou31	hu33	hu33	hau31	hɔu55	—
594	手	bwou4	pwo231	pwə232	pu213	pu32	ʔpu31	pau42	pou31	pu44
595	香	ʔda:ŋ1	da:ŋ33	daŋ33	da:ŋ33	daŋ35	da:ŋ35	daŋ33	tɔŋ33	dɔŋ44
598	长	ʔda:u3	da:u52	da53	da:u53	da:u545	da:u55	da35	dɔu35	du24
601	烤~火	ʔdza:u5	dza:u24	dza35	—	dau44	da:u335	dau24	tɔu44	du42
602	戴~帽	ʔdoŋ5	doŋ24	doŋ35	doŋ55	dɔŋ44	dɔŋ44	dɔŋ13	tɔŋ44	dɔŋ42
603	织~布	ʔdat7	dat55	da54	dat43	dat54	dat35	dan53	tæ35	dat44
605	担~柴	ʔda:m5	da:m24	daŋ35	da:m35	da:m44	da:m35	da24	dɔn44	dɔm42
606	聋	ʔdwuŋ1	duŋ33	duŋ33	goŋ31	doŋ35	duŋ35	dwə33	djɔŋ33	dɔŋ44
608	飞	dhai5	dai24	dai35	dai55	dai21	dai331	dai24	—	—
609	手指	ʔdok7	du55	du54	do43	dɔ24	dɔ35	dɔ53	tɔ35	tau24
610	底脚~	ʔdji3	dje52	dje53	di53	di545	di55	ti35	di35	di24
612	拇指	ȵei4	ŋei231	ŋei232	ŋei213	ŋei32	ŋɛi31	—	ŋi31	ni44
619	手指骨节	ʔnɔt7	ȵat55	ȵa54	ȵɔt43	ȵɔi35	ȵɔ:i35	thja53	kɛ35	tɛt44

续表

索引	词项	原始瑶语	江底	庙子源	罗香	梁子	滩散	东山	石口	大坪
627	乳房	ʔɲɔu5	ŋo24	ŋɔ35	nu35	nu545	nu55	nɛ24	ni44	nin24
629	肠子	glja:ŋ2	tɕa:ŋ31	kaŋ31	kla:ŋ31	tlaŋ33	kla:ŋ33	klaŋ31	kljaŋ55	kjaŋ53
630	盲肠	tsham5	tsha24	tsha35	ŋa35	tam22	tha331	tɕha13	ka35	tsa42
631	胆	ta:m3	ta:m52	taŋ53	ta:m53	ta:m545	ʔta:m55	tan35	dœn35	tɛu44
635	脚	tsau5	tsau24	tsau35	θau35	tθau44	θau335	tsau24	tsɔu44	tau24
636	脚板	pe:n3	pe:n52	pəŋ53	pen53	pen545	ʔpjɛn55	pən35	pa33	pjɛn53
638	脚趾	ʔdok7	du55	du54	do43	dɔ35	dɔ35	dɔ53	tɔ35	—
640	脚踝	mwei6	mwei13	mwei11	mwei11	bo545	mɛi32	mi53	mai13	mai53
641	骨头	tsuŋ3	buŋ52	buŋ53	θuŋ53	tθuŋ545	θuŋ55	swə35	sjɔŋ35	hiŋ24
642	千	tshin1	tshin33	tshiŋ33	θin3	tin31	thin13	tɕhɛn33	tshjen33	hun44
644	骨节	ʔɲɔt7	ɲat55	dzi54	ŋɔt43	ŋɔi31	ŋɔ:i35	thja53	kæ35	tɔu24
645	汗	ɦia:n6	ha:n13	aŋ11	ha:n11	han43	han42	hwan42	hən13	hɔn22
649	伤	shjaŋ1	sjaŋ33	sjaŋ33	ɕaŋ33	saŋ31	ɕɔ:ŋ35	ɕaŋ33	ɕɔŋ33	—
650	病、痛	ʔmun1	mun33	muŋ33	mun33	mun35	mun35	mun33	mun33	man44
651	绿	ʔmɛ:ŋ1	mɛ:ŋ33	mɛŋ33	mɛŋ33	mɛŋ35	mɛ:ŋ35	mɛ33	miŋ33	mɛŋ44
652	蓝~布	ʔmɛ:ŋ1	mɛ:ŋ33	mɛŋ33		mɛŋ35	mɛ:ŋ35	mɛ33		mɛŋ44
653	青~菜	ʔmɛ:ŋ1	mɛ:ŋ33	mɛŋ33	mɛŋ33	mɛŋ35	mɛ:ŋ35	mɛ33	miŋ33	mɛŋ44
654	胀	cwu:ŋ5	tsuŋ24	tsuŋ35	tɕuŋ35	tu:ŋ44	tu:ŋ335	twə24	tsjɔŋ44	tiŋ42
656	麻木	ʔbji5	bje24	bje35	bi35	bi44	bi335	bi24	—	bi42
658	斤	kwja:n1	tɕa:n33	tɕwaŋ33	tɕwan33	san35	ɕan35	twan33	tɕwən33	tsan44
660	小孩	kwjei3	tɕwei52	tɕwei53	tɕwei53	sei545	ɕɛi55	hwjəi53	se44	—
661	筋	kwja:n1	tɕa:n33	tɕwaŋ33	tɕwan33	san35	ɕa:n35	twan33	tɕwən33	tsan44
662	蕨菜	kwjæt7	tɕwat55	tɕwə54	tɕwət43	set54	set55	twan53	tɕɛ35	kɔt44
664	疤	pa1	pa33	pa33	—	pa35	ʔpa35	pa33	pa33	—
667	汗	ɦia:n6	ha:n13	aŋ11	ha:n11	han43	han42	hwan42	hən13	hɔn22
668	痱子	ciou3	tsou52	tsəu53	tɕou53	tou545	tɔu55	—	—	—

269

索引	词项	原始瑶语	江底	庙子源	罗香	梁子	滩散	东山	石口	大坪
669	人	mjen2	mjen31	mjəŋ31	mwan31	mun33	mun33	min31	meŋ55	min53
670	舅母	mjaŋ2	mjaŋ31	—	mwaŋ31	maŋ33	maŋ33	mjaŋ31	mu55	mjaŋ53
673	伸~懒腰	shuŋ1	suŋ33	suŋ33	ɕuŋ33	tθuŋ21	θuŋ13	—	—	—
674	簸箕	shjaŋ1	sjaŋ33	sjaŋ33	ɕaŋ33	saŋ31	ɕaŋ13	ȶaŋ33	—	—
676	女儿、姑娘	shjæk7	sje55	sje54	ɕa43	sa31	ɕa12	sa53	ɕa35	sa44
677	媳妇儿、媳、新娘	mbwɔŋ4	bwaŋ231	bwəŋ232	bwəŋ213	bɔŋ32	bɔŋ31	bɔŋ42	paŋ31	—
678	漂浮	mbliou2	bjəu31	bjəu31	bjeu31	bjou33	bjɔu33	bjau31	pjɔu55	bɛu53
679	女婿	la:ŋ2	la:ŋ31	laŋ31	la:ŋ31	laŋ33	la:ŋ33	—	—	—
680	孙子	swun1	fuŋ33	fuŋ33	θun33	tθun35	θun35	swən33	—	hun44
683	盖~锅	kwɔm3	kom53	goŋ35	kom53	kɔm545	kam55	—	kwɔn35	kɔn44
685	伯父	pɛk7	pɛ55	pa31	pɛ43	pɛ35	ʔpɛ35	pɛ53	ba22	pa44
687	外祖父	ta1	ta33	ta31	ta33	ta35	ʔta35	ta24	—	—
688	外祖母	ti3	—	—	ti53	ti545	ʔti55	ti35	di22	dɛi24
689	寡妇	kwa3	kwa52	kwa53	kwa53	kwa545	kwa55	kwa35	kwa35	ka24
690	学生	fia:k8	ho12	hɔ21	hɔ:k32	ha:k42	hak32	hɔ42	hɔ31	hɔu22
691	钱五~	dzin2	tsin31	tɕiŋ31	θin31	tθin33	tθin22	tsən31	tɕiŋ55	hɛn53
692	匠~人	dzwa:ŋ6	tsa:ŋ13	tswaŋ11	θɛŋ11	tθaŋ22	tθa:ŋ43	tsaŋ42	tsɔŋ13	—
693	泡~米	dzei6	—	—	θei11	tθei22	θɛi32	tsi42	tsai13	hɛi22
694	凿子	dzuk8	tsu12	tsəu21	θu32	tθu22	θu32	tshu42	tɕjɔ55	hiu22
695	柴	dza:ŋ6	tsa:ŋ31	tsaŋ31	θa:ŋ31	tθaŋ33	tθa:ŋ22	tsaŋ31	tsuŋ55	hɔŋ53
696	水槽	dzou2	tsu31	tsu31	θou31	dðau33	—	tsu31	tsu55	—
697	坐	dzwei4	tswei231	tswei232	θwei213	tθei32	—	tswəi42	tsai31	hɛi44
700	主人	tsjiɔu3	tsjou52	tsjəu53	tɕou53	ȶou545	ȶɔu55	ȶəu35	tɕou35	tsiu24

索引	词项	原始瑶语	江底	庙子源	罗香	梁子	滩散	东山	石口	大坪
708	皇帝	ɦuŋ2	huŋ31	uŋ31	huŋ31	huŋ33	huŋ33	—	vɔŋ55	vɔŋ53
710	官	kwjæn1	kwjen33	kwjəŋ33	kwan33	kwan35	kwa:n35	kwan33	kwən33	kjɛn44
711	兵	pɛ:ŋ1	pɛ:ŋ33	pɛŋ33	pɛŋ33	pɛŋ35	ʔpɛ:ŋ35	pjɛ33	beŋ33	bjaŋ44
713	哑巴	ʔam3	a52	a53	am33	—	am55	a53	a35	a24
714	尸体	shei1	sei33	sei33	—	—	θɛi13	sɐi33	ɕi33	—
717	五	pla1	pja33	pa33	pla33	pja35	ʔpja35	pla33	pla33	pjɛ42
718	五第~	ŋou4	ŋ̍ŋ231	n̍232	ŋou213	ŋou32	ŋɔu31	uŋ42	ŋ̍31	ŋ̍44
719	五~月	ŋou4	ŋ̍ŋ231	n̍33	ŋou213	ŋou32	ŋɔu31	uŋ42	ŋ̍31	ŋ̍44
720	五初~	ŋou4	ŋ̍ŋ231	n̍232	ŋou213	ŋou32	ŋɔu31	uŋ42	ŋ̍31	ŋ̍44
721	房子、家	plau3	pjau52	pau53	pjau53	pjau545	ʔpjau55	pla35	plɔu35	piu24
722	棍子	pla3	pja52	pa53	pla53	pja545	ʔpja55	—	—	—
726	砖	cwun1	tsun33	tsuŋ33	tɕun33	tun35	tun13	twən33	tɕwən33	tsin44
728	厕所	ʔgai3	gai52	gai53	dai53	dai545	dai55	kai35	—	kai24
729	屋角	klɔ:ŋ7	ko55	kɔ54	kɔŋ33	kjɔŋ35	kjɔ:ŋ35	klɔ33	kloŋ33	kɔu44
731	墙	ɟi:ŋ2	tsi:ŋ31	tsiŋ31	tɕiŋ31	siŋ33	kja:ŋ33	tɕjɔ31	tsjɔŋ55	sjaŋ53
732	木板	pe:n2	pe:n31	pəŋ53	pen35	pen545	pi:n55	pən35	beŋ33	bɛn24
736	水笕	kje:n3	tɕi:n52	tɕəŋ53	tɕen53	sen545	tɔn55	kən35	kjeŋ35	kɛn24
743	木梳	cak7	tsa55	tsa54	tɕa43	ta24	ta35	ta53	tsa35	ta44
744	箆子	ba:i6	pai13	pai11	pai11	pai22	ʔpa:i32	pai42		
747	帽子	mwou6	mwo13	mau35	mou11	mou22	mɔu32	mau35	mu13	mu22
749	裤带	hlja:ŋ1	ła:ŋ33	łaŋ33	l̥a:ŋ33	laŋ31	la:ŋ31	—	ljaŋ33	ljaŋ44
750	袜子	ma:t8	ma:t12	ma21	ma:t32	ma:t42	ma:t32	m̥un42	mæ22	mat22
752	镜子	kji:ŋ5	tɕi:ŋ24	tɕiŋ35	tɕiŋ35	kɛŋ44	kɛŋ335	tɕin24	tɕiŋ33	kɛŋ24
754	席	ɟik8	tsi12	tsei21	tɕi32	si22	ɕi32	tɕhi42	tiŋ31	sjɛ22
755	青布	ʔmɛ:ŋ1	mɛ:ŋ33	mɛŋ33	—	mɛŋ35	mɛ:ŋ35	mɛ33	miŋ33	mɛŋ44

续表

索引	词项	原始瑶语	江底	庙子源	罗香	梁子	滩散	东山	石口	大坪
756	灰布	bhwɔu3	bwo52	bwə53	bu53	bu43	bu42	bu35	—	—
757	花布	bjaŋ2	pjaŋ31	pjaŋ31	pwaŋ31	faŋ33	faŋ33	pjaŋ31	pleŋ33	pɛn44
759	单衣	ta:n1	ta:n33	taŋ33	ta:n33	tan35	ʔtan335	tan33	dən33	dɔn44
761	棉衣	min2	min31	miŋ31	min31	min33	—	—	miŋ55	mjɛn53
762	丝线	sei1	fei33	fei33	θei33	tθei35	θɛi35	—	—	—
764	篾桌	hlau3	ɬau52	—	l̥au53	lau43	lau42	—	lau35	lau24
766	穿~针	chwun5	tshun24	tshuŋ35	ɕwən33	sen21	ɕun13	ȶhwən33	tɕhen33	tsui44
767	床	chiɔu5	tshou24	tshəu35	ɕou55	ȶou21	ȶhɔu331	ȶhəu24	—	fu42
768	炒~菜	cha:u3	tsha:u52	tsha53	ɕa:u53	ȶau43	ȶha:u331	ȶha35	thau35	hau24
769	床架	kja5	tɕa24	tɕa35	tɕa55	ȶa44	ȶa335	ka24	ka44	—
773	钥匙	ɟei2	tsei31	tsei31	tɕei31	ȶei33	ȶɛi33	ȶəi31	tɕi55	si53
774	蜡~烛	la:p8	la:p12	la21	la:p32	la:p42	lap32	ɬan42	lɔ55	lap22
775	烛蜡~	cwuk7	tswo55	dwə54	tɕwo43	so35	ɕu35	ȶɔ53	tɕɔ35	tsu44
776	灯	taŋ1	taŋ33	taŋ33	taŋ33	tɔŋ35	ʔtɔ:ŋ35	tən33	doŋ33	daŋ44
781	筷子	ɟiɔu6	tsou13	tsəu11	tɕou11	ȶou22	ȶɔu32	ȶəu42	tseu13	tau22
784	碟子	di:p8	tip12	ti21	—	tip21	ʔti:p32	thin42	—	—
785	砧板	ɲɟɛ:ŋ2	dzɛ:ŋ31	dzɛŋ31	dʑɛŋ31	ȡɛŋ33	ȡɛ:ŋ33	—	—	—
786	久	lau2	lau31	lau31	lau31	lau33	lau22	—	—	lu53
788	回来	lau4	—	—	lau213	lau32	lau31	lau42	—	lau44
789	风箱	liɔu2	lou31	ləu31	lou31	lou33	lɔu33	ləu31	leu55	lu53
792	臭	tswei5	tswei24	tswei35	θwei35	tθei44	θɛi335	tswəi24	tse44	ti42
793	甑子	tsa:ŋ5	tsaŋ24	tsaŋ35	θaŋ35	tθaŋ44	θa:ŋ335	tsaŋ24	tsaŋ44	taŋ42
794	锅	chɛ:ŋ1	tshɛ:ŋ33	tshɛŋ33	ɕɛŋ33	ȶɛŋ31	ȶhɛ:ŋ13	thjɛ33	thaŋ33	haŋ44
797	罐子	bɛ:ŋ2	pɛ:ŋ31	pɛŋ31	ɛŋ33	—	ʔpɛ:ŋ33	pɛ31	biŋ55	—
801	伞	sa:n5	fa:n24	faŋ35	θa:n35	tθa:n44	θa:n335	san24	sun35	hɔn42
802	秤	dzhjaŋ5	dzjaŋ24	dzjaŋ35	dʑaŋ55	ȡaŋ21	ȡaŋ331	ȡaŋ24	tɕhaŋ44	dzaŋ42

索引	词项	原始瑶语	江底	庙子源	罗香	梁子	滩散	东山	石口	大坪
803	磨~刀	dzhjiou5	dzjou24	dzəu35	dzeu55	ɖou21	ɖou31	ɖau24	—	dziu42
804	秤钩	ʔŋa:u1	ŋau33	ŋau33	ŋau53	ŋau35	ŋa:u35	—	—	—
805	秤杆	kwɛ:ŋ1	ka:n33	kwɛŋ53	kwɛŋ53	kwɛŋ545	kwɛ:ŋ55	kjɛ35	—	kɔn24
806	桶箍	khiou1	khou33	kəu33	khu33	kui31	khou31	kəu33	klɔ35	ku44
807	烟斗	tau3	tau52	tau53	doŋ31	tau545	ʔtau55	tau35	dɔŋ55	tuŋ53
808	剪刀	ʔɟi:u3	dziu52	dziu53	jeu53	ɖeu545	ɖi:u55	gjau35	kjlou35	gɛu24
810	铲子	cha:n3	tshe:n52	tshən53	ɕa:n53	ʈan43	ʈha:n42	ʈhan35	than35	han24
811	犁	rjai2	lai31	lai31	gai31	gjai33	gjai33	lai31	lai55	hɛi53
812	犁弓	koŋ1	koŋ33	koŋ33	koŋ33	kɔŋ35	kɔŋ35	koŋ33	kɔŋ33	kuŋ44
816	推刨	ba:u7	fwo55	phau31	pa:u11	pau22	ʔpa:u32	pau42	pou13	—
817	铁锤	tsun5	dzun24	tsaŋ232	θun55	tθun21	θun335	tsun24	—	tsjɛ53
818	钳子	hrjæk7	ɬje55	ɬje54	gja43	gja21	gja12	twəi31	lja35	ljɛ44
819	锯子	xiou5	dzou24	jəu35	jou35	ɖou44	ɖou335	ɖəu24	tɕiu44	ki42
820	斗	tau3	tau52	tau53	tau53	tau545	ʔtau55	tau35	dou35	tuŋ53
821	墨斗	mak8	ma:t12	mɛ21	ma32	mak21	mak32	mɔ42	ma22	ma22
822	梯子	thei1	thei33	thei33	thei33	tei31	thɛi13	thəi33	thi33	hai44
824	大	hlo1	ɬu33	lu232	lo33	lu31	lu13	ɬu33	lu13	lou44
825	绳子	hlja:ŋ1	ɬa:ŋ33	ɬaŋ33	ɭa:ŋ33	laŋ31	la:ŋ13	ɬaŋ33	ljaŋ33	—
827	鸟笼	lo:ŋ2	loŋ31	loŋ31	loŋ31	lɔŋ33	lɔ:ŋ33	lɔŋ31	lɔŋ55	luŋ53
830	鞭炮	phau5	phau24	phau35	phou55	pau21	ʔphou331	bɔ35	pheu44	pau24
833	枪	chwoŋ5	tshoŋ24	tshoŋ35	ɕwaŋ55	tɔŋ21	thɔŋ331	thɔŋ24	tɕhɔŋ44	tsuŋ24
834	火药	si:u1	fiu33	fiu33	θjeu53	tθiu35	θi:u35	ɕau33	siu33	—
835	笔	pat7	pat55	pa54	pat43	pat54	ʔpat35	—	bæ35	bit44
836	墨	mak8	ma:t12	ma21	ma32	mak21	mak32	mɔ42	ma32	ma22
838	笔筒	ndoŋ2	doŋ31	doŋ31	doŋ31	dɔŋ33	dɔŋ33	dɔŋ31	dɔŋ55	—
839	书信	sen5	fjen24	fjəŋ35	θan55	tθi:ŋ44	θan335	ɕin24	sjen44	sin53

索引	词项	原始瑶语	江底	庙子源	罗香	梁子	滩散	东山	石口	大坪
840	棍儿香	huŋ1	huŋ33	huŋ33	huŋ33	huŋ31	huŋ13	hwa33	fɔŋ33	vɔŋ44
841	香炉	liɔu2	lou31	lɘu31	lou31	wan545	van55	lɘu31	—	lu53
842	诰头	kwja:u5	tɕa:u24	kwa35	tɕa:u35	ta:u44	ta:u335	ka24	kwa33	kau42
843	铃	ri:ŋ2	li:ŋ31	liŋ31	giŋ31	gi:ŋ33	gi:ŋ33	klɔ24	kluŋ44	lɛŋ53
844	钟	co:ŋ1	tsoŋ33	tsoŋ33	tɕwɘŋ33	hɛŋ31	tɔ:ŋ35	tɔŋ33	tɕɔŋ33	tsuŋ44
845	锣	lɔ2	lo31	lɔ31	lɔ31	lɔ33	lɔ33	lɔ31	—	lou53
846	鼓	ɲɟo4	dzu231	dzu32	dzo213	ɖu32	ɖu31	du42	tsu31	—
847	歌	ʔɟuŋ1	dzuŋ33	dzuŋ33	dzuŋ33	ɖuŋ35	ɖuŋ35	ɖwɘ33	vei55	tsiŋ44
848	话	wa6	wa13	wa11	va11	wa22	va32	—	fa31	—
849	生日	she:ŋ1	sɛ:ŋ33	sɛŋ33	ɕɛŋ33	tθɛŋ35	θɛŋ13	sɛ33	seŋ33	hɛŋ44
851	数目	shiɔu5	sou24	sɔu35	ɕou55	tθou21	θɔu331	sau24	sɔu44	hu42
852	价钱	kja5	tɕja24	tɕa35	tɕa35	kja44	ta335	ka24	ka44	ka42
853	利息	rei6	lei13	lei11	gei11	gei22	gɛi32	lɘi42	li33	li22
857	摆~设	pa:i3	pja:i52	pa53	pai31	pa:i545	ʔpa:i55	—	ɓai44	
858	帮~助	paŋ1	paŋ33	paŋ33	pɔŋ53	tθaŋ32	θaŋ31	paŋ33	tsjɘŋ13	bɔŋ22
861	变~心	pe:n5	pe:n24	pɘŋ35	pen35	pe:n44	ʔpi:n335	pɘn24	beŋ33	bɛn42
862	比~较	pei3	pei52	pei53	pei53	pei545	ʔpɛi55	pɘi35	bi35	bi22
863	拜	pa:i5	pa:i24	pa35	pa:i35	pa:i44	ʔpa:i335	—	bai44	bai24
864	办~事	mba:n6	be:n13	bɔŋ11	pen11	ban22	ban32	ban24	peŋ13	pan24
865	补~衣服	bhjæ3	bje52	bje53	bwa53	va43	ba55	bja35	pu35	bjɛ24
872	剖~肚子	pha:i5	pha:i24	pha35	pha:i55	pa:i21	pha:i331	pha24	phai44	
875	破~烂	huk3	hu52	hu53	—	hu43	ho42	hu35	—	vu24
877	派	pha:i5	pha:i24	pha35	pha:i55	pa:i21	pha:i331	phɛ24	phai44	pai53
878	排列	ba:i2	pai31	bai31	pai31	pa:i33	ba:i33	blɛ31	be55	bai42
880	赔偿	bu:i2	pu:i31	pui31	pui31	—	—	pɘi31	—	pui53

续表

索引	词项	原始瑶语	江底	庙子源	罗香	梁子	滩散	东山	石口	大坪
884	梦 ~见	ʔbei5	bei24	bei35	—	bei44	bɛi335	bəi24	pi44	bɛn42
885	四	plei1	pjei33	pei33	pje33	pjei35	ʔpjɛi35	pləi33	pli33	pɛi42
886	四第~	sei5	fei24	fei35	θei35	tθei44	θɛi335	səi24	si44	hɛi42
887	四~月	sei5	fei24	fei35	θei35	tθei44	θɛi335	səi24	si44	hɛŋ44
888	四初~	sei5	fei24	fei35	θei35	tθei44	θɛi335	səi24	si44	hɛi42
891	花眼~	blaŋ2	pjaŋ31	pjaŋ31	blou213	blou32	blɔu31	pjaŋ31	pleŋ33	pɛn44
892	翻~身	ʔbjæn3	bjen52	bjəŋ53	bwan53	plan33	ʔplan32	bjen35	bwən35	bjɛn24
893	放~置	ʔan1	an33	əŋ33	an33	an35	an35	wan33	—	—
898	晚~玉米	ɻa:i2	tsai31	tsai31	tɕai31	tai33	ta:i33	tai31	—	—
899	喂~小孩	ʔu:i5	u:i24	ui35	ui55	ui44	u:i335	—	—	—
901	围~住	wei2	wei31	wei31	vei31	wei33	vɛi33	wəi31	vi55	vin53
903	打~铁	ta3	ta52	ta53	ta53	ta545	ʔta55	te35	de35	da24
907	到	thau5	thau24	thau35	thau55	tau21	thau331	tu24		
909	吊~颈	ʔdiu5	diu24	diu35	diu35	diu44	diu335	diu24	tiu44	diu42
910	调~兵	diu6	tiu13	tiu11	tiu11	diu22	ʔtiu32	diu24	tiu44	diu42
914	顶~着包袱	ʔdoŋ5	doŋ24	doŋ35	—	dɔŋ44	dɔŋ335	dɔŋ24	tɔŋ44	dɔŋ42
916	叼~着烟	ʔgjɔ:m1	go:m33	gɔŋ33	gɔm33	—	gjɔ:m35	gan33	han55	ham53
918	懂	pei1	pei33	—	pei33	—	ʔpɛi35		bi33	bɛi44
919	毒~死	dɔ:k8	tu12	tu21	tok32	dɔ:k42	dɔ:k32	du42	tu22	tu22
920	脱~衣	kja:i3	tɕai52	tɕai53	tɕai53	tai545	ta:i55	tɕi35	kai35	—
923	跳	thiu5	thiu24	thiu35	thiu55	dau33	thiu331	diu24	diu44	dɛu44
926	挑~水	ʔda:m1	da:m33	daŋ33	da:m33	da:m35	da:m35	da33	—	dɔm44
930	听	hmwuŋ5	mwaŋ24	mwəŋ35	mɔŋ55	muŋ21	muŋ331	ŋɔŋ24	maŋ44	maŋ42
933	剃~头	thei5	thei24	thei35	thei55	tei31	thɛi331	thəi24	thi44	hi42
935	添	thim1	thim33	thiŋ33	thim33	—	thim13	thin33	thjen33	hjɛm44

索引	词项	原始瑶语	江底	庙子源	罗香	梁子	滩散	东山	石口	大坪
938	脆	sa:u3	fa:u52	fa53	θa:u53	tθa:u545	θa:u55	—	—	hɔu24
942	捞 ~水草	hrjou7	ɬu55	ɬu54	gou213	gjou32	gjou31	ɬɔ42	leu35	lau24
943	留 ~饭	ŋgjiɔu2	—	ljɔu31	gjeu31	gjou33	gjɔu33	ljau31	ljɔu55	ljaŋ53
946	乱	lun6	lun13	luŋ11	lun11	—	lun32	lun42	lun55	—
948	烂	huk3	hu52	hu53	ho53	—	—	hu35	—	vu24
949	犁 ~地	rjai2	lai31	lai31	gai31	gjai33	gjai33	lai31	lai55	hɛi53
951	洗 ~碗	ʔdza:u5	dza:u24	dza35	da:u35	dau44	da:u335	dza35	tsɔ35	dɔu24
952	洗 ~衣	dzho5	dzu24	dzu35	do55	du21	du35	dzu24	tu44	du42
953	散	dzha:n5	dza:n24	dzaŋ35	da:n55	dan21	da:n331	dzan24	thən44	—
954	松 放~	soŋ1	foŋ33	foŋ33	θoŋ33	—	—	soŋ33	—	huŋ44
956	算	sun5	fun24	fuŋ35	—	tθuŋ44	θun335	sun24	sun44	—
957	缩 ~短	shok7	su55	su54	ɕo43	tθɔ31	θɔ13	—	—	—
958	住 居~	ʔjem1	jom33	jəŋ33	jem33	jam35	—	—	—	—
959	蒸	cwa:ŋ1	tsa:ŋ33	tswaŋ33	tɕewəŋ33	saŋ35	ɕaŋ13	ɬɔ33	tsu31	tsaŋ44
962	站	shiɔu3	sou52	sɔu53	ɕou53	—	—	sɔu35	ɕiu35	fu24
965	涨 ~水	lu6	lu13	—	lo33	lu31	lu13	—	—	lɔu44
966	照 ~镜子	ciu5	tsiu24	tsiu35	tɕiu35	siu44	tiu335	tɕiu24	tɕiu44	tsiu42
967	穿 ~衣	cuk7	tsu55	tsəu54	tɕu43	tu24	tu35	ɬu53	—	—
970	承认	ɲæm6	ŋom13	ŋəŋ11	ŋem11	ŋim22	ŋim32	ŋan42	ŋan13	ŋɛn22
972	出 ~来	chwæ:t7	tshwat55	tshwə54	ɕwət33	sɛt32	ɕɛ:t12	thwə53	ɕɛ35	sɔt44
973	串 辣椒	chwun5	tshun24	tshuŋ55	ɕwət33	sen31	ɕun13	thwən33	tɕhen33	tsui44
975	收	shjiɔu1	sjou33	sjəu33	ɕeu33	sou31	ɕɔu13	sau33	ɕɔu33	siu44
976	数 ~一下	sha:u3	sa:u52	sau53	ɕa:u53	tθau43	θau42	sau35	sɔu44	—
977	说	klɔ:ŋ3	ko:ŋ52	kɔŋ53	kɔŋ53	kɔŋ545	kɔ:ŋ55	ɬɔ35	kloŋ35	kɔŋ24
980	惹	ɲæ4	ŋe231	ŋe 232	ŋa213	ŋe32	ŋun35	—	ŋa31	ŋɛ44
981	解 ~开	kjai3	tɕai52	tɕai53	tɕai53	tai545	tai55	tɕi35	kai35	—

续表

索引	词项	原始瑶语	江底	庙子源	罗香	梁子	滩散	东山	石口	大坪
983	锯~木头	xiɔu5	dzou24	jɔu35	jou55	ɖou44	ɖɔu335	—	—	—
985	救~人	xiɔu5	dzou24	jɔu35	jeu35	ɖou44	ɖɔu335	ɖau24	keu44	gɛu42
989	缺少	dzok8	tsu12	tsu21	θɔ32	tθɔ22	θɔ32	tshɔ42	tsɔ22	hu22
992	起~床	gwjæ4	kwje231	kje232	kja213	kwe32	kwɛ31	—	—	kjɛ44
997	嫌	ɣe:m2	dʑi:m31	gəŋ31	jem31	ɖe:m33	ɖi:m33	gjɛn31	kleŋ55	—
998	下~去	ɣæ6	dze13	je11	ja11	ɖa22	ɖa32	ɖa42	ka13	ga22
1010	隔~山	xɛk7	dzɛ55	gɛ54	jɛ43	ɖe35	ɖɛ35	gjɛ53	—	—
1012	跪	gwei6	kwei13	kwei11	kwei11	kwei22	kwɛi32	kwəi42	ky13	fui24
1015	捆~柴	sha:i1	sai33	sai33	ɕai33	tθai31	θa:i13	—	—	—
1018	箍~桶	khiɔu1	khou33	kɔu33	khu33	—	khɔu42	kəu33	hɔ35	ku44
1027	渴口~	ghwa:t7	ga:t55	ga54	ga:t43	ga:t31	ga:t12	gwai33	—	gɔt44
1028	呕吐	ʔo3	—	u53	ou53	o545	o55	—	u35	—
1030	饱满	gla:u2	tɕau31	kau31	kjau31	kjau33	kja:u33	klau31	—	—
1033	慢	ma:n6	—	maŋ11	man11	ma:n22	man32	man42	man13	man22
1038	老	ko5	ku24	ku35	ko35	ko44	ko335	ku24	ku44	ku42
1042	难	na:n2	na:n31	naŋ31	na:n31	—	na:n33	—	—	nan53
1043	直	ɹak8	tsa12	tsa21	tɕa32	ta22	ta32	—	—	—
1044	重	hni3	ŋje52	ŋe 53	ŋi53	ni43	ni42	ŋi35	ŋe35	nɛi24
1045	叫鸟~	ɦia:u2	—	—	ha:u31	hau33	hau33	hjau35	hjɔu13	—
1049	毒~蛇	dɔ:k8	tu12	tu21	tok32	dɔ:k21	dɔ:k32	du42	tu22	tɔp24
1053	贵价钱~	kwja:i5	tɕa:i24	tɕwa35	tɕewai55	sai44	ɕa:i335	tɕwai24	tɕi44	—
1054	稀	sha1	sa33	sa33	ɕa33	tθa31	θa13	—	sa33	ha44
1055	远	ko1	ku33	ku33	ko33	ko35	ku35	ku33	ku33	kɔu44
1056	厚	fio4	hu231	u232	ho213	hu32	hu31	hau42	hɔu31	hu44
1057	浑水~	ŋglok8	dzu12	gu21	glo32	dlɔ22	glɔ32	—	—	—
1058	笑	klat7	tɕat55	ka54	kjat54	kjet54	kjet55	klan53	klæ35	tut44

索引	词项	原始瑶语	江底	庙子源	罗香	梁子	滩散	东山	石口	大坪
1059	六	klok7	tɕu55	ku53	kwo43	kjɔ24	kjɔ35	klɔ53	klɔ35	tɔu44
1060	六第~	rjuk8	lwo12	lwə21	gwo32	gu22	gu32	ɬjɔ42	ljɔ31	ljɛ22
1061	六~月	rjuk8	lwo12	lwə21	gwo32	gu22	gu32	ɬjɔ42	ljɔŋ13	liaŋ22
1062	六初~	rjuk8	lwo12	lwə21	gwo32	gu22	gu32	ɬjɔ42	ljɔ31	ljɛ22
1063	万	wa:n6	wa:n13	waŋ11	ma:n11	ma:n22	ma:n22	wən42	veŋ13	van22
1064	第__	dei6	tei13	tei11	ti11	dai33	ʔti33	təi42	ti31	ti53
1065	只羊、牛、猪	dau2	tau31	tau31	tau31	tau33	ʔtau33	tau31	dɔu55	tsa44
1067	把刀	cwuŋ1	tsuŋ33	tsuŋ35	—	tɕuŋ35	tuŋ35	twə24	tsjɔŋ33	—
1072	粒米	ʔnɔ:m1	no:m33	nɔŋ33	nɔm33	nɔm35	nɔm35	nɔ33	nɔ33	—
1073	条路、河、绳、棍	diu2	tiu31	tiu31	tiu31	tiu33	—	tiu31	—	tiu53
1074	窝蚂蚁	buŋ2	puŋ31	puŋ31	—	puŋ33	ʔpuŋ335	pə31	—	—
1076	步	ʔbjæ6	bje13	bəu11	bwa11	va22	ba32	bja42	—	—
1077	丈	ɟwuŋ4	tsuŋ231	tsuŋ232	tɕuŋ35	tuŋ43	tuŋ42	twə42	tsjɔŋ31	—
1082	面粉	ʔbwan3	bwan52	bwəŋ53	bwəŋ53	van545	van53	hwan35	—	—
1085	要~钱	rjoŋ6	loŋ13	noŋ11	loŋ11	lɔŋ22	nɔŋ43	nɔŋ42	lɔŋ12	nuŋ22
1092	起来	gwjæ4	kwje231	kje232	kja213	kwe32	kwe21	tɔ42	tɕu21	kjɛ44
1093	岭	gle:m2	tɕi:m31	kəŋ31	kem31	kje:m33	ki:m22	—	kleŋ55	—

附录 2 基于普遍对应和完全 对应的 65 个词项

索引	词项	江底	庙子源	罗香	梁子	滩散	东山	石口	大坪
259	鱼	bjau231	bau232	bjau213	bjau32	bjau31	bla42	plɔu31	biu44
909	吊~颈	diu24	diu35	diu35	diu44	diu335	diu24	tiu44	diu42
602	戴~帽	dɔŋ24	dɔŋ35	dɔŋ55	dɔŋ44	dɔŋ44	dɔŋ13	tɔŋ44	dɔŋ42
209	下边	dje52	dje53	di53	di545	di55	ti35	di35	di24
610	底脚~	dje52	dje53	di53	di545	di55	ti35	di35	di24
998	下~去	dze13	je11	ja11	ḍa22	ḍa32	ḍa42	ka13	ga22
886	四第~	fei24	fei35	θei35	tθei44	θɛi335	sɘi24	si44	hɛi42
888	四初~	fei24	fei35	θei35	tθei44	θɛi335	sɘi24	si44	hɛi42
372	三初~	fa:m33	faŋ33	θa:m33	tθam35	θam35	san33	sɔn33	hɔm44
202	屎	gai52	gai53	dai53	dai545	da:i55	kai35	kai35	kai24
578	眼眵	gai52	gai53	dai53	dai545	da:i55	kai35	kai35	kai24
645	汗	ha:n13	aŋ11	ha:n11	han43	han42	hwan42	hɘn13	hɔn22
667	汗	ha:n13	aŋ11	ha:n11	han43	han42	hwan42	hɘn13	hɔn22
524	黄瓜	kwa33	kwa33	kwa33	kwa35	kwa35	kwa33	kwa33	ka44
689	寡妇	kwa52	kwa53	kwa53	kwa545	kwa55	kwa35	kwa35	ka24
271	锋利	lai13	lai11	gai11	gjai22	gjai32	lai42	lai13	hɛi22
811	犁	lai31	lai31	gai31	gjai33	gjai33	lai31	lai55	hɛi53
949	犁~地	lai31	lai31	gai31	gjai33	gjai33	lai31	lai55	hɛi53

279

索引	词项	江底	庙子源	罗香	梁子	滩散	东山	石口	大坪
109	菜	lai33	lai33	gai33	gjai35	gjai35	lai33	lai33	ɛi44
541	盘菜	lai33	lai33	gai33	gjai35	gjai35	lai33	lai33	ɛi44
789	风箱	lou31	ləu31	lou31	lou33	lɔu33	ləu31	leu55	lu53
827	鸟笼	loŋ31	loŋ31	loŋ31	lɔŋ33	lɔːŋ33	lɔŋ31	lɔŋ55	luŋ53
1060	六第~	lwo12	lwə21	gwo32	gu22	gu32	ɬjɔ42	ljɔ31	ljɛ22
1062	六初~	lwo12	lwə21	gwo32	gu22	gu32	ɬjɔ42	ljɔ31	ljɛ22
354	卖	maːi13	ma11	maːi11	maːi22	maːi32	ma42	mai13	mai22
310	马	ma231	ma232	ma213	ma32	ma31	ma42	ma31	ma44
651	绿	mɛːŋ33	mɛŋ33	mɛŋ33	mɛŋ35	mɛːŋ35	mɛ33	miŋ33	mɛŋ44
653	青~菜	mɛːŋ33	mɛŋ33	mɛŋ33	mɛŋ35	mɛːŋ35	mɛ33	miŋ33	mɛŋ44
237	动物油	ɱei33	ɱei33	ɱei33	mei31	mɛi13	ɱəi33	mi33	mi44
326	母狗	ŋei231	ŋei232	ŋei213	ŋei32	ŋɛi31	kau35	ŋan22	pjɛ53
329	母鸡	ŋei231	ŋei232	ŋei213	ŋei32	ŋɛi31	kau35	ŋan22	pjɛ53
58	二初~	ŋei13	ŋei11	ŋei11	ŋei22	ŋɛi32	ŋi42	ŋe13	ŋi22
60	二第~	ŋei13	ŋei11	ŋei11	ŋei22	ŋɛi32	ŋi42	ŋe13	ŋi22
718	五第~	ŋ̍ŋ̍231	n̍232	ŋou213	ŋou32	ŋou31	uŋ42	ŋ̍31	ŋ̍44
720	五初~	ŋ̍ŋ̍231	n̍232	ŋou213	ŋou32	ŋou31	uŋ42	ŋ̍31	ŋ̍44
719	五~月	ŋ̍ŋ̍231	n̍33	ŋou213	ŋou32	ŋou31	uŋ42	ŋ̍31	ŋ̍44
499	放~走	puŋ24	puŋ35	puŋ35	puŋ44	ʔpuŋ335	pə24	bɔŋ44	bɔŋ42
485	知道	pei33	pei33	pei33	pei35	ʔpɛi35	pəi33	bi33	bɛi44
494	百	pɛ55	pɛ54	pɛ43	pɛ35	ʔpɛ35	pɛ53	ba35	ba44
442	耙子	pa31	pa31	pa31	pa33	ʔpa33	pa31	ba55	pa53
572	毛	pjei33	pei33	pje33	pjei35	ʔpjɛi35	pli33	pli33	pɛi44
721	房子、家	pjau52	pau53	pjau53	pjau545	ʔpjau55	pla35	plɔu35	piu24
495	烧~山	pwo52	pwə53	pu53	pu545	ʔpu55	pau35	bɔu35	bu24
438	孵	pwo13	pwə11	pu11	pu22	ʔpu32	pu42	pu13	pu22

续表

索引	词项	江底	庙子源	罗香	梁子	滩散	东山	石口	大坪
594	手	pwo231	pwə232	pu213	pu32	ʔpu31	pau42	pou31	pu44
975	收	sjou33	sjəu33	ɕeu33	sou31	ɕou13	sau33	ɕou33	siu44
18	凳子	taŋ24	taŋ35	taŋ35	taŋ44	ʔtaŋ335	taŋ24	daŋ44	daŋ42
16	酒	tiu52	tiu53	tiu53	tiu545	ʔtiu55	tiu35	diu35	diu24
81	蹄	tei31	tei31	tei31	tei33	ʔtɛi33	təi31	di55	tɛi53
82	铜	toŋ31	toŋ31	toŋ31	toŋ33	ʔtɔːŋ33	toŋ31	doŋ55	tuŋ53
76	死	tai13	tai11	tai11	tai22	ʔtaːi32	tai42	tai13	tai22
72	火	tou231	təu232	tou213	tou32	ʔtou31	təu42	teu31	tu44
419	菌子	tɕou33	tɕəu33	tɕeu33	sou35	ɕou35	tau33	tɕou33	ku44
153	桥	tɕou31	tɕəu31	tɕou31	tou33	tɔu33	təu31	tɕiu55	ku53
158	九初~	tɕwo52	tɕwə53	tɕu53	tu545	tu55	tu35	tɕu35	ku24
513	是	tsei231	tsei232	tɕei213	tɕei32	tɕɛi31	tɕəi42	tɕi31	sɛi44
773	钥匙	tsei31	tsei31	tɕei31	tɕei33	tɕɛi33	tɕəi31	tɕi55	si53
471	煮	tsou52	tsəu53	tɕou53	tou545	tɔu55	təu35	tɕiu35	tsu24
472	纸	tsei52	tsei53	tɕei53	tɕei545	tɕɛi55	təi35	tɕi35	tsi24
162	茶	tsa31	tsa31	tɕa31	ta33	ta33	ta31	tsa55	ta53
743	木梳	tsa55	tsa54	tɕa43	ta24	ta35	ta53	tsa35	ta44
793	甑子	tsaŋ24	tsaŋ35	θaŋ35	tθaŋ44	θaːŋ335	tsaŋ24	tsaŋ44	taŋ42
132	十	tsjop12	tsje21	ɕep32	sap21	ɕap32	than42	tɕæ22	sjɛp22
133	十~月	tsjop12	tsje21	ɕep32	sap21	ɕap32	than42	tɕæ22	sjɛp22
134	十初~	tsjop12	tsje21	ɕep32	sap21	ɕap32	than42	tɕæ22	sjɛp22

附录3 基于词源统计的瑶语方言核心词（96）

索引	词项	江底	庙子源	罗香	梁子	滩散	东山	石口	大坪
9	云	—	—	bwən35	van44	bɔn335	hwan24	wɛŋ44	vɔn42
61	黄	wjaŋ31	wjaŋ31	waŋ31	waŋ33	vaŋ33	waŋ31	vuŋ55	vjaŋ53
13	二	i33	i33	vi33	i35	i35	wəi33	vi33	vi42
11	水	wam33	wəŋ33	wəm33	wam35	wɔm35	ən33	vən33	ṁ24
56	爪	ɲiu52	ŋəu53	ŋau33	ŋa:u545	ŋa:u55	tɕau35	tsjou35	kui42
53	头虱	dzei52	dzei53	ɕei53	tθei43	θɛi55	sai35	tsi33	dzɛia21
82	脚	tsau24	tsau35	θau35	tθau44	θau335	tsau24	tsɔu44	tau24
86	坐	tswei231	tswei232	θwei213	tθei32	—	tswəi42	tsai31	hɛi44
15	火	tou231	təu232	tou213	tou32	ʔtɔu31	təu42	teu31	tu44
5	皮肤	dop55	dəu54	dup43	dop54	do:p35	din53	tɛ35	dip44
73	嘴	dzu:i31	dzui31	dzut43	ɖɛt54	ɖɛ:t35	tsui35	tɕi55	dzi53
54	血	dzja:m52	dzjaŋ53	ɕam53	sa:m43	ɕa:m42	san35	tɕhan35	dzjɛm24
32	冷 天气~	tɕwaŋ52	tɕwəŋ53	tɕwəŋ53	sɔŋ545	ɕɔŋ55	tɔŋ35	tɕɔŋ35	kuŋ24
31	烤(干)	tsi55	tsei54	—	si35	ti35	tɕi53	tɕa33	tsaŋ44
17	死	tai13	tai11	tai11	tai22	ʔta:i32	tai42	tai13	tai22
18	咬 狗~	tap12	ta21	tap32	tap21	ʔtap32	than42	tæ22	—
36	心、心脏	fim33	—	θim33	tθim35	θim35	ɕɛn33	sjen33	—
83	骨头	buŋ52	buŋ53	θuŋ53	tθuŋ545	θuŋ55	swə35	sjɔŋ35	hiŋ24

续表

索引	词项	江底	庙子源	罗香	梁子	滩散	东山	石口	大坪
10	名字	bwo24	bwə35	bu35	—	bu335	bau24	pou44	bu42
76	雨	bjuŋ13	buŋ11	bluŋ11	buŋ22	buŋ32	blə42	pljɔŋ13	biŋ22
70	头	—	—	pje53	pjei545	ʔpjɛi55	pli35	pli35	pɛi24
71	头发	pjei33	pei33	pje33	pjei545	ʔpjɛi35	pli35	pli33	pɛi44
72	毛	pjei33	pei33	pje33	pjei35	ʔpjɛi35	pli33	pli33	pɛi44
41	鼻子	bjut12	bu21	pa31	bu33	bu33	bli42	pli22	bi53
39	鱼	bjau231	bau232	bjau213	bjau32	bjau31	bla42	plɔu31	biu44
75	舌	bjet12	bje21	bjet31	bjɛt21	bjɛ:t32	blin42	pjɛ22	bɛt22
77	手	pwo231	pwə232	pu213	pu32	ʔpu31	pau42	pou31	pu44
40	耳朵	—	—	pa31	bu33	bu33	blau31	pæ55	bju53
42	这	na:i52	na53	nei53	nei545	nɛi42	na35	ŋ35	na24
96	不	ṅ24	ŋ53	ṁ35	ma35	ma35	ṅ24	ŋ35	ŋ53
33	吃	ŋen13	ŋəŋ11	ŋen11	ŋin22	ŋin32	ŋin42	ŋen13	ŋan22
80	肚子	—	ŋəu53	ŋeu53	ŋou43	ŋou42·	—	ŋou33	—
25	天 (日)	ŋo:i33	ŋwa33	ŋɔi33	nɔi31	nɔ:i13	ŋwai33	nwei33	nai44
81	乳房	ŋɔ24	ŋɔ35	nu35	nu545	nu55	nɛ24	ni44	nin24
43	鸟	no12	nɔ21	nu32	nɔ22	nɔ32	ŋɔ42	nɔ22	nɔu22
84	绿	mɛ:ŋ33	mɛŋ33	mɛŋ33	mɛŋ35	mɛ:ŋ35	mɛ33	miŋ33	mɛŋ44
85	人	mjen31	mjəŋ31	mwan31	mun33	mun33	min31	meŋ55	min53
35	夜晚	mwan231	mwəŋ232	maŋ53	—	—	ŋɔŋ24	maŋ44	mɔŋ42
90	听	mwaŋ24	mwəŋ35	moŋ55	muŋ21	muŋ331	ŋɔŋ24	maŋ44	maŋ42
50	眼睛	mwei13	mwei11	mwei11	mei22	mɛi32	mi53	mai13	mai53
6	月亮、月份	ła24	ła35	la55	la21	la331	la24	lu44	lɔu22
89	大	łu33	lu232	lo33	lu31	lu13	łu33	lu13	lɔu44
3	杀	tai24	tai35	tai35	tai44	ʔtai335	tai24	ljaŋ35	dai42
7	哪个、谁	ha:i24	ha35	la:i35	lai31	lɛi33	ha24	le31	—

283

续表

索引	词项	江底	庙子源	罗香	梁子	滩散	东山	石口	大坪
22	石头	lai31	lau33	gau33	gjau35	gja:u35	lau33	lɔu33	dzu44
23	好~人	loŋ24	noŋ35	gwəŋ35	gɔŋ44	gɔŋ335	lɔŋ24	lɔŋ44	dzɔŋ42
34	肝	łan33	łaŋ33	gan33	gjen31	gjɛn13	łan33	lan33	hɔŋ22
69	肥~肉	tɕun13	kuŋ11	kun11	kun22	kun32	klin42	klun13	tin22
46	狗	tɕu52	ku53	klo53	tlo545	klu55	klu35	klu35	ku24
92	说	ko:ŋ52	kɔŋ53	kɔŋ53	kɔŋ545	kɔ:ŋ55	tɔ35	kloŋ35	kɔŋ24
27	角牛~	tɕo:ŋ33	kɔŋ33	kɔŋ33	kjɔŋ35	kjɔ:ŋ35	klɔ33	kloŋ13	kɔu44
68	热~水	tɕo:m33	kɔŋ33	kɔm33	kjɔm35	kjɔm35	klan33	klœn33	tsam44
48	黑	tɕe55	kje54	kje43	kja24	kja35	kja53	klja35	kjɛ44
21	山	tɕi:m31	kəŋ31	kem31	kje:m33	ki:m33	dən31	kleŋ55	kui42
67	圆	tɕun31	guŋ31	klun31	tlun33	klun33	klin31	kleŋ55	—
28	蛋	tɕau24	kau35	kjau35	kjau44	kjau335	klau24	klɔu44	tsu42
26	路	tɕau52	kau53	kjau53	kjau545	kjau55	kla35	klɔu35	tsu24
24	好~吃	khu31	khu53	ko213	kui43	khui55	ka42	khu33	kɔm44
87	干枯	—	—	—	—	ka:u53	khɔ35	khɔ35	
47	走	jaŋ31	jaŋ31	jaŋ31	jaŋ33	jaŋ33	ŋaŋ31	jaŋ55	dzaŋ53
12	一	—	i21		a33	a33	i33	i35	a44
93	喝~水	hop55	həp54	hop43	hɔp32	hɔp12	hup44	hə35	həu54
2	尾巴	twei52	twei53	twei53	tei545	ʔtɕi55	dwai35	de35	dui24
78	长	da:u52	da53	da:u53	da:u545	da:u55	da35	dɔu35	du24
1	虱子	tam52	taŋ53	tam53	tam545	ʔtam55	dan35	dan35	dam24
91	站	sou52	sou53	ɕou53	—	—	səu35	ɕiu35	fu24
20	火灰	sa:i52	swa53	ɕwai53	sai43	ɕa:i42	swai35	ɕi13	sɔi24
52	烟火~	sjou24	sjəu35	ɕeu55	sou21	ɕɔu311	—	ɕɔu44	
19	新~年	sjaŋ33	sjaŋ33	ɕan31	saŋ31	ɕa:ŋ33	sjaŋ33	ɕaŋ33	sjaŋ44
64	睡	pwei24	pwei35	pwei35	fei44	fɛi335	—	bi44	bui42
62	知道	pei33	pei33	pei33	pei35	ʔpɛi35	pəi33	bi33	bɛi44

续表

索引	词项	江底	庙子源	罗香	梁子	滩散	东山	石口	大坪
66	烧~山	pwo52	pwə53	pu53	pu545	ʔpu55	pau35	bɔu35	bu24
63	满	pwaŋ52	pwəŋ53	pwəŋ53	pɔŋ545	ʔpɔŋ55	pɔŋ35	baŋ35	baŋ24
60	白	pɛ12	pje21	pɛ32	pɛ22	ʔpa32	phɛ42	ba55	pa22
55	那	wo52	wo53	wa53	wa545	va55	wɔ35	a35	vɛi42
44	树叶	no:m31	nɔŋ31	nɔm31	nɔm33	nɔ:m33	nan31	neŋ55	num53
4	地	dau33	dau33	—	—	—	—	—	—
8	星星	ɬei24	ɬei35	gei55	—	—	—	—	—
14	肉	o52	ɔ53	a53	a545	a55	—	—	—
16	来	ta:i31	ta31	ta:i31	ta:i33	ʔta:i33	ta31	—	tɛi53
29	男人	tɕaŋ13	tɕaŋ12	tɕaŋ31	—	—	—	—	kjaŋ53
30	膝盖	—	—	tɕwai11	—	—	ʈwai42	—	—
37	小胆~	fai24	fai35	—	—	—	—	—	hɛi42
38	红	si55	sei54	ɕi43	tθi31	θi12	ɕi53	—	sjɛ44
45	脖子、颈	tɕa:ŋ33	kaŋ33	kla:ŋ33	tlaŋ35	kla:ŋ35	klaŋ33	—	kan44
49	你	mwei31	mwei31	mwei31	mei33	mɛi33	məi31	—	mui53
51	看~书	maŋ13	maŋ11	—	maŋ22	ma:ŋ2	mə42	—	mɔŋ22
57	根树~	dzuŋ31	dzuŋ31	duŋ31	duŋ33	du:ŋ22	—	—	—
58	我	je33	je33	ja33	ja35	ja35	—	—	—
59	种子	ŋi:m33	ŋaŋ33	ŋem33	ŋim31	ŋim13	ŋjen33	—	num44
65	我们	bwo33	bwə33	—	bu35	bu35	—	—	bu44
74	牙齿	ŋa31	ŋa31	ŋa31	ŋa33	ŋa33	ŋa31	—	ŋjɛ53
79	飞	dai24	dai35	dai55	dai21	dai331	dai24	—	—
88	棍子	pja52	pa53	pla53	pja545	ʔpja55	—	—	—
94	干燥	ga:i33	ga33	ga:i33	gai31	ga:i31	—	—	gɔi44
95	多	—	—	—	duŋ44	duŋ335	—	—	—

参考文献

Aikhenvald, A., & Dixon, R. M. W. (2001). *Areal Diffusion and Genetic Inheritance: Problems in Comparative Linguistics.* Oxford University Press.

Andruski, J. E., & Ratliff, M. (2000). Phonation types in production of phonological tone: the case of Green Mong. *Journal of the International Phonetic Association, 30,* 37–61.

Aumann, G., & Sidwell, P. (2004). Subgrouping of Mienic languages: some observations. In *Eleventh Annual Meeting of the Southeast Asian Linguistics Society: SEALS XI,* 13–27.

Baroni, A. (2012). A Beats-and-Binding account of Italian phonotactics. *Padua Work. Pap. Ling, 5,* 45–72.

Baroni, A. (2014). On the importance of being noticed: the role of acoustic salience in phonotactics (and casual speech). *Language Sciences, 46,* 18–36.

Baxter, W. H. (1992). *A Handbook of Old Chinese Phonology.* Berlin: Mouton de Gruyter.

Benedict, P. K. (1942). Thai, Kadai, and Indonesian: a new alignmert in Southeastern Asia. *American Anthropologist, 44.4,* 576–601.

Benedict, P. K. (1972). *Sino-Tibetan: A Conspectus.* Combridge

University Press.

Benedict, P. K. (1975). *Austro-Tai Language and Culture with a Glossary of Roots.* New Haven: Human Relations Area Files Press.

Benedict, P. K. (1987). Early MY/TB loan relationships. *Linguistics of the Tibeto-Burman Area,10,* 12–21.

Campbell, L. (1998). *Historical Linguistics: An Introduction.* Edinburgh: Edinburgh University Press.

Chang, B. S., & Chang, K. (1976). The prenasalized stop initials of Miao-Yao, Tibeto-Burman, and Chinese: a result of diffusion or evidence of a genetic relationship? *Bulletin of the Institute of History and Philology, 47,* 467–502.

Chang, K. (1953). On the tone system of the Miao-Yao languages. *Language, 29,* 374–378.

Chang, K. (1966). A comparative study of the Yao tone system. *Language, 42,* 303–310.

Chang, K. (1972). The reconstruction of proto-Miao-Yao tones. *Bulletin of the Institute of History and Philology, 44,* 541–628.

Chao, Yuen-Ren. (1930). A system of tone letters. *Le maître phonétique, 45,* 24–27.

Chao, Yuen-Ren. (1934). The non-uniqueness of phonemic solutions of phonetic systems. *Bulletin of the Institute of History and Philology, 4,* 363–397.

Chen, B. (2013). More evidence for the genetic relationship between Sinitic and Tibeto-Burman——correlated correspondence and rank distribution. In *Workshop on Sino-Tibetan languages of Sichuan,* Paris. 2–3, September.

Chen, B., & Yu, D. (2019). On the genetic relationship of Sino-Tibetan languages—based on rank analysis of clusters of cultural words and core words. In Kong, J (eds.), *The Ancestry of the Languages and Peoples of China. Journal of Chinese Linguistics*, Monograph Series, *29*, 145–223.

Chomsky, N., & Halle, M. (1968). *The Sound Pattern of English*. New York: Harper & Row.

Dang, N. V., Son, Chu, T. S., and Lu, H. (2000). *Ethnic Minorities in Vietnam*. Hanoi: The Gio: Publishers.

Dawkins, R. (1987). *The Blind Watchmaker*. New York.

Dixon, R. M. W. (1997). *The Rise and Fall of Languages*. New York: Cambridge University Press.

Downer, G. B. (1959). Derivation by Tone-Change in Classical Chinese. *Bulletin of the School of Oriental and African Studies*, *22*, 258–290.

Downer, G. B. (1961). Phonology of the word in Highland Yao. *Bulletin of the School of Oriental and African Studies*, *24*, 531–541.

Downer, G. B. (1973). Strata of Chinese loanwords in the Mien dialect of Yao. *Asia Major*, *18*, 1–33.

Downer, G. B. (1982). Problems in the reconstruction of Proto-Miao-Yao. Paper presented at *The 15th International Conference on Sino-Tibetan Languages and Linguistics*. Beijing, China.

Dziubalska-Kołaczyk, K. (2002). *Beats-and-Binding Phonology*. Peter Lang.

Dziubalska-Kołaczyk, K. (2009). NP Extension: B&B Phonotactics. *Poznań Studies in Contemporary Linguistics*, *45*, 55–71.

Dziubalska-Kołaczyk, K. (2014). Explaining phonotactics using NAD. *Language Sciences, 46*, 6–17.

Dziubalska-Kołaczyk, K., & Krynicki, G. (2007). Phonotactic preferences in Polish, English and German: Quantitative perspective. In *38th Poznań Linguistic Meeting* (PLM2007), 13–16.

Flemming, E. (2007). Stop place contrasts before liquids. In *Proceedings of the 16th International Congress on Phonetic Sciences*, Saarbrücken, 233–236.

Gandowr, J. T., & harshman, R. A. (1978). Cross Language differences in tone perception: a multidimensional scaling investigation. *Language and Speech, 21*, 1–33.

Garellek, M., Keating, P., Esposito, C. M., and Kreiman, J. (2013). Voice quality and tone identification in White Hmong. *Journal of the Acoustical Society of America, 133*, 1078–1089.

Gordon, M., & Ladefoged, P. (2001). Phonation types: a cross-linguistic overview. *Journal of Phonetics, 29*, 384–406.

Hallé, P. A., Best, C. T., & Bachrach, A. (2003). Perception of /dl/ and /tl/ clusters: A cross-linguistic perceptual study with French and Israeli listeners. In *Proceedings of the 15th International Congress of Phonetic Sciences*, 2893–2896.

Handel, Z. (2003). Northern Min tone values and the reconstruction of "softeded initials". *Language and Linguistics, 4*, 47–84.

Haudricourt, A. G. (1954). De l'origine des tons en vietnamien. *Journal Asiatique, 242*, 69–82.

Haudricourt, A. G., & Strecker, D. (1991). Hmong-Mien (Miao-Yao) loans in Chinese. *T'oung Pao, 77*, 335–341.

Heine, B., Claudi, U., & Hünnemeyer, F. (1991). *Grammaticalization: A Conceptual Framework*. University of Chicago Press.

Hock, H. H. (1991). *Principles of Historical Linguistics*. Berlin: Mouton de Gruyter.

Hoenigswald, H. M. (1950). The principal step in comparative grammar. *Language, 26,* 357–364.

Hombert, J. M. (1978). Consonant types, vowel quality, and tone. In Victoria A. Fromkin (ed.) *Tone: A Linguistic Survey*, 77–112. New York: Academic Press.

Hombert, J. M., Ohala, J. J., & Ewan, W. G. (1979). Phonetic explanations for the development of tones. *Language*, 55, 37–58.

International Phonetic Association. (1999). *Handbook of the International Phonetic Association: a guide to the use of the International Phonetic Alphabet*. Cambridge University Press.

Jakobson, R., Fant, C. G., & Halle, M. (1961). *Preliminaries to Speech Analysis: The Distinctive Features and their Correlates*. Massachusetts: The MIT Press.

Krishnamurti, B., Moses, L., & Danforth, D. G. (1983). Unchanged cognates as a criterion in linguistic subgrouping. *Language, 59,* 541–568.

Kuang Jianjing. (2013). Phonation in Tonal Contrasts. University of California Los Angeles. Dissertation.

Ladefoged, P., & Maddieson, I. (1996). *The Sounds of the World's Languages*. Oxford: Blackwell.

LaPolla, R. J. (2001). The role of migration and language contact in the development of the Sino-Tibetan language family. In Aikhenvald, Alexandra A., Dixon, Robert M.W. (eds.), *Areal*

Diffusion and Genetic Inheritance, 225–254. Oxford: Oxford University Press.

LaPolla, R. J. (2019). The origin and spread of the Sino-Tibetan language family. *Nature, 569*, 45–47.

Lehiste, I., & Peterson, G. E. (1961). Transitions, glides, and diphthongs. *The Journal of the Acoustical Society of America, 33*, 268–277.

Lemoine, J (1972). *Un village Hmorg Vert du hant Laos*. Paris: CNRS.

Lemoine, J. (1982). *Yao Ceremonial Paintings*. White Lotus Company.

Lewis, M. P., Simons, G. F., & Fennig, C. D. (2014). *Ethnologue: Languages of the World*, Seventeenth edition. Dallas, Texas: SIL International. Online version: http://www.ethnologue.com.

Li, Fang-Kuei. (1937). Languages and dialects. In *The Chinese Year Book*. Shanghai. Also in *Journal of Chinese Linguistics*, 1973, *1*, 1–13.

Li, Fang-Kuei. (1977). *A Handbook of Comparative Tai*. Honolulu: University of Hawaii Press.

Liu, W. (2019). The Proto-Yao initials and the relationship between Yao and Chinese. In Kong, J (eds.), *The Ancestry of the Languages and Peoples of China. Journal of Chinese Linguistics*, Monograph Series, *29*, 61–86.

Liu, W., & Kong, J. (2017). The role of breathy voice in Xinzhai Miao tonal perception. *The 50th International Conference on Sino-Tibetan Languages and Linguistics* (ICSTLL-50), Institute of Ethnology and Anthropology, Beijing, China, Nov. 26-28.

Liu, W., Lin, Y. J., Yang, Z., & Kong, J. (2018) Hmu (Xinzhai variety). *Journal of the International Phonetic Association*, 1–18.

Lombard, S. J., & Purnell, H. C. (1968). *Yao-English Dictionary.* Ithaca: Southeast Asia Program.

MacNeilage, P. F., & Davis, B. L. (2000). On the origin of internal structure of word forms. *Science, 288*, 527–531.

Maddieson, I. (1984). The effects on F0 of a voicing distinction in sonorants and their implications for a theory of tonogenesis. *Journal of Phonetics, 12*, 9–15.

Maddieson, I. (2013). Syllable Structure. In: Dryer, M. S., & Haspelmath, M. (eds.) *The World Atlas of Language Structures Online.* Leipzig: Max Planck Institute for Evolutionary Anthropology. Available online at http://wals.info/chapter/12, Accessed on 2015-04-13.

Maddieson, I. & Ladefoged, P. (1985). "Tense" and "Lax" in four minority languages of China. *Journal of Phonetics, 13*, 433–454.

Marecka, M., & Dziubalska-Kołaczyk, K. (2014). Evaluating models of phonotactic constraints on the basis of sC cluster acquisition data. *Language Sciences, 46*, 37–47.

Martinet, A. (1952). Function, structure, and sound change. *Word, 8*, 1–32.

Matisoff, J. A. (1997). *Sino-Tibetan Numeral Systems: Prefixes, Protoforms and Problems.* Canberra: Pacific Linguistics.

Matisoff, J. A. (2003). *Handbooks of Proto-Tibeto-Burman: System and Philosophy of Sino-Tibetan Reconstruction.* Berkeley: University of California Press.

McGurk, H., & MacDonald, J. (1976). Hearing lips and seeing voices. *Nature, 264*, 746–748.

Mei, Tsu-lin. (1970). Tones and prosody in Middle Chinese and the origin of the rising tone. *Harvard Journal of Asiatic Studies*, *20*, 86–110.

Norman, J. (1973). Tonal development in Min. *Journal of Chinese Linguistics*, *1*, 222–238.

Norman, J. (1974). The initials of Proto-Min. *Journal of Chinese Linguistics*, *2*, 27–36.

Norman, J. (1981). The Proto-Min finals. In *Proceedings of the International Conference on Sinology*, 15–17. August. 1980. (Section on Linguistics and Paleography). 35–73. Taipei: Academia Sinica.

Norman, J. (1986). The origins of the Proto-Min softened stops. In John McCoy & Timothy Light (eds.), *Contributions to Sino-Tibetan Studies*, 375–384. Leiden: E. J. Brill.

Norman, J. (2000). Voiced initials in Shyrbei. In Anne O. Yue & Pang-hsin Ting. (eds.), *In Memory of Professor Li Fang-kuei: Essays on Linguistic Change and the Chinese Dialects*, 271–280. Taipei: Academia Sinica.

Ostapirat, W. (2011). Linguistic interaction in South China: the case of Chinese, Tai and Miao-Yao. Paper presented at *Symposium on Historical Linguistics in the Asia-Pacific Region and the Position of Japanese*. Osaka: National Museum of Ethnology.

Ostapirat, W. (2014). Issues in the reconstruction and affiliation of Proto-Miao-Yao. Paper presented at *The 14th International Symposium on Chinese Languages and Linguistics(IsCLL-14)*. Taipei: Academia Sinica.

Ostapirat, W. (2018). Macrophyletic Trees of Eastern Asian Language Re-examined. *Senri Ethnological Studies*, *98*, 107–121.

Pullum, G. K., & Ladusaw, W. A. (1996). *Phonetic Symbol Guide*. Chicago: University of Chicago Press.

Purnell, H. C. (1970). *Toward a Reconstruction of Proto-Miao-Yao*. Cornell University.

Ratliff, M. (2010). *Hmong-Mien Language History*. Canberra: Pacific Linguistics.

Ruhlen, M. (1994). *On the Origin of Languages: Studies in Linguistic Taxonomy*. Stanford University Press.

Saitou, N., & Nei, M. (1978). The neighbor-joining method: A new method for reconstructing phylogenetic trees. *Molecular Biology and Evolution, 4*, 406–425.

Sagart, L. (1999). *The Roots of Old Chinese*. Amsterdam and Philadelphia: John Benjamins.

Sagart, L. (2003). Sources of Middle Chinese manner types: Old Chinese prenasalized initials in Hmong-Mien and Sino-Tibetan perspective. *Language and Linguistics, 4*, 757–768.

Sagart, L., Jacques, G., Lai, Y., Ryder, R. J., Thouzeau, V., Greenhill, S. J., & List, J. M. (2019). Dated language phylogenies shed light on the ancestry of Sino-Tibetan. *PNAS, 116*, 10317–10322.

Selkirk, E. O. (1984). On the major class features and syllable theory. In Aronoff, M., & Oehrle, R.T. (eds.), *Language Sound Structure*, 107–136. Studies in Phonology Presented to Morris Halle by his Teacher and Students. Cambridge: MIT Press.

Shintani, T., & Yang, Z. (1990). The Mun Language of Hainan Island: its classified lexicon (Vol. 20). Institute for the Study of Languages and Cultures of Asia and Africa (ILCAA).

Solnit, D. B. (1982). Biao Min field notes. Card file.

Solnit, D. B. (1985). Introduction to the Biao Min language. *Cahiers de Linguistique Asie Orientale, 14*, 175–191.

Solnit, D. B. (1996). Some Evidence from Biao Min on the initials of Proto-Mienic (Yao) and Proto-Hmong-Mien (Miao-Yao). *Linguistics of the Tibeto-Burman Area, 19*, 1–18.

State Planning Committee. (1997). *Lao Census 1995*. Vientianne: National Statistical Center.

Strecker, D. (1987). The Hmong-Mien languages. *Linguistic of The Tibeto-Burman Area, 10*, 1–11.

Strecker, D. (1990). The tones of the Houei Sai dialect of the Mun language. *Cahiers de Linguistique Asie Orientale, 19*, 5–33.

Sun, Hongkai. (1992). Language recognition and nationality. *International Journal of the Sociology of Language, 97*, 9–22.

Swadesh. M. (1952). Lexico-statistic dating of prehistoric ethnic contacts. *Proceedings of the American Philosophical Society, 96*, 452–463.

Swadesh. M. (1955). Time depths of American linguistic groupings. *American Anthropologist, 56*, 361–377.

Thongkum, T. L. (1993). A view on Proto—Mjuenic (Yao). *Mon-Khmer Studies, 22*, 163–230.

Thurgood, G. (2002). Vietnamese and tonogenesis: Revising the model and the analysis. *Diachronica, 19*, 333–363.

Thurgood, G. (2007). Tonogenesis revisited: Revising the model and the analysis. In J. Harris and S. Burusphat (eds.), *Studies in Tai and Southeast Asian Linguistics*, 241–262.

Trubetzkoy, N. S. (1969). Principles of Phonology. Berkeley: University of California Press.

van Dang, Nghiem., Thai Son Chu, & Hung Luu. (1993). *Ethnic Minorities in Vietnam*. Hanoi: The Gioi Publsihers.

van Driem, G. (1997). Sino-Bodic. *Bulletin of the School of Oriental and African Studies, 60*, 455–488.

Wang, F. (2006). *Comparison of Languages in Contact: the Distillation Method and the Case of Bai*. Language and Linguistics Monograph Series B: Frontiers in Linguistics Ⅲ. Taipei: Institute of Linguistics, Academia Sinica.

Wang, F., & Wang, William S-Y. (2004). Basic words and language evolution. *Language and Linguistics, 5.3*, 643–662.

Wang, F. (2015). Sound correspondence and the comparative study of Miao-Yao languages: From the perspective of pervasiveness of sound correspondence. *Bulletin of Chinese Linguistics*, 8, 157-176.

Wang, F., & Liu, W. (2017). Sound correspondence and the comparative study of Miao-Yao languages: From the perspective of complete sound correspondence. *Bulletin of Chinese Linguistics, 10*, 95-119.

Wang, William S-Y. (1969). Competing changes as a cause of residue. *Language, 45*, 9–25.

Wang, William S-Y. (1993). Glottochronology, Lexicostatics, and other numerical methods. Encyclopedia of Language and Linguistics, 345–400. Pergamon Press.

Wang, William S-Y. (1997). A quantitative study of Zhuang-Dong languages. In Anne O.Yue & Mitsuaki Endo (eds.), *Memory of Mantaro J. Hashimoto*. 81–96. Tokyo: Uchiyama.

Yang, R. (2015). The role of phonation cues in Mandarin tonal erception.

Journal of Chinese Linguistics, 43, 453–472.

Yu, K. M., & Lam, H. W. (2014). The role of creaky voice in Cantonese tonal perception. *Journal of the Acoustical Society of America, 136*, 1320–1333.

Zhang, M., Yan, S., Pan, W., & Jin, L. (2019). Phylogenetic evidence for Sino-Tibetan origin in northern China in the Late Neolithic. *Nature*, *569*, 112–115.

巢宗祺（1990）《广东连南油岭八排瑶语语言概要》，上海：华东师范大学出版社。

陈保亚（1993）羌夏—澳越语言文化联盟论，《云南民族学院学报》（哲学社会科学版）第 3 期，75–80。

陈保亚（1996）《论语言接触与语言联盟》，北京：语文出版社。

陈保亚（1999a）汉台关系词声母有序对应规则表，《语言学论丛》第 22 辑，186–225。北京：商务印书馆。

陈保亚（1999b）《20 世纪中国语言学方法论: 1898–1998》，济南：山东教育出版社。

陈保亚（2015）《20 世纪中国语言学方法论研究》，北京：商务印书馆。

陈保亚、何方（2002）核心词原则和澳越语的谱系树分类，《云南民族学院学报》（哲学社会科学版）第 1 期，98–101。

陈保亚、汪锋（2012）试论重构原始语言的若干原则——以原始彝语的声调及前置声母 *h- 和 *ʔ- 为例，《语言学论丛》第 45 辑，128–156。北京：商务印书馆。

陈其光（1979）苗瑶语入声的发展，《民族语文》第 1 期，25–30。

陈其光（1984）古苗瑶语鼻闭塞音声母在现代方言中的反映形式

的类型,《民族语文》第 5 期,11–22。

陈其光（1985）苗瑶语浊声母的演变,《语言研究》第 2 期,
203–212。

陈其光（1988）苗瑶语鼻音韵尾的演变,《民族语文》第 6 期,
12–22。

陈其光（1993）苗瑶语前缀,《民族语文》第 1 期,1–9。

陈其光（2001）汉语苗瑶语比较研究,载于丁邦新、孙宏开主编《汉
藏语同源词研究》（二）,129–642。南宁:广西民族出版社。

邓方贵（1984）现代瑶语浊声母的来源,载于中央民族学院少数
民族语言研究所编著《民族语文研究》,15–29。成都:四
川民族出版社。

邓方贵、盘承乾（1990）从瑶语论证上古汉语复辅音问题,载于
中央民族学院少数民族语言研究所编《汉语与少数民族语关
系研究》,47–61。北京:中央民族学院学报编辑部。

邓晓华、王士元（2003）苗瑶语族语言亲缘关系的计量研究,《中
国语文》第 3 期,253–263。

（宋）范晔（2007）《后汉书》,北京:中华书局。

方炳翰（1992）云南金平红头瑶话几组声母的历史演变初探,《民
族语文》第 2 期,18–24。

段善述、梅玉柱著,盘美花译（2013）《越南瑶语》,北京:民
族出版社。

（晋）干　宝（1979）《搜神记》,北京:中华书局。

国务院人口普查办公室 / 国家统计局人口和就业统计司（2012）
中国 2010 年人口普查资料,北京:中国统计出版社。

韩哲夫（2009）论闽北方言弱化声母的历史来源,《语言暨语言
学》第 10 卷第 1 期,1–16。

黄锡凌（1939）瑶语的语音和音韵:油岭方言的描写,《岭南学报》

第 18 卷，425–455。

黄　行（1999）苗瑶语方言亲疏关系的计量分析，《民族语文》第 3 期，56–63。

黄　行（2013）瑶 – 汉关系词的历史层次，载于向柏霖、蓝庆元主编《中国少数民族语言汉语借词的历史层次》，97–139。北京：商务印书馆。

侯绍庄（1981）"盘瓠"源流考，《贵州民族研究》第 4 期，22–33。

胡晓东（2011）《瑶语研究》，成都：西南交通大学出版社。

霍凯特著、索振羽、叶蜚声译（1986）《现代语言学教程》，北京：北京大学出版社。

孔江平（1993）苗语浊送气的声学研究，《民族语文》第 1 期，67–73。

孔江平（1995）藏语（拉萨话）声调感知研究，《民族语文》第 3 期，56–64。

孔江平（2001）《论语言发声》，北京：中央民族大学出版社。

李方桂（1930）广西凌云瑶语，《中央研究院历史语言所研究集刊》第 1 卷第 4 分本，419–425。

李方桂（1980）《上古音研究》，北京：商务印书馆。

李敬忠（1988）八排瑶语的数词，《贵州民族研究》第 4 期，72–75。

李永燧（1983）关于苗瑶族的自称——兼说"蛮"，《民族语文》第 6 期，16–22。

李云兵（2003）苗瑶语声调问题，《语言暨语言学》第 4 卷第 4 期，683–712。

李云兵（2018）《苗瑶语比较研究》，北京：商务印书馆。

李在锱（2001）再读《广西瑶歌记音》，《方言》第 3 期，253–

262。

李增贵（1981）试说瑶语的"勉"，《民族语文》第 1 期，
　　15–15。

梁　敏（1980）《侗语简志》，北京：民族出版社。

梁　敏（1984）佯话元音的短长，《语言研究》第 2 期，57–62。

刘　文（2014）苗瑶语谱系分类——兼论畲语的地位，北京大学
　　语言学讨论班课程报告。

刘　文（2015）书评：《汉藏语言比较的方法与实践——汉、
　　白、彝比较研究》，《语言暨语言学》第 16 卷第 5 期，
　　751–765。

刘　文（2017）原始瑶语声调的构拟及其相关问题，《北京大
　　学学报》（哲学社会科学版）（文博研究与实践专刊），
　　86–96。

刘　文（2019）《同型声调感知的多派研究——基于声学、行为
　　学和脑电的证据》，北京大学博士学位论文。

刘　文、杨正辉、孔江平（2017）新寨苗语单字调及双字调声学
　　实验研究，《民族语文》第 2 期，12–24。

刘　文、张锐锋（2016）鱼粮苗语低平调和低降调的声学感知研
　　究，《语言学论丛》第 54 辑，197–212。

卢诒常（1987）海南岛苗族的语言及其系属，《民族语文》第 3 期，
　　53–63。

罗常培、傅懋勣（1954）国内少数民族语言文字概况，《中国语文》
　　3 月号。

罗季光（1953）广西勉语，《中国语文》3 月号。

罗杰瑞（1986）闽北方言的第三套清塞音和清塞擦音，《中国语
　　文》第 1 期，38–41。

马学良（2003）《汉藏语概论》，北京：民族出版社。

马学良、戴庆厦（1983）语言和民族，《民族研究》第 1 期，
　　6–14。

马学良、罗季光（1962）我国汉藏语系语言元音的长短，《中国
　　语文》5 月号，193–211。

毛振林（1988）从现代苗瑶语的共时差异看苗族与瑶族的历史分
　　化，《贵州民族研究》第 3 期，92–96。

毛宗武（1992）《汉瑶词典（勉语）》，成都：四川民族出版社。

毛宗武（2004）《瑶族勉语方言研究》，北京：民族出版社。

毛宗武、周祖瑶（1962）瑶族语言概况，《中国语文》3 月号，
　　141–148。

毛宗武、蒙朝吉、郑宗泽（1982）《瑶族语言简志》，北京：民
　　族出版社。

〔法〕欧德里古尔著，冯蒸译，袁家骅校（1954/1986）越南语
　　声调的起源，《民族语文研究情报资料集》第 7 期，423–
　　458。

欧阳觉亚（1979）声调与音节的互相制约关系，《中国语文》第
　　5 期，359–362。

欧阳觉亚、郑贻青（1980）《黎语简志》，北京：民族出版社。

盘承乾（1983）论苗瑶语辅音韵尾的演变问题，载于中央民族学
　　院少数民族语言研究所编著《民族语文研究》，30–41。成都：
　　四川民族出版社。

盘承乾（1986）论勉语方言，载于乔健、谢剑、胡起望编（1988）
　　《瑶族研究论文集》，北京：民族出版社。

盘美花（1992）也谈瑶语复辅音声母的演变，载于广西瑶学会编
　　《瑶学研究》第 2 辑，南宁：广西民族出版社。

平田昌司（1988）闽北方言"第九调"的性质，《中国语文》第
　　1 期，12–24。

秋谷裕幸、韩哲夫（2012）历史比较法和层次分析法，《语言学论丛》第 45 辑，277–335。北京：商务印书馆。

沈钟伟（2013）横向传递和汉语方言的形成，北京大学中国语言学研究中心学术讲座。

沈钟伟（2014）复杂适应系统和汉语动态研究，《语言学论丛》第 50 辑，167–186。北京：商务印书馆。

舒化龙（1992）《现代瑶语研究》，南宁：广西民族出版社。

舒化龙、肖淑琴（1984）瑶语数词初探，《广西民族学院学报》第 2 期，148–154。

舒　肖（1982）也谈瑶语的"勉"，《民族语文》第 1 期，37。

孙宏开、胡增益、黄行主编（2008）《中国的语言》，北京：商务印书馆。

孙　顺（2013）原始闽语弱化声母与"第九调"研究综述，北京大学中文系博士生开题报告。

孙叶林（2013）《湘南勉语和汉语方言的接触与影响研究——以衡阳常宁塔山瑶族乡为个案》，长沙：湖南师范大学社。

孙玉文（2015）《汉语变调构问考辨》，北京：商务印书馆。

唐　纳（1986）原始苗瑶语构拟中的问题，《民族语文研究情报资料集》第 7 集，97–107。

谭克让、孔江平（1991）藏语拉萨话元音、韵母的长短及其与声调的关系，《民族语文》第 2 期，12-21。

谭晓平（2012）《语言接触与语言演变——湘南瑶族江永勉语个案研究》，武汉：华中师范大学出版社。

田口善久（2008）《罗泊河苗语词汇集》，东京：东京外国语大学。

汪　锋（2005）语义创新与方言的亲缘关系，《方言》第 2 期，157–167。

汪　锋（2011）语音对应的两种放宽模式及其后果——以彝白比

较为例,《语言学论丛》第 44 辑,1–39。北京:商务印书馆。

汪 锋(2012)《语言接触与语言比较——以白语为例》,北京:商务印书馆。

汪 锋(2013)《汉藏语言比较的方法与实践——汉、白、彝语比较研究》,北京:北京大学出版社。

汪 锋、王士元(2005)语义创新与方言亲缘关系,《方言》第 2 期,157–167。

王辅世(1985)《苗语简志》,北京:民族出版社。

王辅世(1994)《苗语古音构拟》,东京:东京外国语大学亚非语言文化研究所。

王辅世、毛宗武(1995)《苗瑶语古音构拟》,北京:中国社会科学出版社。

王福堂(1994)闽北方言弱化声母和"第九调"之我见,《中国语文》第 6 期,430–433。

王福堂(2004)原始闽语中的清弱化声母和相关的"第九调",《中国语文》第 2 期,135–144。

王福堂(2005)原始闽语构拟问题的研究过程,《语言暨语言学》6.3,473–481。

王洪君(2012)也谈闽北方言的弱化声母——兼论原始语构拟如何鉴别和处理借用成分以及平等混合造成的无条件分化,《语言学论丛》第 46 辑,1–44。北京:商务印书馆。

王洪君(2014)《历史语言学方法论与汉语方言音韵史个案研究》,北京:商务印书馆。

王士元(1983)实验语音学讲座,《语言学论丛》第 11 辑,北京:商务印书馆。

韦庆稳、覃国生(1980)《壮语简志》,北京:民族出版社。

吴安其(2002)《汉藏语同源研究》,北京:中央民族大学出版社。

吴永章（1993）《瑶族史》，成都：四川民族出版社。

徐通锵（1991）《历史语言学》，北京：商务印书馆。

颜复礼、商承祖（1929）广西凌云瑶人调查报告，国立中央研究院社会科学研究所（专刊第贰号）。

杨若晓（2009）基于发声的汉语普通话四声的范畴知觉研究，北京大学硕士学位论文。

俞翠容、罗美珍（1980）《傣语简志》，北京：民族出版社。

余伟文、巢宗祺（1984）油岭瑶话概述，《中山大学学报》第3期，115–126。

袁家骅（1983）《汉语方言概要》，北京：文字改革出版社。

张　琨（1947）苗瑶语声调问题，《中央研究院历史语言研究所集刊》16，93–110。

张　琨（1992）瑶语入声字，《民族语文》第3期，11–18。

张济民、徐志淼、李珏伟（1983）贵州瑶族的语言，《贵州民族研究》第3期，189–207。

张锐锋、孔江平（2014）河南禹州方言声调的声学及感知研究，《方言》第3期，206–214。

张贤豹（1987）张琨院士专访，载于《汉语音韵史论文集》，台北：Lian-Jing Publish Co.。

曾晓渝主编（2010）《侗台苗瑶语言的汉借词研究》，北京：商务印书馆。

赵春金（1992）瑶族勉语复辅音的演变，《民族语文研究新探》，成都：四川民族出版社。

赵敏兰（2004）《瑶语勉方言里汉语借词研究》，南开大学博士学位论文。

赵敏兰（2013）《广西瑶歌记音》难字词考（释），《语言科学》第1期，69–81。

赵元任（1930）《广西猺歌记音》，台北：中央研究院历史语言研究所单刊甲种之一。

赵元任（1931）反切语八种，《中央研究院历史语言研究所集刊》第 2 本第 3 分，362–404。

郑宗泽（1990）大坪江勉话边音和边擦音的来源，《民族语文》第 5 期，51–56。

郑宗泽（2004）蒲姑国的族属，《民族研究》第 6 期，82–91。

郑宗泽（2011）《江华勉语研究》，北京：民族出版社。

中国科学院少数民族语言研究所主编（1959）《中国少数民族语言简志 苗瑶语族部分》，北京：科学出版社。

中国科学院少数民族语言研究所主编（1959）《布依语调查报告》，北京：科学出版社。

中国社会科学院、澳大利亚人文科学院（1987）《中国语言地图集》，香港：香港朗文（远东）有限公司。

中西裕树（2012）试论苗瑶语"半"类语素的音变，《语言学论丛》第 45 辑，336–351。北京：商务印书馆。

中央民族学院苗瑶语研究室编（1987）《苗瑶语方言词汇集》，北京：中央民族学院出版社。

周法高（1962）《中国古代语法 构词篇》，台北："中央研究院"历史语言研究所专刊之三十九。

周祖瑶（1986）瑶族勉语的复辅音 [Pl、Kl]，《广西民族研究》第 1 期，105–110。

后　记

　　本书是在我硕士学位论文的基础上修订而成的。博士阶段，我转投实验语音学方向，暂时告别了历史比较研究。时隔五年，这项研究得以出版，也是我对自己曾经涉足的领域的一个交代。本书初稿成于 2015 年，几经删改增补，才有了现在的面貌。在成书过程中，我得到了诸多师友的鼎力帮助和热情关怀。首先，我要感谢汪锋老师，本书的选题和结构都得益于汪老师的悉心指导。记得 2012 年刚踏入语言学教研室时，自己对民族语言研究知之甚少，汪老师总是利用各种机会适时点拨我，将藏书赠予我，并以自己的求学和研究经历鼓励我，与我分享探寻学术奥妙和田野调查的无穷乐趣。现在回想起来，那是我求学时光中一段极为珍贵而又充满欢乐的美好片段。在拙著修订过程中，又承汪老师慷慨赐序，令我倍受鼓舞。

　　其次，我要感谢北京大学语言学教研室的诸位老师。正是他们的传道授业，才使得我能够用理论和专业知识充实头脑，从而顺利完成本书。王洪君老师开设的"历史语言学"不仅让我系统学习了历史比较的方法论，课程作业的实践更是锻炼了我动手分析实际语料的能力。在北京大学中国语言学研究中心做助理期间，我有了更多向王老师学习的机会，王老师常常以闲聊的方式为我指点迷津，并以自己的实际行动向后学示范学术修养与人生情怀。陈保亚老师的课堂轻松活泼，师生可以就自己的见解畅所欲言，其启发式的教学和风趣幽默的语言让我受益良多。本书的部分章节曾在陈老师的课堂上经过洗礼，陈老师总能一针见血地指出研究的问题所在。此外，陈老师还拨冗为本书赐序，对本研究做了高屋建瓴的评述，并提出了下一步研究的方向，令本书增色良多。孔江平老师温文儒雅，提倡"语言学的语音学"研究，鼓励我尝试通过语音实验的手段来检视历史语言学中的一些争议问题。书中部分章节的讨论得益于孔老师的课上讲授和课下交流。硕士毕业后，我追随孔老师学习实验语音学知识，希望能将实验语音学与历史语言学结合起来，从而为解决声调起源和评价构拟优劣等问题提供一些实证证据。此外，还要感谢语言学教研室的董秀芳老师、李娟老师、王超贤老师、叶文曦老师，以及语音乐律实验室的林幼菁老师和吴西愉老师，正是在诸位老师的课上，我才得以完善自己的知识结构，从而顺利完成学业。

再次，我还要感谢项梦冰老师手把手地向我传授田野调查的听音记音技巧，并带我参加方言实习，新建赣语的调查是我人生中的一段宝贵经历。感谢孙玉文老师惠赐大作，书中"构词"一节使我受益良多。感谢宋亚云老师无私地传授给我做文献综述的秘诀和技巧。记得硕士学位论文写作期间，宋老师每天都一大早来办公室阅读、写作，这也督促我不敢有丝毫懈怠。

感谢王士元先生对我研究的鼓励与支持。当得知我将苗瑶语作为研究方向后，王先生时不时地将国内外相关文献分享给我，并在台湾开会间隙与我深入讨论苗瑶语的声调问题。感谢沈钟伟老师帮我收集了大量早期瑶语研究的外文文献，若无这些珍贵文献的助力，本研究势必会逊色不少。秋谷裕幸先生在通读全稿后来信告知这一研究使他进一步相信跟闽语关系最密切的少数民族语言是勉语，并建议我在正式出版时增补索引，给每一个对应实例添加上原始形式。感谢 Martha Ratliff 教授乐意与我分享自己有关苗瑶语研究的最新成果。感谢李云兵老师、石德富老师、孙天心老师、许家平老师就苗瑶语研究给予我的建议，特别感谢李云兵老师，给本书提出了许多具体修订意见。

还要感谢孙顺师兄，他研究闽北方言，对本书构拟的原始瑶语的六套塞音提出了许多宝贵意见。此外，他还将自己编写的方言分析程序分享给我，这为本书的数据处理节省了不少时间。感谢李子鹤师兄与我分享谱系树绘制的理论方法与软件。

在云南调查瑶语期间，发音人李国元和盘树常二位老师全程通力配合，并带我领略了祖国西南边陲小镇的风土人情，对我的饮食起居照顾有加，让我在瑶山收获了一段新鲜难忘的体验。

本书得以顺利出版，得益于我的工作单位山东大学文学院的资助。感谢杜泽逊院长无私地提携后学，热心地帮忙联系出版社，令我倍感温暖，深受鼓舞。感谢学院吉颙老师协助处理出版事务。感谢社会科学文献出版社的梁艳玲老师和李建廷老师，他们承担了本书的编辑工作，并提出了诸多修正意见。囿于个人学识和水平，书中错漏之处，尚祈方家雅正。

最后，还要感谢我的家人，父母虽然文化程度不高，亦不了解我所从事的研究，但他们自始至终支持我做出的每一个选择。感谢姐姐主动挑起了照顾父母的责任，这也使我可以心无旁骛地从事自己喜欢的研究。感谢哥哥多年来一如既往的鼓励与支持，没有他的督促与关怀，或许我的求学生涯到高中就结束了。感谢爱人寇鑫女士在生活上的陪伴和研究上的支持，她机敏的追问与独特的视角，为原本辛苦的写作增添了许多欢乐。本书初稿完成后，她通读了全书，提出了很多值得深思的建议，激励着我在后来的研究中继续追寻。

历史语言学是一个迷人的研究领域，在复杂的材料与明晰的分析程序中，窥探已消逝在历史尘埃中的秘密。在揭开语言演变神秘面纱的过程中，需要勇气、技巧和足够的耐心。本书的研究只是原始瑶语构拟的初步工作，所使用的材料也只是复杂瑶语系统中的冰山一角，但它的魅力却足以吸引我投身此间，执着地探寻远古瑶山的声音。

刘　文

2020 年 7 月 26 日

于山东大学中心校区知新楼